EIN KLEINES VERMÖGEN FÜR ALLE

Prof. Dr. Jan Viebig

EIN KLEINES VERMÖGEN FÜR ALLE

Schritt für Schritt
zu finanzieller
Unabhängigkeit

Börsenbuchverlag

PROF. DR. JAN VIEBIG

2. Auflage 2026

Gestaltung Cover: Daniela Freitag
Cover Foto: Getty Images
Gestaltung, Satz und Herstellung: Sabrina Slopek
Lektorat: Sabine Runge
Korrektorat: Egbert Neumüller
Druck: CPI books GmbH, Leck, Germany

ISBN 978-3-68932-060-7

Bibliografische Information der Deutschen Nationalbibliothek:
Die Deutsche Nationalbibliothek verzeichnet diese Publikation in der Deutschen Nationalbibliografie; detaillierte bibliografische Daten sind im Internet über <http://dnb.d-nb.de> abrufbar.

BÖRSEN MEDIEN
AKTIENGESELLSCHAFT

Postfach 1449 • 95305 Kulmbach
Tel: +49 9221 9051-0 • Fax: +49 9221 9051-4444
E-Mail: info@plassen-buchverlage.de
www.boersenbuchverlag.de
www.facebook.com/plassenverlag
www.instagram.com/plassen_buchverlage

Inhalt

Einleitung 7

Teil I: Grundlagen des Investierens 11

1. Der erste Schritt an die Börse 13
2. Einige Grundbegriffe 19
3. Cashflows: Warum Aktionären hohe Gewinne allein nicht reichen 35
4. Aktiv oder passiv investieren? 45

Teil II: Aktien 53

5. Warum sich Aktien gut zum langfristigen Vermögensaufbau eignen 55
6. Wie riskant sind Aktien? 65
7. Kennzahlen zur Bewertung von Aktien 75
8. DCF-Modelle: Der faire Wert einer Aktie 89
9. Das Wesentliche im Blick: Vier Schritte zur erfolgreichen Aktienselektion 103

Teil III: Anleihen ... 127

10. Was du über Anleihen wissen solltest ... 129

11. Bewertung von Anleihen ... 143

12. Zinsänderungsrisiken von Anleihen ... 151

13. Anleihen: Was zählt, ist die Gesamtrendite über die Haltedauer ... 157

Teil IV: Risikosteuerung eines aus Aktien und Anleihen bestehenden Portfolios ... 179

14. Grundsätze der Risikosteuerung ... 181

15. Sei gierig, wenn andere ängstlich sind ... 193

Teil V: Alternative Anlageklassen ... 201

16. Ein kurzer Überblick über alternative Anlageklassen ... 203

17. Hedgefonds ... 207

18. Private Equity ... 215

19. Gold ... 223

Nachwort ... 227

Anlage: Ausgewählte Formeln für Anleger ... 231

Endnoten ... 251

Einleitung

Seit mehr als einem Vierteljahrhundert lege ich als professioneller Investor das Kapital von Kunden an den globalen Finanzmärkten an. Diese Aufgabe fasziniert mich jeden Tag aufs Neue. Gern würde ich meinen Kindern, anderen jungen Menschen und ambitionierten Einsteigern ein Buch empfehlen, das die wichtigsten Grundlagen zu den Finanzmärkten Schritt für Schritt vermittelt. Da ich ein solches Buch – das ich mit gutem Gewissen weiterempfehlen kann – nicht gefunden habe, habe ich mich entschlossen, selbst eines zu schreiben. So gut, wie ich kann, will ich erklären, wie Anleger langfristig ein kleines Vermögen aufbauen können.

Mein Eindruck ist, dass die finanzielle Bildung an unseren Schulen viel zu kurz kommt. Themen wie Geld, Finanzmärkte und Vermögensanlage stehen nur selten oder gar nicht auf dem Lehrplan. Dabei erhöht finanzielle Bildung unsere Freiheit. Sie ist eine Voraussetzung dafür, dass du den Teil deines Einkommens, den du nicht für den täglichen Konsum benötigst, selbstbestimmt an den Finanzmärkten anlegen kannst. Gelingt es dir, im Laufe der Zeit ein kleines Vermögen aufzubauen, dann kannst du dir, deiner Familie und anderen Menschen, die dir wichtig sind, nach deinem Belieben Gutes tun. Finanzielle Unabhängigkeit führt dazu, dass du einfach einmal eine Auszeit nehmen oder weniger arbeiten kannst, wenn du das möchtest. Willst du für schlechte Zeiten oder dein Alter vorsorgen, dann benötigst du ebenfalls finanzielle Mittel. Die gesetzliche Rente ist nicht sicher. Zumindest nicht in dem Sinne, dass sie dir ohne weitere Anstrengungen ein sorgenfreies Leben im Alter garantiert. Fange also früh an, dich um deine Vermögensanlage zu kümmern!

In diesem Buch möchte ich dich mit den zentralen Begriffen und Konzepten der Vermögensanlage vertraut machen, die sich in den letzten Jahrzehnten als sinnvoll erwiesen haben und vermutlich auch in den nächsten Dekaden ihre Gültigkeit behalten werden. Am Ende dieses Buches wirst du sicherer durch die Flut immer neuer Finanznachrichten navigieren können. Mir geht es darum, jungen Lesern – die genügend Zeit haben, langfristig ein Vermögen aufzubauen – genau die finanzielle Bildung zu vermitteln, die ich auch für meine eigenen Kinder als richtig und wichtig erachte. Sollten aber auch ältere Leser an diesem Wissen interessiert sein, dann sind sie natürlich herzlich willkommen.

Es gibt einige Grundsätze, die dir helfen können, möglichst intelligente Investmententscheidungen zu treffen. Bekannte Ökonomen – wie etwa Harry Markowitz, William Sharpe, Robert Shiller, Aswath Damodaran und viele andere mehr – haben sinnvolle Grundsätze formuliert, wie man Geld intelligent anlegt. Die Lektüre ihrer Artikel und Bücher ist für dich vermutlich zu zeitaufwendig. An vielen Stellen dieses Buches nutze ich das Wissen dieser und anderer kluger Menschen, ohne auf ihre Werke oftmals voller komplizierter mathematischer Formeln genauer einzugehen. Wiederholt greife ich zudem auf die Expertise von erfahrenen Investoren wie etwa Warren Buffett, Peter Lynch, Joel Greenblatt und Seth Klarman zurück.

Dieses Buch ist in fünf große Bereiche gegliedert: I. Grundlagen des Investierens, II. Aktien, III. Anleihen, IV. Risikosteuerung eines aus

Aktien und Anleihen bestehenden Portfolios und V. Alternative Anlageklassen. Mein Ziel ist es, dir die Grundlagen des Investierens näherzubringen. Dabei konzentriere ich mich auf die beiden aus meiner Sicht wichtigsten Anlageklassen: Aktien und Anleihen. Ich zeige dir, wie du sie anhand klarer Kriterien auswählen und bewerten kannst – und erkläre dir nicht nur ihre Chancen und Vorteile, sondern auch ihre Risiken.

In einem eigenen Kapitel erfährst du außerdem, wie du die Risiken eines Portfolios aus Aktien und Anleihen sinnvoll steuern kannst. Aktien und Anleihen eröffnen dir vielfältige Anlagemöglichkeiten. Ergänzend können alternative Anlagen wie Hedgefonds, Private Equity oder Gold hilfreich sein, um die Risiken noch breiter zu streuen – deshalb gebe ich dir auch hierzu einen kurzen Einblick.

Das Buch solltest du in der vorgegebenen Reihenfolge lesen, da ich wichtige Begriffe zunächst erkläre und sie dann in den folgenden Kapiteln verwende. Lies es Kapitel für Kapitel durch, dann wirst du am Ende über das notwendige Wissen verfügen, um dein Geld selbstbestimmt an den Finanzmärkten anlegen zu können.

Aber genug der Vorrede: Beginnen wir nun mit unserem ersten Schritt an die Kapitalmärkte, um langfristig ein kleines Vermögen aufzubauen.

TEIL

1

GRUNDLAGEN DES INVESTIERENS

KAPITEL 1

Der erste Schritt an die Börse

Beginnen wir unsere Reise in die Welt der Finanzen mit dem wichtigsten Grundsatz, der für jede Geldanlage gilt: **Die Höhe der erwarteten Rendite hängt von dem Risiko des jeweiligen Investments ab.** Diesen Zusammenhang möchte ich dir bereits jetzt erklären, weil er für Anleger wirklich von zentraler Bedeutung ist.

Rendite, risikoloser Zinssatz und Risikoprämie

Mit dem Begriff **Rendite** bezeichnet man den Ertrag einer Investition relativ zum eingesetzten Kapital. Nimm an, du hast 1.000 Euro gespart. Investierst du diesen Betrag in Aktien, und der Wert deines Investments steigt im Laufe eines Jahres auf 1.080 Euro, dann erzielst du eine Rendite von acht Prozent pro Jahr. Die Rendite in Höhe von acht Prozent kannst du errechnen, indem du von dem Endbetrag in Höhe von 1.080 Euro dein anfängliches Investment in Höhe von 1.000 Euro abziehst. Dies ergibt einen Ertrag von 80 Euro. Teilst du den Ertrag in Höhe von 80 Euro durch dein anfängliches Investment in Höhe von 1.000 Euro, dann führt dies zu einer Rendite von acht Prozent pro Jahr.

Merke: Berechnung der Rendite

$$\frac{1.080 - 1.000}{1.000} = 8\,\%$$

Kaufst du mit deinem ersparten Kapital Aktien, dann gehst du Risiken ein. Der Begriff „Risiko" bedeutet, dass du mit einem Investment in Aktien Verluste in unterschiedlicher Höhe erleiden kannst, da der Wert von Aktien im Zeitablauf oftmals stark schwankt. Ist dir das Verlustrisiko von Aktien zu hoch, dann kannst du dein Kapital auch in Anleihen investieren, deren Wert typischerweise weniger stark schwankt als der von Aktien. Wie Anleihen funktionieren, werde ich dir später im dritten Teil dieses Buches ausführlich erklären. An dieser Stelle nur so viel:

Anleihen kannst du dir wie einen Schuldschein vorstellen – also einen schriftlichen Nachweis darüber, dass dir jemand Geld schuldet. Unternehmen und Staaten geben solche Anleihen aus, wenn sie sich Kapital von Investoren für einen bestimmten Zeitraum leihen. Am Ende der Laufzeit müssen die Schuldner den geliehenen Betrag zuzüglich Zinsen zurückzahlen. Von einer kurzen Laufzeit spricht man, wenn Kapital nur für einen überschaubaren Zeitraum – meist ein bis zwei Jahre – aufgenommen wird, nicht über viele Jahre hinweg. Leihst du dem deutschen Staat beispielsweise für zwei Jahre Geld, dann kannst du mit hoher Sicherheit davon ausgehen, dass du dein Kapital inklusive Zinsen zurückerhältst. Die Rendite kurzlaufender Staatsanleihen von als sicher geltenden Schuldnern wird daher oft als **risikoloser Zinssatz** bezeichnet.

Der Begriff gefällt mir eigentlich nicht, da auch kurzlaufende Staatsanleihen nicht völlig frei von Risiken sind, wie du später sehen wirst. Aber die Vorstellung eines risikolosen Zinses ist hilfreich. Nimm einmal an, dass die erwartete Rendite von Aktien acht Prozent beträgt, und der risikolose Zins kurzlaufender deutscher Staatsanleihen zwei Prozent. Dann kannst du dir die Differenz der Renditen von Aktien und Staatsanleihen in Höhe von sechs Prozent als **Risikoprämie** vorstellen, die dich für das höhere Risiko von Aktien entlohnt. Würden Anleger am Kapitalmarkt keine Risikoprämien erhalten, wenn sie in risikobehaftete Anlagen wie Aktien investieren, dann würden sie ihr Kapital nur in vermeintlich sichere Anlagen wie kurzlaufende Staatsanleihen, aber niemals in risikobehaftete Anlagen investieren. Die Risikoprämie eines Investments ist der notwendige Anreiz, der risikoaverse (das Risiko scheuende) Anleger dazu bewegt, ihr Kapital ganz oder teilweise in unsicheren Investments anzulegen und damit einem Verlustrisiko auszusetzen. Investoren gehen Risiken ein, um höhere Renditen auf ihr Kapital zu erzielen. Jetzt verstehst du die Begriffe Rendite und Risikoprämie und weißt, dass du Risiken in Kauf nehmen musst, wenn du mehr verdienen möchtest als zum Beispiel mit Staatsanleihen.

Du wirst im Verlauf dieses Buches sehen, dass der wichtigste Grundsatz für jedes Investment lautet: **Hohe Renditen kannst du nur dann erzielen, wenn du bereit bist, Risiken einzugehen. Verspricht dir jemand eine hohe Rendite weit über den risikolosen Zinssatz hinaus frei von jedweden Risiken, dann werde misstrauisch! An den Finanzmärkten gibt es keine hohen Renditen ohne Risiken.** Bietet dir jemand ein risikoloses Investment an, dann wird er dir nicht mehr als den risikolosen Zins zahlen. Der risikolose Zins entschädigt dich dafür, dass du über das Geld erst zu einem späteren Zeitpunkt verfügen kannst. Eine Rendite oberhalb des risikolosen Zinses kompensiert Anleger stets dafür, dass sie Risiken eingehen. Im Englischen sagt man daher treffend: „There is no free lunch."

Sehr misstrauisch solltest du werden, wenn Anbieter dich mit fragwürdigen Versprechen locken, schnell viel Geld verdienen zu können. Oftmals setzen unseriöse Anbieter psychologische Tricks ein und versprechen dir, zu einem erlesenen Kreis zu gehören, wenn du ihnen dein Geld anvertraust. Lasse dich von solchen unseriösen und betrügerischen Versprechungen nicht einlullen, sondern bedenke stets, dass hohe Renditen immer mit Risiken verbunden sind. Eines der schmerzhaftesten Erlebnisse von Anlegern besteht darin, dass sie unseriösen Anbietern Geld anvertrauen und diese dann bei Nacht und Nebel mit ihrem Geld verschwinden.

Börsen und Depot

Organisierte Marktplätze, an denen man Aktien, Anleihen und andere Wertpapiere handeln kann, werden als **Börsen** bezeichnet. Diese werden durch Gesetze reguliert und bieten Anlegern ein Mindestmaß an Transparenz. Zu den größten Börsen der Welt zählen die New York Stock Exchange, die Nasdaq, die London Stock Exchange, die Japan Exchange, die Hong Kong Stock Exchange und die Deutsche Börse in Frankfurt am Main.

Börsen sind Marktplätze, an denen zu festgelegten Zeiten fortlaufend Kauf- und Verkaufsaufträge (Orders) von Anlegern für bestimmte Wertpapiere abgewickelt werden. An den Börsen bilden sich nach dem **Gesetz von Angebot und Nachfrage** Preise, zu denen Wertpapiere gehandelt werden. Das Gesetz von Angebot und Nachfrage funktioniert an den Finanzmärkten wie folgt: Wenn viele Anleger eine bestimmte Aktie kaufen möchten (hohe Nachfrage), aber nur wenige bereit sind, diese zum aktuellen Kurs zu verkaufen (geringes Angebot), dann steigt der Kurs der Aktie. Dadurch werden immer mehr Aktionäre motiviert, ihre Aktien zu dem höheren Preis anzubieten. Umgekehrt gilt: Wollen viele Anleger ihre Aktien verkaufen, während nur wenige potenzielle Käufer vorhanden sind, dann sinkt der Kurs der Aktie. Erst wenn der Preis so weit gefallen ist, dass wieder Anleger bereit sind, die Aktie zu kaufen, dann stabilisiert sich der Markt auf einem niedrigen Kursniveau. Du siehst: Das Angebot und die Nachfrage der Anleger bestimmen die Kurse, zu denen du Wertpapiere an der Börse kaufen und verkaufen kannst.

Um an den Börsen handeln zu können, eröffnest du ein **Depot** bei einer Bank (Filialbroker) oder einem Onlinebroker. Diese leiten die Wertpapierorders der Anleger an die Börsen weiter, buchen die an den Börsen gehandelten Wertpapiere in die Depots ihrer Kunden ein und bewahren sie dort bis zum Verkauf für die Anleger auf.

Bei der Auswahl des Brokers achtest du auf die Höhe der Kosten. Dazu vergleichst du die Depotgebühren, die Banken und Onlinebroker für die Bereitstellung des Depots und die Verwaltung und Verwahrung von Wertpapieren erheben, sowie die Transaktionskosten, die anfallen, wenn du an den Börsen über deine Bank oder deinen Onlinebroker Wertpapiere kaufst oder verkaufst. Banken verlangen oftmals bis zu 100 Euro pro Jahr an Depotkosten und volumenabhängige Transaktionskosten für jede Order, während einige Onlinebroker ganz auf Depotkosten verzichten und Einsteigern oftmals deutlich niedrigere Transaktionskosten, wie etwa einen Euro pro Order, in Rechnung stellen. **Ein gut gemeinter Rat: Achte auf die Höhe der Depot- und Transaktionskosten, da sie langfristig deinen Anlageerfolg schmälern.**

Zudem solltest du die Reputation des Filial- oder Onlinebrokers, den du für deine Geldanlage nutzt, genau analysieren. Hast du noch keine Bank- und Depotverbindung eröffnet, dann schau dir beispielsweise den letzten Depot-Vergleich der *Stiftung Warentest* an, da ich in diesem Buch keine Werbung für eine bestimmte Bank oder einen bestimmten Onlinebroker machen möchte. Teste dazu gern vorab die Technologie des Brokers in Form eines Demo-Depots. Vermutlich willst du deine Wertpapieraufträge online abwickeln und verlässliche Daten zur Verarbeitung deiner Wertpapierorders und zur Wertentwicklung deines Depots sehen.

KAPITEL 2

Einige Grundbegriffe

Wer das erste Mal auf die Börse trifft, wird mit einer Fülle von neuen, oftmals englischen Ausdrücken konfrontiert, einer eigenen Sprache, die Börsianer verwenden, um Unternehmensergebnisse und Kursentwicklungen zu diskutieren. Wer davon noch nicht abgeschreckt wird, der verzweifelt vermutlich spätestens dann, wenn er auf die Vielzahl von Abkürzungen stößt, die unter Analysten so beliebt sind. Diese arbeiten für große Investmentbanken und Vermögensverwalter und kommentieren fortlaufend das Börsengeschehen. Wer von alledem eingeschüchtert wird, der hat mein volles Verständnis. Mir ging es nicht viel besser, als ich 1999 nach meinem Studium in Deutschland und den USA meine erste Position als Portfoliomanager bei einem großen Vermögensverwalter in Deutschland antrat. Zunächst erscheint einem das Geschehen an den Börsen komplex und schwer verständlich.

Dabei ist das Investieren an der Börse denkbar einfach und spannend zugleich. An dieser Stelle muss ich zugeben, dass mich die Entwicklung an den Finanzmärkten noch heute jeden Tag fasziniert. Die Begeisterung für die Börse erfasst einen aber erst dann, wenn man beginnt, einfache Grundprinzipien zu verstehen, und die wesentlichen Begriffe richtig einordnen kann. Einige Grundbegriffe möchte ich dir in diesem Kapitel erklären.

Bilanz und Börsengang

Der Ausgangspunkt: Unternehmen benötigen Kapital. Dieses Kapital setzen sie ein, um Vermögensgegenstände wie etwa Maschinen und Anlagen zu kaufen. Mit diesen Vermögensgegenständen stellen sie Güter oder Dienstleistungen her, die anschließend an Kunden verkauft werden. Der Wert der verkauften Güter oder Dienstleistungen wird als **Umsatz** bezeichnet. Die Höhe des Umsatzes hängt von der Anzahl der verkauften Güter oder Dienstleistungen und von den Preisen ab, die Kunden gewillt sind, dafür zu bezahlen.

Abbildung 1 zeigt dir, wie eine vereinfachte **Bilanz** aussieht, die Unternehmen zu bestimmten Stichtagen erstellen müssen. In einer Bilanz steht das **Eigen- und Fremdkapital** immer auf der rechten Seite. Mit dem Kapital werden **Vermögensgegenstände** finanziert, die auf der linken Seite der Bilanz ausgewiesen werden.

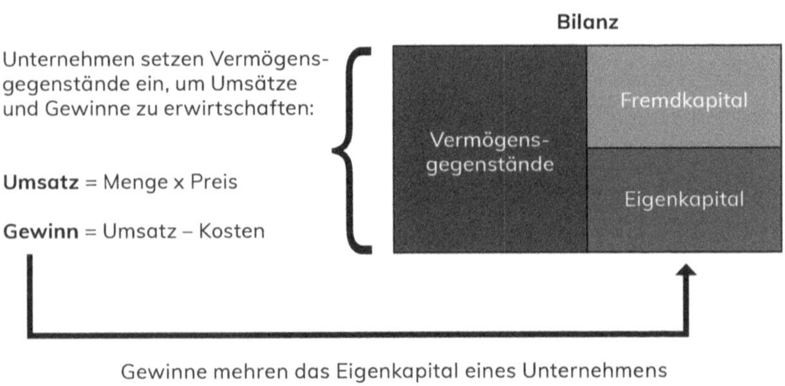

Abbildung 1: (Vereinfachte) Bilanz eines Unternehmens

Die Vermögensgegenstände setzen Unternehmen ein, um Umsätze und Gewinne zu erwirtschaften. Erzielt ein Unternehmen Gewinne, dann mehren diese das Eigenkapital des Unternehmens. Mit dem zusätzlichen Eigenkapital kann ein Unternehmen weitere Vermögensgegenstände finanzieren und dadurch Wachstum ermöglichen.

Unternehmen werden oftmals von Menschen gegründet, die innovative Ideen haben, risikobereit sind und einen bedeutenden Teil ihres privaten Vermögens als Eigenkapital in ihr Unternehmen einbringen. Reicht das Eigenkapital der Gründer nicht aus, um das Unternehmen zu finanzieren, dann können sich Unternehmen zusätzliches Kapital (Eigen- und Fremdkapital) verschaffen. Mit diesem Kapital können sie dann weitere Vermögensgegenstände erwerben, sodass das Unternehmen expandieren kann. Unternehmen können sich zusätzliches Eigenkapital im Rahmen eines Börsengangs verschaffen, indem sie Anteile an ihnen in Form von Aktien an neue Miteigentümer verkaufen. Bereits börsennotierte Unternehmen können sich im Rahmen einer Kapitalerhöhung zusätzliches Eigenkapital beschaffen, indem sie neue Aktien an Investoren verkaufen.

Fremdkapital können Unternehmen etwa in Form von Bankdarlehen oder durch den Verkauf von Anleihen an Investoren aufnehmen. Nehmen Unternehmen Fremdkapital auf, dann müssen sie für einen festgelegten Zeitraum Zinsen an die Fremdkapitalgeber zahlen. Eigenkapitalgeber erhalten dagegen keine Zinsen. Ihnen steht als Miteigentümer des Unternehmens ein Anteil am Gewinn des Unternehmens zu. Wenn ein Unternehmen einen Teil seines Gewinns an die Aktionäre ausschüttet, dann spricht man von einer **Dividende**. Dadurch verbleibt weniger Gewinn im Unternehmen, und das Eigenkapital wird entsprechend reduziert. Als Aktionär erhältst du diese Dividende direkt auf dein Depotkonto überwiesen – sie stellt für dich ein zusätzliches Einkommen aus deiner Beteiligung am Unternehmen dar.

Die Gründe für einen **Börsengang**, der im Englischen als „Initial Public Offering“ (IPO) bezeichnet wird, können unterschiedlich sein. Der häufigste Grund ist, dass Unternehmen Eigenkapital benötigen, um neue Vermögensgegenstände zu finanzieren oder um Schulden zu reduzieren. Was auch immer die Motive für den Börsengang sind, das Schöne daran ist, dass uns mit jedem Börsengang eines Unternehmens eine neue Möglichkeit eröffnet wird, uns als Miteigentümer über den Kauf von Aktien daran zu beteiligen.

Typischerweise beauftragt ein Unternehmen bei einem Börsengang eine Investmentbank, die das Unternehmen bewertet und einen IPO-Preis vorschlägt. Vor dem Börsengang stellen die Investmentbanken die Unternehmen, die den Börsengang wagen, großen institutionellen Vermögensverwaltern vor. Börsengänge finde ich immer besonders spannend, da man dabei als professioneller Investor besonders detaillierte Informationen zu einem Unternehmen erhält. Auch private Anleger können sich gut bei einem Börsengang informieren, indem sie den **Wertpapierprospekt** lesen, der mögliche Kapitalgeber sehr umfangreich über das Unternehmen zum Zeitpunkt des Börsengangs informiert. Den Wertpapierprospekt findest du unter anderem auf der Webseite des Herausgebers des Wertpapiers (des „**Emittenten**") und üblicherweise auch auf der Webseite der Börse, an der das Wertpapier handeln wird.

Kaufst du Aktien eines Unternehmens, dann wirst du zu seinem Miteigentümer. Das Eigenkapital eines Unternehmens steigt, wenn dem Unternehmen im Rahmen des Börsengangs Kapital zufließt. Nach dem Börsengang werden die zum IPO-Preis an die Aktionäre verkauften Aktien an der Börse gehandelt. Das heißt für dich: Hast du Aktien eines Unternehmens im Rahmen seines Börsengangs gekauft, dann kannst du sie ab jetzt jederzeit während der festgelegten Börsenzeiten an der Börse handeln. Gleichgültig, ob du eine Aktie nach dem Börsengang an der Börse kaufst oder verkaufst, die Höhe des Eigenkapitals des Unternehmens bleibt davon unberührt. Der Handel an der Börse dient dazu, dass die ausgegebenen Aktien nach dem Börsengang marktgerecht bewertet und von den Anlegern liquide gehandelt werden können. Der Preis von Aktien bestimmt sich an der Börse, wie bereits erläutert, nach dem Angebot und der Nachfrage der Anleger.

Börsennotierte Unternehmen werden von einem **Vorstand** geleitet, der die strategische Ausrichtung des Unternehmens festlegt und von einem **Aufsichtsrat** überwacht wird. In der **Hauptversammlung** der Aktionäre werden die Mitglieder des Aufsichtsrats gewählt, der den Vorstand bestellt. Aber aufgepasst: Manchmal vergessen die Vorstände und der Aufsichtsrat, dass sie primär die Interessen der Eigentümer, der Kunden, der Mitarbeiter und unseres Gemeinwesens im Blick haben sollten und nicht ihre eigenen. Aktionäre haben als Miteigentümer von Unternehmen ein großes Interesse, gut informiert zu werden. Nur so können sie überprüfen, ob das Management im Sinne der Aktionäre handelt und das Unternehmen Werte für sie schafft.

Börsennotierte Unternehmen unterliegen zahlreichen **Offenlegungsvorschriften.** Der **Jahresabschluss** ist neben dem Wertpapierprospekt anlässlich des Börsengangs vermutlich das informativste Dokument für neugierige Aktionäre. Der Jahresabschluss informiert Anleger mit **dem Lagebericht, der Bilanz, der Gewinn- und Verlustrechnung** und der **Kapitalflussrechnung** über die Vermögens- und Ertragslage des Unternehmens im abgelaufenen Geschäftsjahr. In der Bilanz werden die Höhe der Vermögensgegenstände und das Fremd- und Eigenkapital zum Zeitpunkt des Bilanzstichtags ausgewiesen.

Als Miteigentümer erhältst du bei einer Unternehmensauflösung deinen Anteil am Eigenkapital erst dann zurück, wenn alle Ansprüche der Fremdkapitalgeber bedient wurden. Als Eigenkapitalgeber ist dein Risiko im Falle eines möglichen Scheiterns eines Unternehmens damit höher als das der Fremdkapitalgeber. Dem höheren Risiko der Aktionäre stehen aber auch höhere Chancen gegenüber. Der Gewinn, der den Aktionären zusteht, kann kräftig steigen, wenn die Umsätze eines Unternehmens wachsen oder die Kosten fallen. Die Fremdkapitalgeber hingegen erhalten Zinsen stets in der vereinbarten Höhe, unabhängig von der Gewinnentwicklung eines Unternehmens. Und wieder gilt: Hohe mögliche Gewinne gehen üblicherweise mit höheren Risiken einher.

Gewinn- und Verlustrechnung

Die **Gewinn- und Verlustrechnung** (GuV) eines Unternehmens zeigt dir, wie viel Umsatz, wie viele Kosten und wie viel Gewinn ein Unternehmen in einem Geschäftsjahr oder einem Quartal erzielt hat. Unternehmen produzieren und verkaufen Güter und Dienstleistungen nicht zum Selbstzweck. Sie wollen Umsätze und Gewinne erwirtschaften. Dafür setzen sie Mitarbeiter und Vermögensgegenstände ein. Durch diesen Einsatz entstehen Unternehmen Kosten – etwa in Form von Löhnen und Gehältern und infolge des Wertverlusts von Maschinen im Zeitablauf. Ziehst du vom Umsatz alle Kosten ab, dann ergibt dies den Gewinn des Unternehmens: Umsatz – Kosten = Gewinn.

Investiere dein Geld niemals in Aktien eines Unternehmens, ohne dir vorher seine Gewinn- und Verlustrechnung angesehen zu haben. Und bitte gehe auch niemals in ein Bewerbungsgespräch mit Vertretern eines Unternehmens, ohne dass du einen tiefen Blick in seine Gewinn- und Verlustrechnung geworfen hast. Bevor du dein Geld oder deine Arbeitszeit in ein Unternehmen investierst, solltest du genau wissen, wie hoch die Umsätze und die Gewinne sind, die es erzielt.

Die Gewinn- und Verlustrechnung findest du im **Jahresabschluss** und den **Quartals-** und **Halbjahresberichten** eines Unternehmens. Damit ein Mindestmaß an Chancengleichheit zwischen den Investoren herrscht, müssen Unternehmen zahlreiche weitere Informationen unmittelbar – oder „ad hoc" – publizieren. Wer sich als Investor informieren möchte, dem stehen viele Informationen zur Verfügung. Auf den Investor-Relations-Seiten der Unternehmen findest du neben Daten zu den Umsätzen und Gewinnen eine Vielzahl an weiteren Informationen, die von Finanzanalysten und den Medien fortlaufend kommentiert werden.

Als **Profitabilität** bezeichnet man die Fähigkeit eines Unternehmens, Gewinne zu erwirtschaften. Die wichtigste Kennzahl dafür sind die **Gewinnmargen**. Hierzu unterscheidet man zwischen **Bruttogewinn**, **operativem Gewinn** und **Nettogewinn**. Ziehst du von den Umsatzerlösen die Herstellungskosten ab, dann erhältst du den **Bruttogewinn**.

Ziehst du zusätzlich die Aufwendungen für Forschung und Entwicklung, Vertrieb und Marketing sowie für die Verwaltung des Unternehmens ab, dann bleibt der **operative Gewinn** – er zeigt, wie viel ein Unternehmen mit seiner allgemeinen Geschäftstätigkeit verdient, ohne Einfluss von Zinsen, Steuern oder Sondereffekten. Zieht man schließlich noch Steuern und sonstige Aufwendungen ab, dann erhält man den **Nettogewinn**. Zu den sonstigen Aufwendungen zählen insbesondere die Zinsaufwendungen.

Abbildung 2 zeigt dir, wie der Bruttogewinn, der operative Gewinn und der Nettogewinn eines Unternehmens über eine bestimmte Periode berechnet werden:

Gewinn- und Verlustrechnung	Microsoft Geschäftsjahr 2024
Umsatz (= Menge x Preis)	**245 Mrd. USD**
– Herstellungskosten	-74 Mrd. USD
= Bruttogewinn	**171 Mrd. USD**
– Aufwendungen für Forschung und Entwicklung	-30 Mrd. USD
– Aufwendungen für Vertrieb und Marketing	-24 Mrd. USD
– Aufwendungen für allgemeine Verwaltung	-8 Mrd. USD
= Operativer Gewinn	**109 Mrd. USD**
– Sonstige Aufwendungen und Erträge	-2 Mrd. USD
– Steuern	-20 Mrd. USD
= Nettogewinn	**88 Mrd. USD**

Abbildung 2: (Vereinfachte) Gewinn- und Verlustrechnung eines Unternehmens. Zur Veranschaulichung werden die gerundeten Zahlen aus Microsofts Gewinn- und Verlustrechnung im Geschäftsjahr 2024 aufgeführt.

Die **Bruttogewinnmarge**, die **operative Gewinnmarge** und die **Nettogewinnmarge** berechnet man, indem man die entsprechenden Gewinngrößen durch den Umsatz teilt.

Merke: Die Gewinnmargen eines Unternehmens zeigen dir, wie profitabel es arbeitet:

Bruttogewinnmarge	=	Bruttogewinn / Umsatz
Operative Gewinnmarge	=	Operativer Gewinn / Umsatz
Nettogewinnmarge	=	Nettogewinn / Umsatz

Teilst du den Nettogewinn durch die Anzahl der Aktien, die ein Unternehmen im Rahmen des Börsengangs und späterer Kapitalerhöhungen an Investoren verkauft hat, dann erhältst du den Nettogewinn pro Aktie. Dieser **Gewinn pro Aktie** steht dir zu, wenn du eine Aktie eines Unternehmens gekauft hast. Sei stolz, wenn du deine erste Aktie gekauft hast und diese in deinem Depot liegt, da du nun als Miteigentümer am Erfolg des Unternehmens partizipierst, bis du die Aktie wieder verkaufst.

Gleichzeitig verleiht dir der Besitz der Aktie das Recht, an der **Hauptversammlung** der Aktiengesellschaft teilzunehmen. Dort hast du als Miteigentümer des Unternehmens ein Stimmrecht und ein Auskunftsrecht. Zudem hast du ein Recht auf den Erhalt einer Dividende. Wird ein Unternehmen aufgelöst, an dem du beteiligt bist, dann steht dir als Aktionär ein Anteil am Liquidationserlös zu.

Unternehmensanalyse: Wettbewerbsfähigkeit und Wertschöpfung

Die Analyse eines Unternehmens beginnt immer mit der Frage, ob ein Unternehmen aus Kundensicht attraktive und wettbewerbsfähige Produkte herstellt.

Eine großartige Eigenschaft freier Märkte ist, dass Konsumenten frei zwischen unterschiedlichen Produkten und Dienstleistungen wählen können. Zu einem Frisör gehen wir nur dann beständig, wenn uns der Haarschnitt und der Preis überzeugen und wir nach dem Besuch zufrieden sind. Ein Smartphone werden wir nur dann kaufen, wenn wir es als begehrenswerter empfinden als das eines anderen Herstellers. In den vergangenen Jahren hat Apple die Kundenbedürfnisse besser getroffen als Nokia und viele andere Konkurrenten, die Marktanteile verloren haben. Die Folge: Die Umsätze von Apple steigen, bis irgendwann ein anderer Hersteller ein noch begehrenswerteres Smartphone anbietet. Das ist die zweite großartige Eigenschaft von freien Märkten: Der Wettbewerb um die Gunst der Kunden zwingt die Unternehmen dazu, immer bessere Produkte und Dienstleistungen herzustellen und dabei innovativ zu bleiben. Andernfalls wenden sich die Kunden anderen Produkten und Dienstleistungen zu.

Der erfolgreiche Investor Warren Buffett hat Wettbewerbsvorteile wiederholt als „**wirtschaftlichen Burggraben**" („Economic Moat") bezeichnet.[1] Als Aktionäre suchen wir nach Unternehmen mit einem möglichst breiten „wirtschaftlichen Burggraben", der den Unternehmen hilft, sich dauerhaft gegen die Konkurrenz zu behaupten und langfristig hohe Gewinne und Kapitalrenditen zu erwirtschaften. Die Gründe für dauerhafte Wettbewerbsvorteile eines Unternehmens können vielfältig sein. Die **Wettbewerbsfähigkeit** eines Unternehmens kann von günstigen Kostenstrukturen, einzigartigen Produkten, einem breiten Dienstleistungsangebot, einem hervorragenden Managementteam, effizienten Herstellungsprozessen, überlegenen Technologien, dauerhaften Größenvorteilen, einem außergewöhnlichen Vertriebssystem, langlaufenden Patenten, begehrenswerten Markennamen sowie einer Vielzahl anderer Faktoren abhängen.

In unserem digitalen Zeitalter können auch Netzwerkeffekte zu dauerhaften Wettbewerbsvorteilen führen. Von Netzwerkeffekten spricht man, wenn der Nutzen eines Gutes, insbesondere von digitalen Plattformen, steigt, weil mehr und mehr Anwender diese einsetzen und über sie erreichbar sind. Wettbewerbsvorteile eines Unternehmens können sich auch aus hohen Wechselkosten ergeben. Damit meint man die

Kosten und andere Nachteile, die Kunden entstehen, wenn sie den Anbieter wechseln. Manchmal sind es aber auch einfache Dinge wie ein höflicher und wertschätzender Umgang mit Kunden, der diese dauerhaft an ein Unternehmen bindet. Gerade in Deutschland vergessen zu viele Unternehmen, dass die Wettbewerbsfähigkeit eines Unternehmens nicht nur von der Versiertheit ihrer Techniker, sondern auch von der Freundlichkeit ihrer Vertriebsmitarbeiter und Kundenberater abhängt.

Du weißt nun, dass du zum Miteigentümer eines Unternehmens wirst, wenn du Aktien von ihm kaufst, und dass dir als Aktionär der Gewinn des Unternehmens anteilig zusteht. Aber wie kann ein Unternehmen **Werte** für seine Aktionäre **schaffen**? Die Antwort auf diese Frage ist einfach: wenn die Eigenkapitalrendite größer ist als die Eigenkapitalkosten und die Umsätze möglichst stark wachsen. Die **Eigenkapitalrendite** kannst du einfach bestimmen, indem du den Nettogewinn durch das in einer Periode durchschnittlich im Unternehmen gebundene Eigenkapital teilst.

Die **Eigenkapitalkosten** sind schwerer zu bestimmen. Im Jahresabschluss findest du Informationen zu den Zinsen, die das Unternehmen an die Fremdkapitalgeber zahlt. Aber in keinem der zahlreichen Dokumente, die Unternehmen publizieren, findest du Angaben, welche Kosten für das Eigenkapital entstehen. Du weißt bereits, dass Eigenkapital riskanter ist als Fremdkapital, da die Ansprüche der Fremdkapitalgeber Vorrang vor denen der Eigenkapitalgeber haben, wenn das Unternehmen aufgelöst wird. Die Kosten des Eigenkapitals entsprechen daher dem risikolosen Zins plus einer Risikoprämie, die Aktionäre für das zusätzliche Risiko von Aktien kompensiert. Grundsätzlich gilt: Je riskanter es ist, die Aktien eines Unternehmens zu halten, desto höher sollte die Risikoprämie sein. Beträgt der risikolose Zinssatz vier Prozent und die Risikoprämie fünf Prozent, dann ergeben sich Eigenkapitalkosten in Höhe von neun Prozent. Ein Unternehmen schafft nur dann zusätzlichen Wert für seine Aktionäre, wenn seine Eigenkapitalrendite die Eigenkapitalkosten übersteigt.

Damit stellt sich die naheliegende Frage: Wie kann ein Unternehmen die Eigenkapitalrendite steigern, um noch mehr Werte für seine Aktionäre zu generieren? Für die Berechnung der Eigenkapitalrendite gibt es eine weitere nützliche Formel, die du kennen solltest. Diese besagt, dass die **Eigenkapitalrendite** dem Produkt aus der **Nettogewinnmarge**, dem **Vermögensumschlag** und der **Hebelwirkung des Fremdkapitals** entspricht. Von einer Hebelwirkung des Fremdkapitals spricht man, weil die Eigenkapitalrendite steigt („gehebelt wird"), sobald ein Unternehmen weniger Eigenkapital und mehr Fremdkapital einsetzt. Multiplizierst du die Nettogewinnmarge, den Vermögensumschlag und die Hebelwirkung des Fremdkapitals, dann ergibt dies genau die Eigenkapitalrendite. Wie du die vier Kennzahlen berechnest, zeigt dir Abbildung 3. Die logische Folge: Ein Unternehmen kann die Eigenkapitalrendite erhöhen, wenn es einen dieser drei Einflussfaktoren steigert.

1. Eigenkapitalrendite: $\dfrac{\text{Nettogewinn}}{\text{Durchschnittliches Eigenkapital}}$

2. Nettogewinnmarge: $\dfrac{\text{Nettogewinn}}{\text{Umsatz}}$

3. Vermögensumschlag: $\dfrac{\text{Umsatz}}{\text{Durchschnittliches Gesamtvermögen}}$

4. Hebelwirkung: $\dfrac{\text{Durchschnittliches Gesamtvermögen}}{\text{Durchschnittliches Eigenkapital}}$

Abbildung 3: Zentrale Kennzahlen, um die Wertschöpfung eines Unternehmens zu analysieren.

Die **Nettogewinnmarge** drückt aus, wie profitabel ein Unternehmen arbeitet. Du kannst sie, wie wir bereits gesehen haben, berechnen, indem du den Nettogewinn durch den Umsatz teilst. Fragst du einen Unternehmensmanager, was er den ganzen lieben langen Tag denn tut, dann wird er dir vielleicht sagen, dass eine seiner Aufgaben darin besteht, den Umsatz zu steigern und die Kosten zu senken, um den Gewinn zu erhöhen. Eine Erhöhung der Nettogewinnmarge führt dazu, dass die Eigenkapitalrendite eines Unternehmens steigt.

Ein Unternehmen kann seine Eigenkapitalrendite, zweitens, auch steigern, indem es seine Vermögensgegenstände effizienter einsetzt und mit ihnen höhere Umsätze generiert. Der **Vermögensumschlag** drückt aus, wie effizient ein Unternehmen seine Vermögensgegenstände nutzt, um Umsätze zu generieren. Eine weitere Kernaufgabe von Managern besteht darin, die Vermögensgegenstände des Unternehmens so einzusetzen, dass das Unternehmen möglichst hohe Umsätze und Gewinne erwirtschaftet.

Ein Unternehmen kann seine Eigenkapitalrendite, drittens, auch durch einen **geringeren Einsatz von Eigenkapital** erhöhen. Hier ist jedoch Vorsicht geboten: Zwei kluge Ökonomen, Franco Modigliani und Merton Miller, haben gezeigt, dass Unternehmen zwar die Eigenkapitalrenditen, aber nicht den Wert des Unternehmens erhöhen können, wenn sie immer mehr Schulden aufnehmen und immer weniger Eigenkapital einsetzen.[2] Denn durch den zunehmenden Fremdkapitaleinsatz steigen nicht nur die Eigenkapitalrenditen, sondern auch das Finanzierungsrisiko und damit die Eigenkapitalkosten. Diese kluge Erkenntnis hat dazu beigetragen, dass Franco Modigliani im Jahr 1985 und Merton Miller im Jahr 1990 den Alfred-Nobel-Gedächtnispreis für Wirtschaftswissenschaften erhalten haben. Mein Rat: **Sei wachsam und meide konsequent Aktien von Unternehmen, bei denen die Gefahr einer Überschuldung besteht.**

Leider geschieht es oft, dass sich Unternehmen zu stark verschulden und damit ein zu hohes Finanzierungsrisiko eingehen. Banken haben vor der Finanzkrise 2008/2009 immer mehr Fremdkapital und immer weniger Eigenkapital eingesetzt, um Investitionen zu finanzieren. Auf diese Weise haben sie kurzfristig ihre Eigenkapitalrenditen gesteigert. Als die Banken dann aber während der Finanzkrise Verluste erlitten haben, ist ihr ohnehin knappes Eigenkapital immer weiter dahingeschmolzen. Einige dieser Banken mussten daraufhin von uns Steuerzahlern gerettet werden. Dieses Beispiel verdeutlicht noch einmal: Durch den zunehmenden Einsatz von Fremdkapital steigt nicht nur die Eigenkapitalrendite, sondern auch das Finanzierungsrisiko eines Unternehmens.

„Wundervolle" Unternehmen

Warren Buffett, den ich nicht nur als herausragenden Investor bewundere, sondern auch für seine Fähigkeit, komplexe Dinge einfach und klar auszudrücken, rät uns: „**Es ist erheblich besser, ein wundervolles Unternehmen zu einem mittelmäßigen Preis zu kaufen als ein mittelmäßiges Unternehmen zu einem wundervollen Preis.**"[3]

Was ein „wundervolles" Unternehmen aus Sicht von uns Aktionären ist, haben wir bereits zusammen hergeleitet und fassen es nun in fünf ökonomischen Kriterien zusammen:

1. Ein „wundervolles" Unternehmen bietet seinen Kunden begehrenswerte Produkte und Dienstleistungen und kann sich aufgrund von **Wettbewerbsvorteilen** am Markt langfristig gegen die Konkurrenz behaupten.
2. Ein „wundervolles" Unternehmen schafft Werte für seine Anteilseigner, da **seine Kapitalrenditen die Kapitalkosten übersteigen.**
3. Ein „wundervolles" Unternehmen achtet auf seine Kosten und weist **hohe Gewinnmargen** auf.
4. Ein „wundervolles" Unternehmen setzt seine Vermögensgegenstände effizient ein und generiert **hohe und möglichst steigende Umsätze.**
5. Zudem haben wir gesehen, dass es riskant ist, die Eigenkapitalrendite durch den Einsatz von immer mehr Fremdkapital zu

erhöhen. Ein „wundervolles" Unternehmen weist daher eine **maßvolle Verschuldung** auf.

Wenn du in Aktien von Unternehmen investieren möchtest, dann solltest du Warren Buffetts Rat beherzigen und zunächst nach „wundervollen" Unternehmen suchen. In einem zweiten Schritt achtest du dann darauf, dass du für die Aktien dieser „wundervollen" Unternehmen nicht zu viel bezahlst. Bei deinen täglichen Einkäufen versuchst du ja auch, nicht zu viel für eine Tüte Milch, ein Stück Butter oder andere Waren zu bezahlen. An den Finanzmärkten solltest du dich nicht anders verhalten und darauf achten, dass du nicht zu viel für ein Wertpapier bezahlst. Der Kauf einer Aktie sollte immer auf einer sorgsamen Analyse des Unternehmenswertes basieren.

Vielleicht wirst du dich nun fragen, ob es denn gerechtfertigt ist, von Unternehmen zu verlangen, dass sie ihre Gewinne beständig steigern sollen. Selbstverständlich sollten Aktionäre – bei allem Gewinnstreben – nur in gut geführte Unternehmen investieren, die sich an alle Gesetze halten. Natürlich sollten Aktionäre ihr Kapital nicht in Unternehmen anlegen, die unsere Umwelt und unser Klima übermäßig schädigen oder von Kinderarbeit und anderen miesen Geschäftspraktiken profitieren. Aber wir sollten auch nicht vergessen, dass Börsen selbst eine wichtige gesellschaftliche Funktion haben, da sie Investoren, die Kapital anlegen wollen, und Unternehmen, die Kapital benötigen, effizient zusammenbringen. Als Investoren benötigen wir Erträge in Form von Dividenden und Kurssteigerungen, wenn wir langsam ein kleines Vermögen aufbauen wollen. Wir investieren unser mühsam erspartes Kapital in Unternehmen, da wir uns erhoffen, dass wir für unsere Geduld und unsere Risikobereitschaft marktgerecht kompensiert werden.

Würde Anlegern dieser Anreiz fehlen, dann würden sie ihr erspartes Kapital Unternehmen nicht zur Verfügung stellen. Unternehmen würde dann Kapital fehlen, um Vermögensgegenstände zu kaufen,

Mitarbeiter einzustellen und Werte zu schaffen, die zum Teil unserem Staat in Form von Steuern zufließen.

Wertschöpfung und die Einhaltung moralischer Ideale sind kein Gegensatz. Eine gute und transparente Unternehmensführung, die Gesetze und gesellschaftliche Normen achtet, zählt – wie die oben genannten fünf ökonomischen Kriterien – zu den unverzichtbaren Merkmalen eines „wundervollen" Unternehmens. Unternehmen, die ihre Kunden und Mitarbeiter wertschätzend behandeln und die Interessen unseres Gemeinwesens berücksichtigen, profitieren von motivierteren Mitarbeitern, treueren Kunden und einer höheren sozialen Akzeptanz. Aber leider halten sich nicht alle Unternehmen an Gesetze und ethische Normen. Im nächsten Kapitel wirst du sehen, wie das Management von Unternehmen Aktionären schaden kann und wie du dies frühzeitig erkennen kannst.

KAPITEL 3

Cashflows: Warum Aktionären hohe Gewinne allein nicht reichen

Wer als junger Portfoliomanager bei einem bedeutenden Vermögensverwalter arbeitet, bekommt bereits sehr früh Zugang zum Top-Management großer, börsennotierter Unternehmen. Die Vorstände von Unternehmen besuchen die Fondsgesellschaften regelmäßig und erläutern dabei die Finanzergebnisse der Unternehmen, die sie leiten. Meist tun sie dies nach der Publikation der Quartalsergebnisse. Die regelmäßigen Diskussionen mit dem Management von Unternehmen gehören, zumindest aus meiner Erfahrung, zu den spannendsten Aufgaben von Portfoliomanagern.

Allerdings benötigst du als Aktionär keinen unmittelbaren Zugang zum Management der Unternehmen. Anhand der Quartals- und Jahresberichte eines Unternehmens kannst du dir ein umfangreiches Bild von seiner Vermögens- und Ertragslage machen. Eine Aufgabe von Managern börsennotierter Unternehmen besteht darin, die Finanzergebnisse den Aktionären und den Medien transparent und ehrlich zu erklären. Die meisten Manager sind rhetorisch sehr geschickt, sonst wären sie nicht in den hohen Positionen ihrer Unternehmen. Man darf es ihnen auch nicht verübeln, wenn sie als oberste Chefs eine Tendenz haben, ihr Unternehmen ein bisschen zu positiv darzustellen.

Einige Manager vergessen dabei aber leider, dass sie ihren Aktionären ein wahrheitsgetreues Bild der Finanz- und Ertragslage ihres Unternehmens vermitteln müssen. Aktionäre können den Erfolg oder Misserfolg der Unternehmen, in die sie investieren, nur dann sachgerecht beurteilen, wenn die Manager die Aktionäre ehrlich und transparent informieren. Bisweilen kommt es sogar vor, dass Manager ihre Finanzergebnisse bewusst manipulieren und gegen Rechnungslegungsvorschriften verstoßen. Als Rechnungslegungsvorschriften bezeichnet man die Regeln, nach denen Unternehmen ihre Abschlüsse erstellen müssen. Diese Vorschriften sorgen dafür, dass alle Unternehmen nach den gleichen Regeln berichten. Wenn ein Unternehmen gegen diese Vorschriften verstößt oder sie zu locker auslegt, dann werden die Kapitalgeber des Unternehmens und andere interessierte Parteien falsch informiert. Jedes Unternehmen, das Umsätze, Gewinne und Vermögensgegenstände zu hoch und Kosten und Verbindlichkeiten zu niedrig ausweist, ist eines zu viel.

Manager, die Geschäftsergebnisse manipulieren, versprechen sich davon oftmals finanzielle Vorteile für sich selbst. Ein grundlegendes Problem ist, dass Bonuszahlungen und andere finanzielle Anreize von angestellten Managern oftmals vom Erreichen kurzfristiger Ziele abhängen. Dies führt dazu, dass einige Manager nicht davor zurückschrecken, Geschäftsberichte zu fälschen und Anleger zu täuschen, wenn sie ihre Zielvorgaben nicht auf ehrliche Weise erreichen können. Berichten die Medien über ihre Betrügereien, dann ist es für die Aktionäre meist zu spät, da die Aktienkurse dann normalerweise schon stark gefallen sind. Es ist nicht leicht, solche Manipulationen frühzeitig zu entdecken. Ein Blick in das sogenannte „Cash Flow Statement" und eine Analyse von Finanzkennzahlen kann dir aber helfen, mögliche Manipulationen zu identifizieren.

Cash Flow Statement

Ich habe dir versprochen, dass ich mich bemühe, dir einen einfach verständlichen Zugang in die Welt der Investments zu geben. Deshalb vermeide ich, wo immer möglich, englische Fachbegriffe und unnötig komplizierten Finanzjargon. Aber ich finde, dass der englische Begriff „Cash Flow Statement" besser verständlich ist als der meines Erachtens irreführende deutsche Begriff „Kapitalflussrechnung". Denn in der Kapitalflussrechnung wird nicht über Bewegungen des Kapitals, sondern über Zahlungsflüsse („Cashflows") berichtet. Deswegen verwende ich nachfolgend den englischen Begriff „Cash Flow Statement".

Was in einem Cash Flow Statement steht, kann man einfach an einem Beispiel erläutern: Du bist der Eigentümer einer kleinen Pizzeria. Am Morgen, wenn du die Tür deiner Pizzeria aufschließt, liegen 200 Euro in der Kasse. Während des Tages verkaufst du Pizzen und nimmst dafür 1.500 Euro an Bargeld ein. Für Teig und andere Zutaten bezahlst du im Verlauf des Tages 500 Euro an deine Zulieferer. Falls dir während des Tages keine weiteren Zahlungsmittel zu- oder abfließen, liegen am Ende des Tages 1.200 Euro in deiner Kasse, da dir zusätzlich zum Anfangsbestand am Morgen in Höhe von 200 Euro 1.500 Euro zugeflossen und 500 Euro abgeflossen sind. Dein Kassenbestand ist während des Tages um 1.000 Euro gestiegen. Im Cash Flow Statement wird ausgewiesen, wie hoch die Zahlungsströme waren, die einem Unternehmen innerhalb einer Rechnungsperiode zu- und abgeflossen sind. Wie sich die Zahlungsmittel deiner Pizzeria während des Tages verändert haben, kannst du einfach überprüfen, indem du die Anzahl der Geldscheine in deiner Kasse am Morgen und am Abend abzählst und den Bestand an Zahlungsmitteln miteinander vergleichst.

Unterschied zwischen Gewinnen und Cashflows

Einige Leser werden sich an dieser Stelle fragen, was denn nun der Unterschied zwischen dem Cashflow und dem Nettogewinn ist. Das folgende

Beispiel hilft dir, den wichtigen Unterschied zwischen Gewinn und Cashflow besser zu verstehen: Nimm an, dass ein Unternehmen eine Maschine kauft und über zehn Jahre einsetzt, um Produkte herzustellen, die es für 12.000 Euro pro Jahr an Kunden verkauft. Nimm weiter an, dass die Maschine 50.000 Euro kostet und am Ende der zehn Jahre wertlos ist. Da das Unternehmen die Maschine über zehn Jahre nutzt, entstehen dem Unternehmen jedes Jahr Aufwendungen in Höhe von 5.000 Euro. Diese Aufwendungen entsprechen dem Anschaffungswert der Maschine in Höhe von 50.000 Euro geteilt durch die zehn Jahre, über die das Unternehmen die Maschine nutzt. Die jährlichen Aufwendungen in Höhe von 5.000 Euro pro Jahr werden Abschreibungen genannt. Sie entsprechen der Wertminderung der Maschine pro Jahr. Beispiele sollen einfach sein: Entstehen dem Unternehmen neben den Abschreibungen keine weiteren Kosten, dann kannst du den Gewinn einfach berechnen, indem du vom Umsatz in Höhe von 12.000 Euro die jährlichen Aufwendungen in Höhe von 5.000 Euro abziehst. Das Unternehmen erwirtschaftet in unserem Beispiel in den nächsten zehn Jahren einen konstanten jährlichen Gewinn in Höhe von 7.000 Euro.

Merke: Der Gewinn entspricht den Erträgen minus die Aufwendungen eines Unternehmens, die in der Gewinn- und Verlustrechnung ausgewiesen werden. In unserem Beispiel weist das Unternehmen einen konstanten Gewinn in Höhe von 7.000 EUR in den Jahren 1 bis 10 aus:

12.000 EUR – 5.000 EUR = 7.000 EUR

Das Cash Flow Statement zeigt etwas ganz anderes: Das Unternehmen kauft die Maschine in Höhe von 50.000 Euro. Der Lieferant der Maschine schickt dem Unternehmen eine Rechnung, die das Unternehmen nach ein paar Tagen bezahlt, indem es dem Lieferanten 50.000 Euro überweist. Der Cashflow im ersten Jahr ist negativ, da dem Unternehmen zwar 12.000 Euro an Zahlungsmitteln von Kunden zufließen, aber Zahlungsmittel in Höhe von 50.000 Euro an den Lieferanten der Maschine abfließen. In Summe fließen dem Unternehmen damit im ersten Jahr 38.000 Euro an Zahlungsmitteln ab. In den folgenden neun Jahren, in denen das Unternehmen keine neue Maschine kauft, beläuft sich der Cashflow jeweils auf +12.000 Euro, da dem Unternehmen nur Zahlungen der Kunden zufließen, aber keine neuen Maschinen zu bezahlen sind.

Merke: Der Cashflow entspricht den Zahlungszuflüssen minus die Zahlungsabflüsse eines Unternehmens, die im Cash Flow Statement ausgewiesen werden:

Cashflow im ersten Jahr:

12.000 EUR – 50.000 EUR = -38.000 EUR

Cashflow in den Jahren 2 bis 10:

+ 12.000 EUR

Du siehst, dass die Gewinn- und Verlustrechnung und das Cash Flow Statement zwei unterschiedliche Bilder von unserem Unternehmen zeichnen. Welches ist denn nun besser? Also, beide sind notwendig. Die Gewinn- und Verlustrechnung spiegelt die ökonomische Situation besser wider, da die Abschreibungen dem Wertverlust der Maschine im Zeitablauf entsprechen. Das Cash Flow Statement zeigt dir, wie viele Zahlungsmittel einem Unternehmen tatsächlich in einer Periode zu- und abfließen. „Cash is King", im Deutschen würde man wohl sagen: „Nur Bares ist Wahres". Wahr an diesen Redewendungen ist, dass

Unternehmen beim Ausweis von Umsätzen, Kosten und Gewinnen über einen größeren Bewertungsspielraum verfügen als beim Ausweis von Cashflows. Deshalb gilt der Cashflow vielen Analysten als die zuverlässigere Größe als der leichter manipulierbare Gewinn.

Sowohl in den USA als auch in Europa sind Unternehmen verpflichtet, im Jahresabschluss neben der Bilanz und der Gewinn- und Verlustrechnung auch ein Cash Flow Statement zu veröffentlichen. Auf diese Weise können Aktionäre nachvollziehen, wie viele Zahlungsmittel ein Unternehmen erwirtschaftet oder verbraucht. Das Cash Flow Statement zeigt dir nicht nur, wie viele Zahlungsmittel einem Unternehmen netto zugeflossen sind. Es verrät dir auch die Quellen der Zu- und Abflüsse an Zahlungsmitteln. Denn es gliedert sich in drei Hauptbestandteile:

(1) den Cashflow aus operativer Tätigkeit,
(2) den Cashflow aus Investitionstätigkeit und
(3) den Cashflow aus Finanzierungstätigkeit.

Investoren wollen nicht nur wissen, wie viele Zahlungsmittel einem Unternehmen in einer Periode zu- oder abgeflossen sind, sondern auch, ob die Zahlungsmittel im operativen Geschäft, durch Investitionstätigkeiten oder durch Finanzierungstätigkeiten erwirtschaftet oder verbraucht wurden. Anstatt dich jetzt mit Rechnungslegungsvorschriften zu langweilen, werde ich dir anhand eines einfachen Beispiels aufzeigen, warum die Unterteilung der Zahlungsströme wichtig ist und wie du die Informationen des Cash Flow Statements nutzen kannst, um mögliche Betrügereien frühzeitig zu identifizieren. Den nachfolgenden Fall habe ich mir nicht ausgedacht. Er ist wirklich passiert.

Warum Cashflows wichtig sind: Das Beispiel Stirling Homex

Stirling Homex wurde von zwei Brüdern, David und William Stirling, gegründet und ging im Februar 1970 an die Börse. Der Börsenprospekt aus dem Jahr 1970 verrät, dass das Unternehmen Aktien zum Preis von 16,50 Dollar pro Aktie an neue Aktionäre verkauft hat.[4] Die Aktien stiegen in kurzer Zeit auf über 51 Dollar. Aber die Freude der Aktionäre über die hohen Kursgewinne währte nur kurz. Am 10. Juli 1972 meldete Stirling Homex Insolvenz nach Chapter 11 an, dem Insolvenzrechtsgesetz der USA.[5]

Stirling Homex produzierte vorgefertigte Fertighäuser, die in den USA als „modular homes" bekannt sind. Viele Amerikaner, die in den wirtschaftlichen Boomjahren nach dem Zweiten Weltkrieg zu Wohlstand gekommen waren, träumten damals davon, ein eigenes Haus zu besitzen. Das Geschäft von Stirling Homex erschien heiß und versprach Gewinne.

Und diese Gewinne wies Stirling Homex auch aus. Für das am 31. Juli 1971 endende Geschäftsjahr vermeldete Stirling Homex einen Nettogewinn in Höhe von rund 3,3 Millionen Dollar.[6] Gleichzeitig verbrauchte es jedoch im operativen Geschäft 17 Millionen Dollar an Zahlungsmitteln. In Abbildung 4 wird der Nettogewinn dem Cashflow aus operativer Tätigkeit (operativer Cashflow) gegenübergestellt. Ein

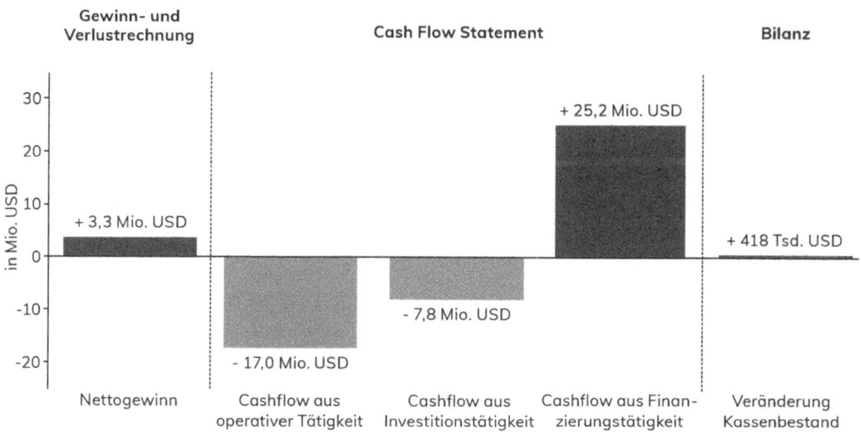

Abbildung 4: Stirling Homex hat im Geschäftsjahr 1971 einen Gewinn in Höhe von 3,3 Millionen Dollar ausgewiesen. Über die gleiche Periode hat das Unternehmen jedoch 17 Millionen Dollar an Zahlungsmitteln für operative Zwecke und 7,8 Millionen Dollar für Investitionstätigkeiten verbraucht.

derart **großer Unterschied zwischen dem Nettogewinn und dem Cashflow aus operativer Tätigkeit** ist ein blutroter Warnhinweis für Anleger, dass etwas in dem Unternehmen nicht stimmen kann.[7]

Stirling Homex verbrauchte nicht nur im operativen Geschäft, sondern auch für Investitionstätigkeiten Zahlungsmittel. Aber woher kam das ganze Geld, das Stirling Homex ausgab? Abbildung 4 zeigt, dass Stirling Homex über 25 Millionen Dollar an Zahlungsmitteln aus Finanzierungstätigkeiten zuflossen. Ein wesentlicher Grund für diese Zuflüsse waren die Kredite, die Banken Stirling Homex gewährten, sowie Aktienemissionen, aus denen dem Unternehmen ebenfalls Zahlungsmittel zuströmten. Aktionäre und Banken versorgten das Unternehmen reichlich mit Zahlungsmitteln. Die Kapitalgeber übersahen dabei, dass das Unternehmen in erheblichem Maße Zahlungsmittel im operativen Geschäft und für Investitionen verbrauchte. Man sagt, dass ein Unternehmen Zahlungsmittel „verbrennt", wenn ihm mehr Zahlungsmittel aus dem operativen Geschäft abfließen als zufließen. Ist ein Unternehmen nicht mehr in der Lage, seine Zahlungsverpflichtungen zu erfüllen, kann dies zu einer Insolvenz führen.

Steigende **Forderungen** sind ein zentraler Grund dafür, dass der operative Cashflow geringer ist als der Gewinn. Forderungen entstehen, wenn ein Unternehmen wie Stirling Homex Waren verkauft und Umsätze ausweist, aber die Kunden die Rechnungen noch nicht bezahlt haben. Ein genauer Blick in den Jahresabschluss hätte Anlegern bereits signalisieren müssen, dass beim **Umsatzausweis**[8] von Stirling Homex etwas nicht stimmte: Die Forderungen waren innerhalb eines Jahres um 144 Prozent gestiegen – und für einen Großteil dieser Forderungen hatte das Unternehmen, wie im Jahresabschluss nachzulesen war, nicht einmal Rechnungen an seine Kunden gestellt.[9] Im anschließenden Insolvenzverfahren wurde offenkundig, dass Stirling Homex seinen Aktionären Umsätze mit nicht existierenden Kunden vorgetäuscht hatte.

Ein möglicher weiterer Grund für Abweichungen zwischen Gewinn und operativem Cashflow kann ein **Anstieg der Lagerbestände** sein.

Unternehmen, die auf Lager und nicht für zahlende Kunden produzieren, fließen keine Zahlungsmittel zu. Und genau das war bei Stirling Homex der Fall: Nachdem Stirling Homex Insolvenz angemeldet hatte, wurden überall in den USA Fertighäuser und Bauteile gefunden, die zum Teil noch in Plastik versiegelt waren und für die es gar keine Kunden gab.[10] Stirling Homex hatte für fiktive Kunden Fertighäuser und Bauteile produziert.

Anhand einer sorgsamen Analyse der ausgewiesenen Umsätze, Forderungen und Lagerbestände hätten Anleger leicht erkennen können, dass Stirling Homex vorzeitig und betrügerisch Umsätze auswies. Untersuchungen zeigen, dass in 60 Prozent der Fälle, in denen Anleger durch eine betrügerische Finanzberichterstattung in die Irre geführt wurden, ein vorzeitiger oder betrügerischer Umsatzausweis eine Ursache der finanziellen Unregelmäßigkeiten war.[11]

Stirling Homex ist seit vielen Jahren mein Lieblingsbeispiel, um den wichtigen Unterschied zwischen Gewinnen und Cashflows zu erklären. Nach dem Insolvenzantrag von Stirling Homex wurden zahlreiche Vorwürfe erhoben. Dem Unternehmen wurde vorgeworfen, dass es Dokumente gefälscht und Gewerkschaftsvertreter bestochen sowie Firmengelder großzügig für Firmenflugzeuge, Limousinen und private Events eingesetzt habe. Zudem wurde kritisiert, dass die Stirling-Brüder kurz vor dem Zusammenbruch des Unternehmens Aktien verkauft hatten.[12] David und William Stirling wurden 1977 des Betrugs überführt und verurteilt.

Einer der besten Ratschläge, den ich dir geben kann, lautet: **Sieh dir neben den Gewinnen immer auch die Cashflows eines Unternehmens an, bevor du in dessen Aktien oder Anleihen investierst.** Die verlässlichste Methode, um herauszufinden, ob ein Unternehmen seine Investoren täuscht, ist ein sorgfältiges Studium des Cash Flow Statements. Wie das Beispiel von Stirling Homex zeigt, kann die Analyse eines Cash Flow Statements so spannend sein wie ein guter Krimi.

In den letzten beiden Kapiteln habe ich dir wichtige Grundlagen wie den Nettogewinn und den Cashflow erklärt. Diese Begriffe wirst du im weiteren Verlauf des Buches immer wieder brauchen. Bilanzen, Gewinn- und Verlustrechnungen und Cash Flow Statements sind die wichtigsten Werkzeuge, um Unternehmen besser zu verstehen und ihre Aktien oder Anleihen zu bewerten.

Vielleicht hast du aber gar keine Lust oder Zeit, dich im Detail mit einzelnen Unternehmen zu beschäftigen. Dann musst du deine Aktien nicht selbst auswählen. Stattdessen kannst du dein Geld auch „passiv" anlegen. Dabei investierst du nicht in einzelne Aktien, sondern in sogenannte „Exchange-Traded Funds" (ETFs). Was für und gegen passive Anlagestrategien spricht und wie ETFs funktionieren, erfährst du im nächsten Kapitel.

KAPITEL 4

Aktiv oder passiv investieren?

Anfang der 1990er-Jahre habe ich Eugene Fama an der University of Chicago besucht, da ich dort Zugang zu Finanzdaten bekommen wollte. Er war bereits damals ein renommierter Ökonom, und 2013 hat er den Alfred-Nobel-Gedächtnispreis für Wirtschaftswissenschaften erhalten. Ich verfolge seine Arbeit mit großem Interesse. Bekannt geworden ist Eugene Fama mit der Effizienzmarkthypothese.

Die Effizienzmarkthypothese

Die Effizienzmarkthypothese ist für dich von zentraler Bedeutung, wenn du dich fragst, ob du aktiv oder passiv investieren sollst. Da mir diese Frage immer wieder gestellt wird, möchte ich dir hier eine möglichst objektive Einschätzung geben, was für aktive und was für passive Investmentstrategien spricht. So kannst du die für dich passende Strategie wählen. Aktive Investoren versuchen, Informationen auszuwerten, um den Markt zu schlagen. Passive Investoren hingegen verzichten auf die Auswertung von Informationen und begnügen sich mit der durchschnittlichen Performance des Marktes, indem sie in Finanzprodukte investieren, die Indizes nachbilden. Ein Index fasst die Kursentwicklung mehrerer Wertpapiere zu einer Kennzahl zusammen – zum Beispiel umfasst der DAX die Aktien der 40 größten börsennotierten Unternehmen in Deutschland, während der MSCI World die Aktien von derzeit über 1.300 Unternehmen aus 23 Industrieländern weltweit abbildet.

Die Effizienzmarkthypothese besagt, dass alle verfügbaren Informationen stets vollständig in den aktuellen Kursen von Wertpapieren abgebildet werden.[13] Hypothesen sind keine absoluten Wahrheiten, sondern Vermutungen, die man vorübergehend als wahr ansieht und dann überprüft, um sie zu widerlegen. Hält eine Hypothese zahlreichen Überprüfungen stand, dann erhärtet sie sich. Wird sie widerlegt, dann verwirft man sie.

In einer Vielzahl von Studien haben Wissenschaftler untersucht, ob man Renditen anhand von vergangenen Kursveränderungen, fundamentalen Bewertungskennzahlen und anderen öffentlich zugänglichen Informationen vorhersagen kann. Laut Fama zeigen diese Studien mehrheitlich, dass Aktienkurse unmittelbar auf neue Informationen reagieren. Die Folge davon ist von großer Tragweite: Wenn in Aktienkursen stets alle verfügbaren Informationen enthalten sind und sie nur auf neue Informationen reagieren, dann lassen sich zukünftige Kurse auf der Basis von heute verfügbaren Informationen nicht vorhersagen. Denn die Neuigkeiten, die den Kursverlauf in der Zukunft bestimmen, sind ja heute noch nicht bekannt.[14]

Professionelle Portfoliomanager, die Informationen auswerten, um einen Mehrwert für ihre Kunden zu schaffen, solltest du nur äußerst behutsam auf die Effizienzmarkthypothese ansprechen. Sie besagt schließlich, dass die Auswertung von Informationen durch Fondsmanager und andere Anleger sinnlos ist, da ja alle verfügbaren Informationen bereits vollständig in den aktuellen Kursen enthalten sind. Wenig einfühlsam zeigte sich Burton Malkiel, der in einem Bestseller behauptete, dass Aktienkurse einem Zufallsprozess folgen und daher nicht vorhersehbar sind. Er folgerte wenig schmeichelhaft für die Zunft der Analysten und Portfoliomanager: „Auf die Spitze getrieben bedeutet dies, dass ein Affe mit verbundenen Augen, der Dartpfeile auf die Finanzseiten einer Zeitung wirft, ein Portfolio auswählen könnte, das genauso gut abschneiden würde wie ein sorgfältig von Experten zusammengestelltes."[15]

Aus der Tatsache, dass die Mehrheit der aktiv anlegenden Fondsmanager ihre Benchmark nach Kosten langfristig nicht übertrifft, folgern Anhänger der Effizienzmarkthypothese, dass Märkte effizient sein müssen – eben weil es Fondsmanagern, die einen guten Zugang zu Informationen haben, mehrheitlich nicht gelingt, den Markt dauerhaft zu schlagen.[16] Zeigt man ihnen auf, dass Warren Buffett, Peter Lynch und einige andere Portfoliomanager über lange Zeiträume höhere Renditen erwirtschaftet haben als der S&P 500 Index, dann merken sie oftmals mit einem müden Lächeln an, dass es unter einer großen Anzahl von Fondsmanagern natürlich immer einige glückliche Investoren geben müsse. Aus ihrer Sicht ist die Outperformance von Fondsmanagern regelmäßig auf Glück oder ein hohes Maß an Risiko zurückzuführen, das die Fondsmanager eingegangen sind, und nicht auf ihre Fähigkeit, Informationen klug auszuwerten.[17] Dass der langjährige Erfolg von Warren Buffett, Peter Lynch und anderen erfolgreichen Investoren allein die Folge von Glück und Zufall sein soll, bezweifeln jedoch viele, die sich inhaltlich tiefer mit den Anlagestrategien dieser Fondsmanager auseinandergesetzt haben. Vielen Anlegern gelten gerade Warren Buffett und Peter Lynch als Vorbilder.

Leider ist die Effizienzmarkthypothese bei einigen ihrer Vertreter zum Dogma geworden. Dogmatische Lehrmeinungen sind mir stets ein Graus. Insbesondere dann, wenn es begründete Zweifel an ihrer Gültigkeit gibt. Und begründete Zweifel an der Effizienzmarkthypothese gibt es viele. Im Jahr 2013 wurde neben Eugene Fama auch Robert Shiller mit dem Alfred-Nobel-Gedächtnispreis für Wirtschaftswissenschaften ausgezeichnet. Die gleichzeitige Verleihung des Preises an Fama, Shiller und einen dritten, weniger bekannten Ökonomen namens

Hansen entbehrt nicht eines gewissen Maßes an Ironie. Denn Shiller gilt als einer der bedeutendsten Kritiker der Effizienzmarkthypothese von Fama. Es gibt wohl keine Wissenschaft außer der Ökonomie, in der zwei prominente Wissenschaftler zur gleichen Zeit mit einem Nobelpreis ausgezeichnet werden, obwohl sie sich inhaltlich diametral widersprechen.

Behavioral Finance: Einwände gegen die Effizienzmarkthypothese

Lange bevor die Effizienzmarkthypothese in den 1960er- und 1970er-Jahren zur verbreiteten Lehrmeinung wurde, wiesen Autoren wie Charles MacKay darauf hin, dass Märkte immer wieder zu Übertreibungen neigen. Einige dieser Übertreibungen, etwa die Tulpenmanie im 17. Jahrhundert[18], schilderte er lebhaft in einem Buch aus dem Jahr 1841.[19] Geschichte wiederholt sich nicht, aber sie reimt sich bekanntlich:[20] Die wechselhafte Stimmung von Investoren führt immer wieder dazu, dass Finanzmärkte nach oben oder unten übertreiben, wie der Finanzmarkt-Crash 1929, die Übertreibungen während der Go-Go Years in den 1960er-Jahren, die Nifty-Fifty-Blase in den frühen 1970er-Jahren, der Crash im Oktober 1987, die Dotcom-Blase Ende der 1990er-Jahre und viele andere Ereignisse mehr zeigen.[21] Mit Übertreibungen und Fehlbewertungen an den Finanzmärkten können die Anhänger der Effizienzmarkthypothese wenig anfangen. Fama soll sein Abonnement der Zeitschrift *Economist* abbestellt haben, da dort zu oft von spekulativen Blasen an den Finanzmärkten berichtet wurde.[22]

Einwände gegen die Effizienzmarkthypothese wurden von Robert Shiller und zahlreichen anderen Vertretern der verhaltensorientierten Finanzmarkttheorie, die man auch als „Behavioral Finance" bezeichnet, formuliert. In mehreren Artikeln hat Shiller aufgezeigt, dass die Bewegungen an den Märkten viel zu volatil sind, um sie allein durch fundamentale Daten erklären zu können.[23] Populär wurde Shiller, als er sein Buch „Irrationaler Überschwang“ fast genau zum Höhepunkt der Dotcom-Blase veröffentlichte und vor einer Korrektur an den damals übertrieben teuren Aktienmärkten warnte.[24]

Das gedankliche Dogma der Effizienzmarkthypothese wackelt: Das Auf und Ab an den Börsen wird nicht nur von Informationen bestimmt, die Marktteilnehmer rational auswerten, sondern auch von den wechselhaften Stimmungen der Anleger, die wild zwischen Euphorie und Panik schwanken können.[25] Marktteilnehmer interpretieren Nachrichten oftmals verzerrt und irrational. Einprägsame Geschichten, die viral gehen, können Übertreibungen an den Märkten nach oben oder unten verstärken.[26] Das Herdenverhalten von Investoren wird besonders dann sichtbar, wenn viele Anleger gleichzeitig Aktien panikartig verkaufen oder eine überaus positive Stimmung der Marktteilnehmer dazu führt, dass Aktienkurse deutlich über ihren fundamental gerechtfertigten Preis steigen.[27] Aktive Investoren, die fundamentale Anlagestrategien verfolgen, versuchen, Fehlbewertungen von Wertpapieren zu identifizieren und von diesen zu profitieren.

Exchange-Traded Funds (ETFs)

Seit den 1990er-Jahren fließt vermehrt Geld in Exchange-Traded Funds (ETFs), die von Fondsgesellschaften aufgelegt werden und deren Anteile wie Aktien an einer Börse gehandelt werden. Die meisten, aber nicht alle ETFs verfolgen passive Anlagestrategien. Passiv anlegende ETFs bilden einen bestimmten Index nach – wie zum Beispiel den MSCI World Index, der derzeit über 1.300 Aktien aus Industrieländern weltweit umfasst.

Meist replizieren ETF-Anbieter Indizes physisch, indem sie die in dem Index enthaltenen Werte genau in dem Verhältnis kaufen, in dem die Wertpapiere in dem jeweiligen Index vertreten sind. ETFs, die Indizes physisch replizieren, weisen eine Vielzahl von Vorteilen auf: Sie sind einfach verständlich und transparent, sie werden liquide an den Börsen gehandelt und sie sind breit diversifiziert. Zudem sind sie kostengünstig, da die Verwaltungskosten von ETFs deutlich niedriger sind als die von aktiv verwalteten Fonds.

Investierst du in einen passiv verwalteten ETF anstatt in einen aktiv verwalteten, dann vermeidest du das Risiko, dass ein aktiver Fondsmanager Fehlentscheidungen trifft, indem er die falschen Wertpapiere selektiert oder zur falschen Zeit Risiken eingeht oder meidet. Auf der anderen Seite kannst du nicht hoffen, dass du mit einer passiven ETF-Strategie eine Performance über die Entwicklung des Index hinaus erwirtschaften wirst, den der ETF repliziert. Du setzt bewusst auf das Mittelmaß.

ETFs sind für all diejenigen eine gute Anlagestrategie, die kostengünstig und breit gestreut in Aktien oder Anleihen investieren und sich dabei die Zeit, die Kosten und die Mühen sparen wollen, sich intensiv mit Einzelwerten oder aktiv verwalteten Fonds auseinanderzusetzen. Gerade für junge Leute, die erstmals in Aktien investieren möchten, ist ein kostengünstiger ETF-Aktiensparplan ein kluger erster Schritt, sich der Börse zu nähern. Beginnst du bereits in jungen Jahren zu investieren, dann kannst du zusehen, wie geringe Beträge im Zeitablauf groß werden, da sie noch lange für dich arbeiten. Glaubst du, dass du nicht über das Wissen und die Fähigkeit verfügst, den sehr kompetitiven Kapitalmarkt konsistent zu schlagen, dann bist du mit einem Investment in einen ETF, der einen breiten Marktindex repliziert, gut aufgehoben.

Möchtest du dein Kapital also nicht selbst verwalten, dann kannst du es professionellen Investoren anvertrauen. Diese bilden entweder Aktienindizes passiv nach oder versuchen, durch eine nachvollziehbare aktive Anlagestrategie eine höhere Rendite zu erzielen. Wichtig ist dabei: Vertraue dein Kapital nur solchen Investoren an, deren Integrität und Kompetenz du sorgfältig geprüft hast. Lies dir unbedingt den Fondsprospekt durch, bevor du in einen Fonds investierst – darin findest du Angaben zum Anlageziel, zur Strategie, zu den Anlagerichtlinien, zu den Kosten und zu vielen weiteren Details. Zusätzlich kannst du dich online oder in der Finanzpresse über Fondsgesellschaften und Fondsmanager informieren.

Warren Buffett hat wiederholt darauf hingewiesen, dass erfahrene Investoren Überrenditen erzielen können, wenn sie Aktien einer sorgsamen fundamentalen Analyse unterziehen und eine disziplinierte Investmentstrategie verfolgen. Privatinvestoren aber sollten nach seinem Dafürhalten überwiegend in Fonds mit niedrigen Kosten investieren, die Indizes nachbilden, da erfolgreiches Investieren Zeit und Expertise erfordere.[28] Meines Erachtens tust du gut daran, wenn du am Anfang deiner Investmentkarriere einen Großteil deines Kapitals zunächst in einen breit diversifizierten, globalen Aktien-ETF investierst. Im Zeitablauf kannst du mit wachsender Erfahrung einen Teil deines Kapitals in Einzelwerte oder aktiv verwaltete Fonds investieren. Denn lasst uns ehrlich sein, die meisten Anleger werden sich bei ihrer Geldanlage nicht mit einer durchschnittlichen Performance, dem Mittelmaß, zufriedengeben wollen.

Bevor wir uns damit beschäftigen, nach welchen Kriterien du Aktien auswählen kannst, wollen wir zunächst die grundlegende Frage klären: Ist es überhaupt sinnvoll, in Aktien zu investieren?

TEIL

2

AKTIEN

KAPITEL 5

Warum sich Aktien gut zum langfristigen Vermögensaufbau eignen

Die drei Ökonomen Elroy Dimson, Paul Marsh und Mike Staunton analysieren seit einigen Jahren gemeinsam die langfristigen Renditen von Aktien, Anleihen und anderen Wertanlagen. Regelmäßig publizieren sie ihre statistischen Analysen, die bis ins Jahr 1900 zurückreichen. Sie zeigen professionellen und privaten Anlegern, welche Renditen Anleger mit unterschiedlichen Anlageklassen über sehr langfristige Zeiträume erzielt haben. Ich werde ihre statistischen Auswertungen nutzen, um die Frage zu beantworten, welche Renditen wir in der Zukunft erwarten können. Die Annahme, dass die Zukunft der langfristigen Vergangenheit folgt, ist immer gewagt. Aber genau diese Annahme machen Statistiker stets, wenn sie versuchen, aus langfristigen Entwicklungen der Vergangenheit Schlüsse für die Zukunft zu ziehen.

Der Zinseszinseffekt: Das „achte Weltwunder"

Der wichtigste Rat, den man aus langfristigen Studien zu Renditen ableiten kann, lautet: Fange frühzeitig an, langfristig in Aktien zu investieren. Denn nur dann kannst du von dem Zinseszinseffekt profitieren, den

Albert Einstein einmal als das „achte Weltwunder" bezeichnet haben soll.[29] Mit dem Zinseszinseffekt meint man, dass sich dein Kapital über lange Zeiträume stark vermehrt, da du neben den Zinsen auf dein ursprüngliches Anfangsvermögen im Zeitablauf auch Zinsen auf die Zinserträge der Vorperioden erhältst. Dein investiertes Kapital wächst infolge des Zinseszinseffekts auch ohne weitere Einzahlungen wie von selbst.

Das folgende Beispiel verdeutlicht dieses „achte Weltwunder": Erwartest du eine Verzinsung von 7,2 Prozent pro Jahr, dann wird dein Vermögen in zehn Jahren von 100 Euro mal 1,072 hoch 10 Jahre auf rund 200 Euro steigen. Mit anderen Worten: Bei einem Zinssatz von 7,2 Prozent verdoppelt sich dein Vermögen in zehn Jahren ganz ohne weitere Einzahlungen. Du verstehst jetzt sicherlich gut, warum ich dir rate, langfristig zu investieren. Denn der Zinseszinseffekt wirkt umso stärker, je länger du investiert. Wer in jungen Jahren zu investieren beginnt, nutzt den größten Vorteil überhaupt: Zeit. Dein Geld kann noch viele Jahrzehnte für dich Zinsen, Dividenden und Kursgewinne erwirtschaften. Als junger Mensch kannst du lange vom Zinseszinseffekt profitieren, wenn du früh mit dem Investieren beginnst.

Merke: Bei einer Rendite von 7,2 Prozent verdoppelt sich der Wert deines Investments in 10 Jahren ohne weitere Einzahlungen wie von selbst:

$$100\ \text{EUR} \times 1{,}072^{10} \approx 200\ \text{EUR}$$

Inflation mindert Kaufkraft

Bei langfristigen Zeiträumen solltest du unbedingt den Effekt der Inflation berücksichtigen. Inflation bedeutet, dass die Preise im Durchschnitt steigen. Man kann sich für das gleiche Geld dann weniger kaufen – das Geld verliert also an Kaufkraft. Für Investoren heißt das: Ihr Kapital verliert mit der Zeit an Wert. Infolge von Inflation können sie sich für ihr Vermögen immer weniger Güter und Dienstleistungen leisten. Deshalb solltest du dein Geld nicht einfach unverzinst auf dem Konto liegen lassen. Du solltest dein Kapital so anlegen, dass deine Rendite höher ist als die Inflationsrate. Lässt du dein Kapital ungenutzt auf dem Konto liegen, dann wirst du mit der Zeit ärmer – weil du dir infolge der Inflation dafür immer weniger kaufen kannst.

Wiederum ein einfaches Beispiel: Erwartest du eine Verbraucherpreisinflation von zwei Prozent pro Jahr, dann gehst du davon aus, dass du in einem Jahr 102 Euro für einen Warenkorb bezahlst, der heute noch 100 Euro kostet. Der Wertverfall des Geldes führt dazu, dass du dir mit deinem bestehenden Vermögen in der Zukunft immer weniger Güter kaufen kannst. Eine anhaltend hohe Inflation wirkt genau wie der Zinseszinseffekt auf lange Sicht mit einer besonders hohen Intensität – nur diesmal leider in negativer Form: Bei einer konstanten Inflation von sieben Prozent pro Jahr wird sich die Kaufkraft deines Vermögens über zehn Jahre fast halbieren.

Eindrücklich erzählt Stefan Zweig als Zeitzeuge von der hohen Inflation nach dem Ersten Weltkrieg. Er berichtet von „... einer Zeit, wo ein Ei in Österreich so viel kostete wie früher ein Luxusautomobil und in Deutschland später mit vier Milliarden Mark – so viel etwa wie vordem der Grundwert aller Häuser Groß-Berlins ...“.[30] Und er zeigt die dramatischen Folgen einer so hohen Inflation für Sparer und Vermögensbesitzer auf: „Wer vierzig Jahre gespart und überdies sein Geld patriotisch in Kriegsanleihe angelegt hatte, wurde zum Bettler. Wer Schulden besaß, war ihrer ledig.“[31] Eine hohe Inflation, die meist aus einer schlechten Wirtschafts-, Finanz- und Geldpolitik oder exogenen Schocks wie Kriegen oder einer dramatischen Verteuerung von Energiepreisen herrührt, ist einer der größten Feinde von Sparern und Vermögensbesitzern.

Dimson/Marsh/Staunton zeigen in ihrem Jahresbericht aus dem Jahr 2025, dass US-Aktien in den 125 Jahren zwischen 1900 und 2024 im geometrischen Durchschnitt um 6,6 Prozent pro Jahr *nach Inflation* gestiegen sind. In Großbritannien, Frankreich und Japan lag der geometrische Durchschnitt der Renditen von Aktien im gleichen Zeitraum *nach Inflation* bei 5,4 Prozent, 3,4 Prozent und 4,5 Prozent. In Deutschland sind Aktien im gleichen Zeitraum im geometrischen Durchschnitt nur mit 3,3 Prozent *nach Inflation* gestiegen, nicht zuletzt, weil Anleger mit deutschen Aktien infolge von zwei Weltkriegen erhebliche Verluste erlitten haben.[32] Du siehst, dass Aktien langfristig einen guten Schutz vor Inflation bieten, da die durchschnittlichen Renditen von Aktien in allen Ländern höher waren als die Inflation.

Der Zinseszinseffekt und der geometrische Durchschnitt von Aktienrenditen

Willst du die Wertsteigerung von Investments über einen langen Zeitraum berechnen, dann solltest du den Zinseszinseffekt angemessen berücksichtigen. Wie du dies tust und wie du Renditen und deren geometrische Durchschnitte richtig berechnest, möchte ich dir an einem Beispiel erklären. Nimm an, dass dein anfängliches Investment in Höhe von 1.000 Euro auf 1.070 Euro im ersten Jahr, auf 1.177 Euro im zweiten Jahr und auf 1.235,85 Euro im dritten Jahr steigt. Willst du die Renditen dieses Investments berechnen, dann teilst du den Jahresendwert eines Jahres durch den Jahresendwert des letzten Jahres und ziehst 1 ab.

In unserem Beispiel betragen die jährlichen Renditen sieben Prozent im ersten Jahr, zehn Prozent im zweiten Jahr und fünf Prozent im dritten Jahr. Über einen mehrere Jahre umfassenden Zeitraum kannst du die Wertsteigerung eines Investments berechnen, indem du die jährlichen Renditen um 1 erweiterst und diese dann *multiplizierst.* Verknüpfst du die Renditen multiplikativ, dann berücksichtigst du den Zinseszinseffekt angemessen. Denn 1.000 Euro mal 1,07 mal 1,10 mal 1,05 ist gleich 1.235,85 Euro.

Merke: Berechnung von Jahresrenditen

$$\frac{1.070}{1.000} - 1 = 7\,\%, \quad \frac{1.170}{1.070} - 1 = 10\,\%, \quad \frac{1.235{,}85}{1.170} - 1 = 5\,\%$$

1.000 EUR x 1,07 x 1,10 x 1,05 = 1.235,85 EUR

Den geometrischen Durchschnitt berechnest du, indem du die n-te Wurzel aus den um 1 erweiterten Renditen ziehst. Da du in unserem Beispiel n=3 Renditen betrachtest, bestimmst du den geometrischen Durchschnitt der drei jährlichen Renditen, indem du die dritte Wurzel aus 1,07 mal 1,10 mal 1,05 ziehst. Dies ergibt gerundet 1,073 oder 7,3 Prozent, wenn du 1 abziehst. Unser Kapital wächst also im geometrischen Durchschnitt um 7,3 Prozent pro Jahr: 1.000 Euro mal 1,073 hoch 3 Jahre ist wiederum gleich 1.235,85 Euro. Gerade bei langen Zeitreihen ist es wichtig, dass du den geometrischen Durchschnitt berechnest, um den Zinseszinseffekt im Zeitablauf angemessen zu berücksichtigen.

Merke: Der geometrische Durchschnitt in unserem Beispiel ist 7,3 %

$$\sqrt[3]{(1{,}07 \times 1{,}10 \times 1{,}05)} - 1 = 7{,}3\,\%$$

$$1.000 \text{ EUR} \times 1{,}073^3 = 1.235{,}85 \text{ EUR}$$

Die Zeitreihen von Dimson/Marsh/Staunton geben dir einen guten Einblick, welche *geometrischen* Durchschnittsrenditen Anleger *nach*

Inflation in einer Vielzahl von Ländern über einen sehr langen Zeitraum pro Jahr erzielt haben. Es spricht viel dafür, durchschnittliche Renditen über sehr lange Zeiträume zu analysieren. Ob die Analysen aber bis ins Jahr 1900 zurückreichen sollten, ist strittig. Denn 1900 besaßen beispielsweise die europäischen Mächte noch Kolonien. Seit damals haben sich die Welt und die Finanzmärkte dramatisch verändert. Nachfolgend betrachten wir eine kürzere Periode, seit Ende 1969, und damit einen Zeitraum, der vermutlich besser vergleichbar ist, unter anderem, da im Jahr 1971 unter Präsident Nixon die Golddeckung des Dollar (35 Dollar = 1 Unze Gold) aufgehoben und der Übergang zu unserem heutigen System flexibler Währungskurse eingeläutet wurde.

Auf der anderen Seite kann man gegen diesen kürzeren Zeitraum einwenden, dass wesentliche Strukturbrüche wie die Russische Revolution, der Erste Weltkrieg, die politischen Verwerfungen und die hohe Inflation während der Weimarer Republik, die Große Depression, die im Oktober 1929 begann und zu einer weltweiten Wirtschaftskrise führte, sowie der Zweite Weltkrieg ausgeblendet werden. Bei der nachfolgenden Betrachtung anhand der Daten des Indexanbieters MSCI werden zahlreiche historische Strukturbrüche, die mit enormen Verwerfungen an den Finanzmärkten einhergingen, nicht berücksichtigt, da die Zeitreihen von MSCI erst am 31. Dezember 1969 beginnen.

Der MSCI World Index

Jetzt ist es Zeit, dich mit dem „MSCI World Index“ näher bekannt zu machen, dem wir in diesem Buch noch einige Male begegnen werden. Investoren blicken auf Aktienindizes, um die allgemeine Entwicklung eines Aktienmarkts oder eines bestimmten Marktsegments zu verfolgen. Das Unternehmen MSCI, Inc. publiziert globale Aktienindizes, die die Wertentwicklung von Aktien über unterschiedliche Länder hinweg zusammenfassen und in der Finanzindustrie weit verbreitet sind. Der MSCI World Index fasst die Wertentwicklung von Aktien aus 23 entwickelten Ländern zusammen. Er umfasst über 1.300 Aktien von großen Unternehmen mit einer Marktkapitalisierung von zusammen über 70 Billionen Dollar. Bei einem kapitalisierungsgewichteten Index wie dem MSCI World zählt nicht jede Aktie gleich viel. Stattdessen haben größere Unternehmen mit höherer Marktkapitalisierung (Aktienkurs multipliziert mit der Anzahl der ausgegebenen Aktien eines Unternehmens) ein stärkeres Gewicht als kleinere. Der MSCI World Index repräsentiert rund 85 Prozent des Marktwerts von Aktien in 23 Ländern. Die Entwicklung des MSCI World Index wird allerdings zunehmend von der Wertentwicklung des US-Aktienmarkts bestimmt, da er derzeit zu über 70 Prozent aus US-Aktien besteht.

Nicht berücksichtigt im MSCI World Index wird die Wertentwicklung von Aktien in 24 Schwellenländern, die im MSCI Emerging Markets abgebildet wird. Investments in Schwellenländern erweitern die Klaviatur der Anlagemöglichkeiten aus Sicht globaler Investoren. Aufgrund der hohen politischen Instabilität, starker Währungsschwankungen und anderer Faktoren sind Investments in Schwellenländern mit besonderen länderspezifischen Risiken verbunden. Der damals für Goldman Sachs arbeitende Ökonom Jim O'Neill hat die bedeutenden Schwellenländer Brasilien, Russland, Indien und China im Jahr 2001 unter dem Kürzel „BRIC" zusammengefasst, das weite Verbreitung in der Finanzindustrie und der Politik fand.[33] Diesen vier Ländern kommt unter anderem aufgrund ihrer hohen Bevölkerungszahlen, ihres starken Wirtschaftswachstums und ihres Rohstoffreichtums eine wachsende Rolle auf der globalen Bühne zu. Da Investments in Schwellenländern aber erst in den 1990er-Jahren populär wurden, konzentrieren wir uns bei der langfristigen Analyse der Renditen und der Risiken des globalen Aktienmarkts auf den MSCI World Index, in dem die Schwellenländer nicht berücksichtigt sind.

Genau genommen betrachten wir den „MSCI World Net Total Return Index in USD" (kurz: MSCI World Index), bei dessen Berechnung auch die Dividendenzahlungen berücksichtigt werden, die den

Investoren zufließen.[34] Wir greifen auf diesen Index zurück, weil der Euro erst im Januar 1999 ins Leben gerufen wurde und dessen Zeitreihe damit für eine langfristige Analyse der Renditen und Risiken von Aktien zu kurz ist. In Abbildung 5 wird die Wertentwicklung des MSCI World Index zwischen dem 31. Dezember 1969 und dem 31. Dezember 2024 als Linienchart dargestellt. Die Grafik verdeutlicht dir, dass Aktienkurse langfristig steigen, aber während Rezessionen oftmals stark einbrechen.

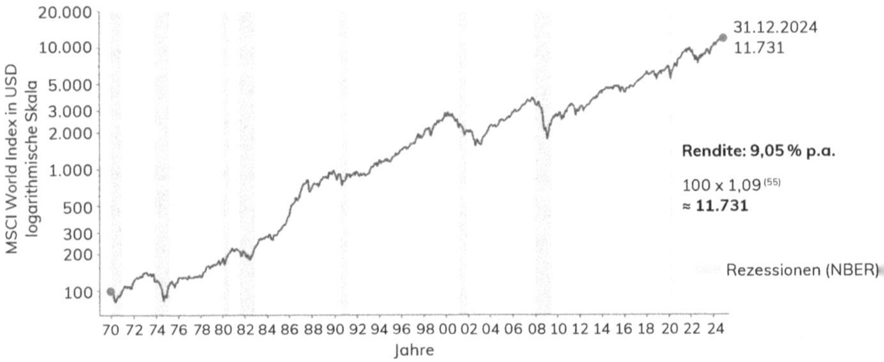

Abbildung 5: Der MSCI World Index ist in 55 Jahren von 100 Punkten am 31.12.1969 auf 11.731 Punkte am 31.12.2024 gestiegen. Dies entspricht einem geometrischen Durchschnitt von 9,05 Prozent pro Jahr vor Inflation.

Abbildung 5 zeigt: Wenn du am 31. Dezember 1969 100 Dollar im MSCI World angelegt hättest, dann wäre dein Kapital bis Ende 2024 auf 11.731 Dollar gestiegen. Der Wert deines Investments hätte sich damit *vor Inflation* über 55 Jahre mehr als verhundertfacht. Der geometrische Durchschnitt der Renditen *vor Inflation* über diesen langen Zeitraum betrug 9,05 Prozent pro Jahr. Und wiederum siehst du: Ein langfristiges Investment in ein globales Aktienportfolio war gemessen am MSCI World Index in der Vergangenheit sehr erfolgreich.

Noch einmal mein Rat: Fange früh an, in Aktien zu investieren, und halte diese lange. Nur so kannst du langfristig von dem Zinseszinseffekt profitieren, um ein kleines Vermögen aufzubauen. Als junger Investor hast du ein Geschenk, das an der Börse unbezahlbar ist: Zeit. Je früher du mit dem Investieren anfängst und je länger du dein Kapital investierst, desto stärker wirkt der Zinseszinseffekt für dich im Zeitablauf. Im nächsten Kapitel werden wir der Frage nachgehen, wie hoch das Risiko von Aktien tatsächlich ist.

KAPITEL 6

Wie riskant sind Aktien?

Unter dem Begriff „Risiko von Investments" verstehen unterschiedliche Menschen unterschiedliche Dinge. Da die meisten von euch wenig mit Risikokennzahlen anfangen können, die Fachleute mit Vorliebe mit griechischen Buchstaben bezeichnen, möchte ich die Reise in die Welt des Risikos mit einer Portion gesundem Menschenverstand beginnen.

Gesunder Menschenverstand resultiert oftmals daraus, dass Menschen aus alltäglichen Erfahrungen logische Schlussfolgerungen ziehen. Fragst du Passanten, denen du auf der Straße begegnest, was sie unter dem Begriff „Risiko" im Zusammenhang mit Finanzanlagen verstehen, dann werden sie dir vermutlich berichten, dass sie Angst haben, mit einer Anlage Geld zu verlieren. Andere werden von Verlusten erzählen, die sie in der Vergangenheit tatsächlich bereits erlitten haben. Diese Alltagswahrnehmung ist gut geeignet, den Begriff Risiko zu definieren: Mit „Risiko" bezeichnen wir nachfolgend die Wahrscheinlichkeit, dass wir in der Zukunft über einen bestimmten Zeitraum mit einer Anlage Verluste in unterschiedlicher Höhe erleiden. Diese Definition ist einfach verständlich und entspricht der üblichen Verwendung des Begriffs im Alltag.

Renditeverteilungen

Da wir die Zukunft nicht kennen, können wir versuchen, die Wahrscheinlichkeit, dass wir in der Zukunft Verluste erleiden, anhand der Häufigkeit abzuschätzen, mit der Anleger in der Vergangenheit Verluste in unterschiedlicher Höhe erlitten haben. Im vorangegangenen Kapitel habe ich dir bereits den MSCI World Index vorgestellt. Abbildung 6 zeigt dir die Anzahl der Jahre und die Häufigkeit, mit der Anleger in den Kalenderjahren 1970 bis 2024 Gewinne und Verluste in unterschiedlicher Höhe erwirtschaftet haben.

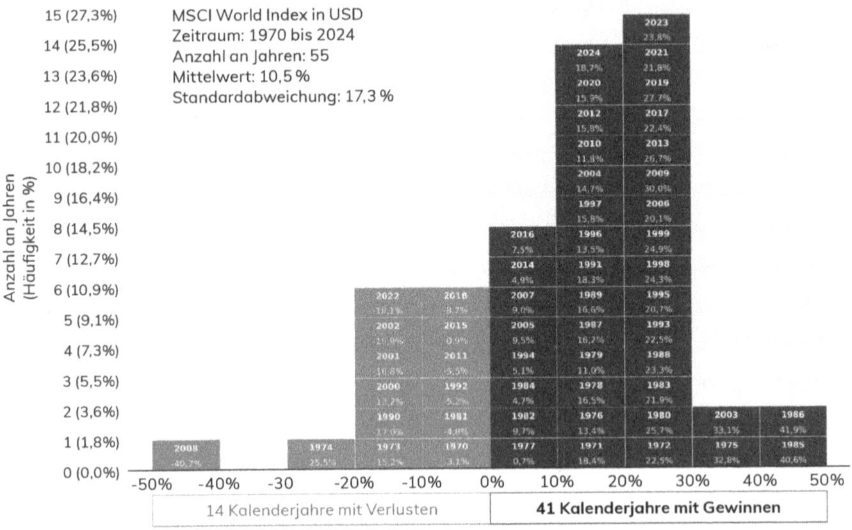

Abbildung 6: Das Histogramm gibt die Anzahl und die Häufigkeit der Gewinne und Verluste des MSCI World Index in USD vor Inflation zwischen 1970 und 2024 wieder.[35]

Zählst du die Anzahl der Verlustjahre in der obigen Grafik, dann stellst du fest, dass Anleger zwischen 1970 und 2024 in 14 von 55 Jahren einen Verlust erlitten haben. Die Wahrscheinlichkeit, dass Anleger mit einem Investment in Aktien über ein Kalenderjahr Verluste erleiden, beträgt auf der Basis der verwendeten Daten 25,5 Prozent (in 14 von

55 Jahren). **Investierst du dein Kapital über ein Kalenderjahr in Aktien, dann solltest du – auf Basis der verwendeten Daten – erwarten, dass du in einem von vier Jahren Verluste in unterschiedlicher Höhe erleidest.** In den übrigen 41 Jahren, oder mit einer Wahrscheinlichkeit von 74,5 Prozent (in 41 von 55 Jahren), haben Anleger mit einem Investment in den MSCI World über ein Kalenderjahr Gewinne erwirtschaftet.

Die in Abbildung 6 wiedergegebene Wahrscheinlichkeitsverteilung zeigt dir nicht nur, mit welcher Häufigkeit Gewinne und Verluste in der Vergangenheit eingetreten sind, sondern auch wie hoch sie ausgefallen sind. Im Kalenderjahr 2008 haben Anleger mit einem Investment in den MSCI World mit -40,7 Prozent den höchsten Jahresverlust in dem betrachteten Zeitraum erlitten. Der zweithöchste Verlust betrug -25,5 Prozent im Jahr 1974. In jeweils sechs Kalenderjahren haben Anleger Verluste zwischen -20 Prozent und -10 Prozent beziehungsweise zwischen -10 Prozent und null Prozent erlitten. **Historische Renditeverteilungen sind aus meiner Sicht die beste Art, das Verlustrisiko von Aktien und anderen Investments zu analysieren und zu visualisieren.** Als junger Anleger hast du die heftigen Kurseinbrüche der Jahre 2000 bis 2002 und 2008 vermutlich nicht selbst miterlebt. Wenn du dir bewusst machen willst, welche Verluste Anleger in der Vergangenheit erlitten haben – und die auch in der Zukunft wieder auftreten können –, dann lohnt sich ein Blick auf historische Renditeverteilungen wie in Abbildung 6.

Die Abbildung gibt die Verteilung der Renditen über ein Kalenderjahr wieder. Natürlich kannst du das Risiko von Investments auch über kürzere Zeiträume wie einen Tag, einen Monat oder längere Zeiträume – etwa über fünf oder zehn Jahre – anhand von Verteilungen analysieren. Den Zeitraum über ein Kalenderjahr habe ich gewählt, weil wir ja oftmals ein Kalenderjahr im Blick haben, wenn wir den Anlageerfolg von Investments messen.

Die Standardabweichung

Wenn du dein Geld in Aktien oder Anleihen anlegst, dann möchtest du wissen:

- Wie hoch ist meine erwartete Rendite?
- Wie stark schwanken meine Gewinne und Verluste?

Der **Mittelwert der jährlichen Renditen** zeigt dir, wie hoch die durchschnittliche Rendite in der Vergangenheit war. Gehst du davon aus, dass die Zukunft ähnlich verläuft, dann kannst du diesen Durchschnitt als Schätzwert für die **erwartete Rendite** heranziehen.

Die **Standardabweichung** gibt an, wie stark die einzelnen Renditen im Schnitt vom Mittelwert abweichen – und damit, wie stark die Renditen schwanken. **Ist die Standardabweichung der Renditen klein,** dann schwanken die Renditen kaum – **das Risiko deiner Anlage ist also gering.** Wenn die **Standardabweichung der Renditen hingegen groß** ist, dann schwanken die Renditen stark – **das Risiko ist hoch** und du musst mit höheren Verlusten rechnen.

In den 55 Kalenderjahren zwischen dem 31. Dezember 1969 und dem 31. Dezember 2024 betrugen der Mittelwert der jährlichen Renditen des MSCI World Index 10,5 Prozent und die Standardabweichung 17,3 Prozent. Für diejenigen unter euch, die sich für Formeln interessieren, habe ich die wichtigsten Formeln, die ich in diesem Buch verwende, im Anhang festgehalten. Dort siehst du auch, wie du den Mittelwert und die Standardabweichung berechnen kannst. Willst du die Kennzahlen nicht selbst berechnen, dann kannst du auf die Arbeiten der drei Ökonomen Elroy Dimson, Paul Marsh und Mike Staunton zurückgreifen, die jedes Jahr statistische Kennzahlen für eine Vielzahl unterschiedlicher Märkte publizieren.[36]

Viel wichtiger als die Berechnung der Kennzahlen ist mir, dass du sie als Investor richtig interpretieren kannst, bevor du Anlageentscheidungen triffst. In der Schule hast du vermutlich die Normalverteilung als „Glockenkurve“ kennengelernt. In Abbildung 7 zeige ich dir, wie eine Normalverteilung aussieht. Du siehst, dass ungefähr 68 Prozent der Renditen innerhalb einer **Standardabweichung** σ um den Mittelwert liegen, also zwischen dem Mittelwert minus eine Standardabweichung und dem Mittelwert plus eine Standardabweichung, sofern die Renditen normalverteilt sind.

Abbildung 7 zeigt: Mithilfe der Normalverteilung kannst du abschätzen, wie wahrscheinlich Gewinne oder Verluste sind, wenn du Mittelwert und Standardabweichung kennst. Liegt der Mittelwert der Renditen bei zehn Prozent und die Standardabweichung bei 17 Prozent, dann liegen die jährlichen Renditen in etwa zwei Drittel der Fälle (68 Prozent) zwischen –7 Prozent und +27 Prozent. Betrachtet man zwei Standardabweichungen, also rund 95 Prozent der Fälle, dann bewegen sich die Renditen zwischen –24 Prozent und +44 Prozent.

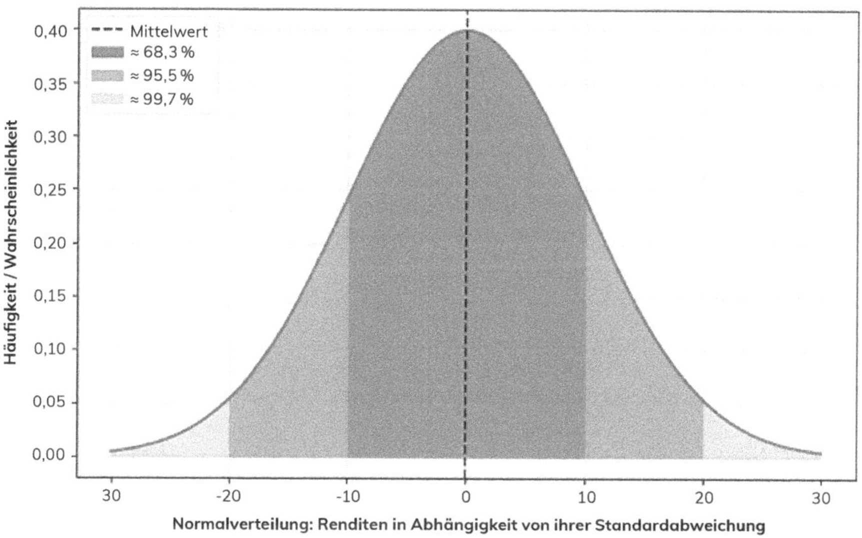

Abbildung 7: Normalverteilung: die Wahrscheinlichkeit, dass du mit Aktien und anderen Anlagen Gewinne und Verluste erzielst, in Abhängigkeit von der Standardabweichung bei einem angenommenen Mittelwert von null.

Je größer die Standardabweichung, desto stärker schwanken die Renditen um den Mittelwert. Würde die Standardabweichung bei gleichem Mittelwert nicht 17 Prozent, sondern 30 Prozent betragen, dann lägen die jährlichen Renditen mit einer Wahrscheinlichkeit von 68 Prozent nicht zwischen -7 Prozent und +27 Prozent, sondern zwischen -20 Prozent und +40 Prozent. Größere Verluste und Gewinne würden also häufiger auftreten. Die Standardabweichung ist das zentrale Risikomaß für Wertpapiere in der Finanzindustrie und wird in der Praxis häufig auch als Volatilität bezeichnet, da sie die Schwankungsbreite von Wertpapieren beschreibt. Gerade wenn du noch jung bist und mit dem Investieren anfängst, ist es gar nicht so leicht, einzuschätzen, wie stark die Kurse verschiedener Aktien schwanken können. Die Standardabweichung hilft dir dabei: Sie zeigt dir, wie groß die Kursschwankungen eines Wertpapiers in der Vergangenheit waren.

Merke: Bei einem Mittelwert von 10 Prozent und einer Standardabweichung von 17 Prozent pro Jahr liegen in 68 Prozent der Jahre die jährlichen Renditen zwischen -7 Prozent und +27 Prozent, wenn die Renditen normalverteilt sind:

10 % – 17 % = -7 %
10 % + 17 % = +27 %

Mittelwert und Standardabweichung helfen Anlegern, die Chancen und Risiken verschiedener Investments besser einzuschätzen. Die Standardabweichung kannst du auch dann als Risikomaß verwenden, wenn die Renditen nicht exakt normalverteilt sind – denn sie misst grundsätzlich, wie stark die Renditen um ihren Mittelwert schwanken. Allerdings gilt: Sind die Renditen nicht normalverteilt, dann wird die

Berechnung von **Verlustwahrscheinlichkeiten** komplizierter, weil man sie nicht mehr allein aus Mittelwert und Standardabweichung ableiten kann. Deshalb mein Rat: Willst du das Risiko eines Investments wirklich verstehen, dann solltest du dir immer sowohl die **tatsächliche Renditeverteilung** als auch die **Standardabweichung** genau ansehen.

> ***Merke: Je größer die Standardabweichung eines Wertpapiers ist, desto stärker schwanken dessen Kurse und desto höher ist dein Verlustrisiko.***

Die Sharpe Ratio

Vor vielen Jahren habe ich ein Seminar des Nobelpreisträgers William Sharpe in den USA als Gaststudent besucht. Sharpe ist ein großartiger Forscher und Lehrer. Er hat eine in der Finanzindustrie weitverbreitete Formel formuliert, die man als **Sharpe Ratio** bezeichnet. Die Formel beantwortet eine der wichtigsten Fragen, die du dir als Anleger stellen solltest: Wie viel Rendite bekomme ich für das Risiko, das ich eingehe?

Die Berechnung der Sharpe Ratio möchte ich dir anhand eines Beispiels erklären: Stell dir vor, der risikolose Zinssatz sei vier Prozent und du kannst zwischen zwei Fonds wählen, die durchschnittliche Renditen von jeweils neun Prozent und Standardabweichungen von zehn Prozent beziehungsweise 20 Prozent über einen längeren Betrachtungszeitraum aufweisen. Würdest du nur die durchschnittlichen Renditen der beiden Fonds vergleichen, dann würden beide Fonds mit einer durchschnittlichen Rendite von neun Prozent und einer Überrendite von fünf Prozent über den risikolosen Zins gleich attraktiv erscheinen.

Der kluge Rat von William Sharpe lautet, dass du nicht nur auf die erwartete Rendite, sondern auch auf das Risiko achten solltest, wenn du Investments miteinander vergleichst. Bei beiden Fonds kannst du eine Überrendite über den risikolosen Zins in Höhe von fünf Prozent erwarten. Die Standardabweichungen und damit das Risiko der beiden Fonds sind aber mit zehn Prozent und 20 Prozent pro Jahr unterschiedlich. Möchtest du die Sharpe Ratio berechnen, dann setzt du einfach die Überrendite eines Investments über den risikolosen Zins ins Verhältnis zu dessen Standardabweichung:[37]

Merke: Sharpe Ratios zweier Portfolios mit gleicher Rendite, aber unterschiedlichem Risiko:

$$\frac{9\,\% - 4\,\%}{10\,\%} = \frac{5\,\%}{10\,\%} = 0{,}5 \qquad \frac{9\,\% - 4\,\%}{20\,\%} = \frac{5\,\%}{20\,\%} = 0{,}25$$

Die Sharpe Ratio beträgt beim ersten Fonds 0,5 und beim zweiten Fonds 0,25. Als risikoscheuer Investor würdest du den ersten Fonds mit der höheren Sharpe Ratio wählen, da er dir eine höhere Rendite pro Risiko verspricht. Anhand der Sharpe Ratio kannst du auf einfache Weise risikoadjustierte Renditen von unterschiedlichen Investments berechnen und vergleichen.

Das Verlustrisiko von Aktieninvestments sinkt mit der Zeit

Weiter oben habe ich dir geraten, dass du langfristig in Aktien investieren sollst, um möglichst lange vom Zinseszinseffekt zu profitieren. Aber es gibt noch einen zweiten Grund, der für ein langfristiges Investment in Aktien spricht: **Das Verlustrisiko von Aktieninvestments sinkt dramatisch, wenn du dein Geld über lange Zeiträume anlegst und nicht kurzfristig spekulierst.** Wer irgendwann am Ende irgendeines Monats zwischen 1970 und 2024 sein Geld in den MSCI World angelegt und dieses Investment dann über ein Jahr beibehalten hat, der hat in rund 24 Prozent aller möglichen 1-Jahres-Perioden Geld verloren. Bei einem Investment über fünf Jahre trat ein Verlust nur noch in 16 Prozent aller möglichen 5-Jahres-Perioden auf. Und bei zehn Jahren betrug die Verlustwahrscheinlichkeit nur noch vier Prozent. Im Zeitraum von 1970 bis 2024 haben Anleger niemals Geld verloren, wenn sie irgendwann am Ende eines Monats in den MSCI World investiert haben und das Investment dann für 15 Jahre gehalten haben.

Merke: Mit der Länge der Anlageperiode sinkt die Verlustwahrscheinlichkeit eines Aktieninvestments (MSCI World in USD):

Anlagehorizont	Historische Verlustwahrscheinlichkeit (1970-2024)
1 Jahr:	24 Prozent
5 Jahre:	16 Prozent
10 Jahr:	4 Prozent
15 Jahre:	0 Prozent

Die Simulation zeigt schön: Je länger der Anlagehorizont, desto geringer ist die Wahrscheinlichkeit, mit einem breit diversifizierten Aktienportfolio Geld zu verlieren. **Ich hoffe, du teilst nun mit mir die Überzeugung, dass Aktien gut für Anleger geeignet sind, die nicht kurzfristig spekulieren, sondern sich langfristig ein kleines Vermögen aufbauen wollen.**

In den nächsten beiden Kapiteln werden wir der Frage nachgehen, wie man Aktien bewertet. Am besten führe ich dich in die Kunst der Bewertung ein, indem ich dir zunächst die einfachste Art der Aktienbewertung vorstelle: relative Bewertungskennzahlen.

KAPITEL 7

Kennzahlen zur Bewertung von Aktien

Willst du dich an einer Diskussion beteiligen, ob Aktien derzeit am Markt zu hoch, zu niedrig oder genau richtig bewertet sind, dann solltest du wissen, wie man relative Bewertungskennzahlen berechnet. Relative Bewertungskennzahlen findest du in nahezu jedem Bericht, den Banken verfassen, um Aktien zu bewerten. Bei der Berechnung von relativen Bewertungskennzahlen wird der aktuelle Kurs einer Aktie in Beziehung zum Gewinn pro Aktie, zum Cashflow pro Aktie, zum Buchwert pro Aktie oder zu anderen fundamentalen Daten gesetzt. In diesem Kapitel werde ich dir erklären, wie man die wichtigsten relativen Bewertungskennzahlen berechnet und worauf du beim Einsatz dieser Kennzahlen achten solltest.

Vor- und Nachteile relativer Bewertungskennzahlen

Lass mich mit einer Analogie beginnen, damit du gut verstehst, wie man relative Bewertungskennzahlen berechnet und welche Vor- und Nachteile sie aufweisen. Hast du dich bereits mit der Frage beschäftigt, eine Wohnung oder ein Haus zu kaufen, dann bist du mit relativen

Bewertungskennzahlen vermutlich bereits bestens vertraut. Die gängigste Kennzahl, um Immobilien zu bewerten, ist der Quadratmeterpreis. Verwendest du den Quadratmeterpreis, dann überlegst du dir, welchen Preis du für eine Immobilie pro Quadratmeter Wohnfläche bezahlen musst, wenn du sie erwerben möchtest. Nutzt du hingegen das Kurs-Gewinn-Verhältnis (KGV), um Aktien zu bewerten, dann fragst du dich, welchen Preis du für eine Aktie relativ zum Gewinn pro Aktie bezahlen musst, wenn du sie kaufen möchtest. Beide Male setzt du den Preis ins Verhältnis zu einer Größe, die den Nutzen eines Vermögenswerts repräsentiert.

Wenn du dich für eine Wohnung in einer bestimmten Stadt interessierst, dann kannst du dich auf Immobilienportalen oder bei Maklern und Banken über die aktuellen Quadratmeterpreise informieren. Liegt der durchschnittliche Preis bei 5.000 Euro pro Quadratmeter, dann musst du damit rechnen, dass eine 100-Quadratmeter-Wohnung etwa 500.000 Euro kostet. Diese Kennzahl hat jedoch ihre Grenzen: Sie berücksichtigt weder Lage noch Ausstattung, Alter, Energieeffizienz oder andere wertbestimmende Faktoren. Handelt es sich etwa um eine hochwertig ausgestattete Luxuswohnung mit 100 Quadratmetern in einem gefragten Stadtviertel, dann musst du vermutlich deutlich mehr als eine halbe Million Euro investieren.

Aus dem Vergleich zwischen der Bewertung von Immobilien anhand des Quadratmeterpreises und der Bewertung von Aktien anhand des Kurs-Gewinn-Verhältnisses kannst du einige Schlussfolgerungen ziehen. Die entscheidenden Vorteile beider Kennzahlen sind gleich: Du kannst sie leicht berechnen und sie sind gut verständlich. Die beiden Kennzahlen weisen zudem ähnliche Nachteile auf: So wie neben dem Quadratmeterpreis noch zahlreiche andere Faktoren – etwa Lage, Ausstattung und Alter – den Wert einer Immobile beeinflussen, hängt auch der Preis einer Aktie nicht allein von der Höhe des Gewinns pro Aktie ab. Neben dem Gewinn pro Aktie wird der Wert einer Aktie auch vom zukünftigen Umsatzwachstum, den Gewinnmargen, der Eigenkapitalrentabilität und einer Vielzahl anderer Faktoren beeinflusst, die sehr unterschiedlich ausfallen können. Verwendest du Kurs-Gewinn-Verhältnisse, um Aktien zu bewerten, dann blendest du diese Unterschiede aus, da du ja nur den Preis relativ zum Gewinn pro Aktie betrachtest.

Aktien solltest du nur dann anhand von relativen Bewertungskennzahlen miteinander vergleichen, wenn das Umsatzwachstum, die Gewinnmargen, die Eigenkapitalrentabilität und andere wertbestimmende Faktoren tatsächlich vergleichbar sind. Dies ist oftmals – aber nicht immer – der Fall, wenn du Aktien von Unternehmen vergleichst, die in der gleichen Branche tätig und in dem gleichen Land notiert sind. Erfahrene Analysten vergleichen daher oftmals den Wert von Aktien anhand von relativen Bewertungskennzahlen, die sich auf den gleichen Sektor und das gleiche Land beziehen. Denn es macht ja wenig Sinn, Äpfel mit Birnen zu vergleichen.

Werden relative Bewertungskennzahlen richtig eingesetzt, dann geben sie dir ein erstes „grobes" Bild, ob eine Aktie relativ zu ihrer eigenen Historie oder im Vergleich zu Aktien vergleichbarer Unternehmen am Markt gerade „teuer" oder „billig" bewertet wird. Nachfolgend stelle ich dir die wichtigsten relativen Bewertungskennzahlen kurz vor.

Kurs-Gewinn-Verhältnis (KGV) und Gewinnrendite

Das Kurs-Gewinn-Verhältnis ist vermutlich die bekannteste und am weitesten verbreitete Kennzahl, um Aktien zu bewerten. Du berechnest sie, indem du den aktuellen Kurs einer Aktie in Bezug zum Gewinn pro Aktie setzt.

$$\text{KGV} = \frac{\text{Aktueller Kurs}}{\text{Gewinn pro Aktie}}$$

Der Gewinn pro Aktie entspricht dem Gewinn eines Unternehmens geteilt durch die Anzahl der ausstehenden Aktien, die das Unternehmen ausgegeben hat. Zum gleichen Ergebnis bei der Berechnung des KGVs kommst du, wenn du die Marktkapitalisierung einer Aktie, die dem Kurs der Aktie mal der Anzahl der ausstehenden Aktien entspricht, durch den Nettogewinn des Unternehmens teilst.

Schauen wir uns einmal anhand des Unternehmens Microsoft Corp. an, wie man KGVs berechnet. In den USA müssen alle börsennotierten Unternehmen Quartals- und Jahresabschlüsse bei der Wertpapieraufsichtsbehörde Securities and Exchange Commission (SEC) einreichen. In der von der SEC betriebenen Datenbank EDGAR, auf die du online zugreifen kannst, findest du eine Fülle von Unternehmensdaten. Diese Datenbank empfehle ich dir wärmstens, wenn du auf der Suche nach fundamentalen Daten von amerikanischen Unternehmen bist.[38] Aktuelle EDGAR-Daten zu Microsoft findest du auf der Webseite zu diesem Buch www.jvinvest.ai.

Das Geschäftsjahr 2024 von Microsoft endete am 30. Juni 2024. Du siehst, dass das Geschäftsjahr eines Unternehmens und das Kalenderjahr nicht notwendigerweise deckungsgleich sind. Im Geschäftsjahr 2024 hat Microsoft einen Nettogewinn in Höhe von 88,136 Milliarden Dollar bei einem Umsatz von etwas über 245 Milliarden Dollar erwirtschaftet. Außerdem wies Microsoft für das Geschäftsjahr 2024 eine während der Periode durchschnittlich ausstehende Anzahl von 7,431 Milliarden Aktien aus. Teilst du den Jahresgewinn in Höhe von 88,136 Milliarden Dollar durch die durchschnittlich ausstehende Anzahl der Aktien in Höhe von 7,431 Milliarden, dann erhältst du einen Gewinn pro Aktie in Höhe von 11,86 Dollar.[39]

Bei der Berechnung von relativen Bewertungskennzahlen solltest du darauf achten, ob ein Unternehmen in großem Umfang Bezugsrechte für neue Aktien an seine Mitarbeiter vergibt. Denn für die Aktionäre ist die Ausgabe von Bezugsrechten an die Mitarbeiter nachteilig, da der Anteil der Altaktionäre am Unternehmen und am Gewinn sinkt, wenn Dritte neue Aktien erhalten. Bei Microsoft lag die um die Bezugsrechte adjustierte Anzahl der ausstehenden Aktien im Geschäftsjahr 2024 bei 7,469 Milliarden Aktien. Der auf der Basis dieser sogenannten „verwässerten" Anzahl der Aktien berechnete Gewinn pro Aktie war mit 11,80 Dollar etwas niedriger als der „unverwässerte" Gewinn pro Aktie in Höhe von 11,86 Dollar. Also aufgepasst: Unternehmen, die mit vollen Händen Bezugsrechte an ihre Mitarbeiter vergeben, schaden ihren Aktionären. Berechne das Kurs-Gewinn-Verhältnis bitte stets, indem du den aktuellen Kurs durch den verwässerten Gewinn pro Aktie teilst.[40]

Microsoft hat seinen Jahresbericht für das Geschäftsjahr 2024 genau einen Monat nach Geschäftsjahresende am 30. Juli 2024 nach Börsenschluss veröffentlicht. Am Tag der Veröffentlichung handelte der Aktienkurs von Microsoft an der Nasdaq mit einem Schlusskurs von 422,92 Dollar. Teilst du den Schlusskurs von Microsoft am 30. Juli 2024 durch 11,80 Dollar Gewinn pro Aktie, dann handelte die Aktie von Microsoft damals mit einem Kurs-Gewinn-Verhältnis von 35,8 auf Basis der Gewinne der letzten zwölf Monate. Das so berechnete Kurs-Gewinn-Verhältnis kannst du mit den KGVs von anderen US-Technologieunternehmen oder mit den Kurs-Gewinn-Verhältnissen, zu denen Microsoft in der Vergangenheit bewertet wurde, vergleichen. Auf diese Weise siehst du, ob eine Aktie relativ zu anderen Aktien beziehungsweise zu ihrer eigenen Historie am Markt „billig" oder „teuer" bewertet wird.

Da die Geschäftsjahre von einzelnen Unternehmen zu unterschiedlichen Zeitpunkten enden, berechnen Analysten KGVs oftmals auf der Basis der Gewinne der letzten zwölf Monate, um sie besser miteinander vergleichen zu können. Diese Kennzahlen nennen sie dann „Trailing Twelve Months Price/Earnings (P/E) Ratios". Alternativ kann ein KGV auch anhand der Gewinne pro Aktie berechnet werden, die Analysten für die kommenden zwölf Monate erwarten. Die Kennzahl wird dann als „Forward Twelve Months P/E Ratio" bezeichnet. Schließlich teilen einige Analysten nicht den Kurs durch den Gewinn pro

Aktie, um KGVs zu berechnen, sondern umgekehrt den Gewinn pro Aktie durch den Kurs. Diese Kennzahl nennen sie dann „Gewinnrendite“ oder im Englischen „Earnings Yield“.

Ich nutze Kurs-Gewinn-Verhältnisse oftmals, um mir einen ersten Überblick zu verschaffen, ob Aktienmärkte – gemessen an Indizes wie dem S&P 500 Index – derzeit besonders hoch oder niedrig bewertet werden. Im Jahr 1955 notierte der S&P 500 Index bei etwas über 45 Punkten bei einem Gewinn pro Aktie von 3,58 Dollar über die letzten zwölf Monate. Ende 2024 handelte der S&P 500 Index bei 5.881 Punkten bei einem Gewinn pro Aktie von rund 238 Dollar. Dies entspricht einem Kurs-Gewinn-Verhältnis von rund 24,7-mal der Gewinne der letzten zwölf Monate. Steigen die Gewinne von Unternehmen langfristig, dann steigt damit auch der an der Börse gehandelte Marktwert der Aktien. Der enorme Anstieg der Gewinne der 500 größten börsennotierten Unternehmen in den USA seit 1955 ist der zentrale Grund dafür, dass der S&P 500 von 45 im Jahr 1955 auf 5.881 Punkte im Jahr 2024 gestiegen ist und sich der Marktwert des S&P 500 Index damit vor Inflation mehr als verhundertfacht hat. Genau deshalb stehen die Gewinne von Unternehmen im Mittelpunkt, wenn wir den Wert von Aktien analysieren.

Kurs-Cashflow-Verhältnis

Wir haben oben am Beispiel von Stirling Homex gesehen, dass der Nettogewinn vom operativen Cashflow deutlich abweichen kann. Deshalb berechnen viele Marktteilnehmer neben dem Kurs-Gewinn-Verhältnis auch das Kurs-Cashflow-Verhältnis (KCV), indem sie den aktuellen Kurs einer Aktie durch den operativen Cashflow pro Aktie teilen.

$$\text{KCV} = \frac{\text{Aktueller Kurs}}{\text{Operativer Cashflow pro Aktie}}$$

Bedenke bei der Verwendung von KGVs bitte stets, dass die Gewinne eines Unternehmens durch außergewöhnliche Ereignisse, nicht-operative Erträge und kreative Buchhaltungspraktiken verzerrt werden können. Am Beispiel von Stirling Homex hast du gesehen, dass Unternehmen ihren Aktionären hohe Gewinne vortäuschen können, indem sie Umsätze vorzeitig oder betrügerisch ausweisen oder andere Buchhaltungstricks anwenden. Gewinne können etwa durch außergewöhnliche Aufwendungen oder einmalige Erträge wie Restrukturierungsaufwendungen oder Gewinne aus dem Verkauf von Vermögensgegenständen verzerrt werden. Weicht der Gewinn deutlich vom operativen Cashflow ab, dann solltest du dir das Cash Flow Statement – wie im Beispiel von Stirling Homex gezeigt – genauer ansehen.

Unternehmen, deren Gewinne oder Cashflows stark wachsen, handeln typischerweise zu höheren Kurs-Gewinn- und Kurs-Cashflow-Verhältnissen. Bitte analysiere Kurs-Gewinn-Verhältnisse und Kurs-Cashflow-Verhältnisse immer im Zusammenhang mit den erwarteten Wachstumsraten der Gewinne und Cashflows. Wie stark die Umsätze, Gewinne und Cashflows in der Vergangenheit gestiegen sind, verraten dir die Jahresabschlüsse eines Unternehmens. Analystenschätzungen zu den zukünftigen Wachstumsraten findest du auf Onlineportalen wie etwa Bloomberg oder Yahoo Finance. Im Anhang und auf der Webseite zu diesem Buch www.jvinvest.ai gebe ich dir einen Überblick über Finanzportale, die ich selbst nutze.

Sei gewarnt: Investierst du in Aktien mit einem sagenhaft hohen Kurs-Gewinn- oder Kurs-Cashflow-Verhältnis, dann wirst du enorme Verluste erleiden, wenn das Unternehmen ankündigt, dass die Gewinne und Cashflows deutlich langsamer gewachsen sind, als die Analysten prognostiziert und die Marktteilnehmer erwartet haben. Frage dich bitte immer, ob die Gewinne und Cashflows eines Unternehmens auch in Zukunft stark wachsen werden, bevor du in hoch bewertete Aktien investierst.

Kurs-Buchwert-Verhältnis

Das Kurs-Buchwert-Verhältnis (KBV) setzt den aktuellen Kurs einer Aktie in Relation zum Buchwert pro Aktie.

$$\text{KBV} = \frac{\text{Aktueller Kurs}}{\text{Buchwert pro Aktie}}$$

Der Buchwert eines Unternehmens entspricht dem Eigenkapital, also dem Wert der Vermögensgegenstände abzüglich der Verbindlichkeiten. Den Buchwert pro Aktie kannst du berechnen, indem du das Eigenkapital durch die Anzahl der von dem Unternehmen ausgegebenen Aktien teilst.

Das Kurs-Buchwert-Verhältnis nutze ich meist nur, um mir einen ersten groben Überblick zu verschaffen, ob Banken und andere Finanzinstitutionen günstig oder teuer bewertet sind. Der Grund: In der Bilanz einer Bank stehen vor allem Kredite und Wertpapiere, deren Werte sich recht nahe an deren tatsächlichen Marktpreisen orientieren. Außerdem müssen Banken ein gesetzlich genau festgelegtes Eigenkapital vorhalten. Deshalb ist der Buchwert bei Banken oft aussagekräftiger als der Gewinn, der von Jahr zu Jahr stark schwanken kann.

Für die Bewertung von Unternehmen außerhalb des Finanzsektors empfehle ich dir, das Kurs-Buchwert-Verhältnis nicht zu verwenden. Der Grund: Es hat einige entscheidende Schwächen. Im Buchwert werden vor allem Maschinen, Gebäude und andere physische Vermögenswerte erfasst. Immaterielle Werte wie Patente, Marken oder geistiges Eigentum spielen darin kaum eine Rolle – obwohl gerade sie bei vielen Firmen die eigentliche Ertragskraft bestimmen.

Der Buchwert kann außerdem durch kreative Buchführungstricks stark verzerrt werden und stellt eine rein bilanzielle Größe dar, die von vielen Faktoren beeinflusst wird. So sinkt er zum Beispiel, wenn Vermögenswerte abgeschrieben werden oder Verluste das Eigenkapital mindern. Werden Vermögenswerte oder Schulden zu hoch oder zu niedrig angesetzt, dann verliert der Buchwert – und damit auch das Kurs-Buchwert-Verhältnis – an Aussagekraft. Wie bei allen Bewertungskennzahlen gilt: Betrachte das Kurs-Buchwert-Verhältnis immer im Zusammenhang mit anderen Kennzahlen des Unternehmens und der Branche. Verwendest du Kurs-Buchwert-Verhältnisse, um dir einen ersten groben Überblick über die Bewertung eines Unternehmens zu verschaffen, dann solltest du immer auch auf die Eigenkapitalrendite blicken.

Unternehmen, deren Eigenkapitalrenditen über den Eigenkapitalkosten liegen und deren Umsätze schnell wachsen, handeln typischerweise zu einem Kurs-Buchwert-Verhältnis von über 1.[41] Liegt die Eigenkapitalrendite aber unter den Eigenkapitalkosten, dann vernichtet ein Unternehmen Werte für seine Anteilseigner. Ein besonders niedriges Kurs-Buchwert-Verhältnis ist oftmals nicht nur ein Zeichen, dass die Aktien eines Unternehmens „billig“ sind, sondern meist auch ein Warnsignal, dass ein Unternehmen Kapital vernichtet. Handeln Aktien zu einem Kurs-Buchwert-Verhältnis von deutlich unter 1, dann befürchten die Anleger, dass das Unternehmen Verluste generiert, die das Eigenkapital in der Zukunft aufzehren.

Ein unrühmliches Beispiel in den letzten Jahren war die Schweizer Bank Credit Suisse, deren Eigenkapitalrenditen lange Zeit unter ihren Eigenkapitalkosten lagen. Die Bank vernichtete so das Eigenkapital ihrer Aktionäre, und der Aktienkurs fiel beständig. Infolge der langjährigen Kapitalvernichtung und einer Reihe von Skandalen drängte die Schweizer Regierung im März 2023 auf die Übernahme der Bank durch die UBS. Anleger, die Aktien der Credit Suisse zu einem niedrigen Kurs-Buchwert-Verhältnis gekauft hatten und auf einen Turnaround der Bank hofften, haben bei der Übernahme nahezu ihr gesamtes Kapital verloren.

Dividendenrendite und freie Cashflow-Rendite

Die Dividendenrendite (DR) bestimmst du, indem du die Dividende, die ein Unternehmen über eine 12-Monats-Periode pro Aktie auszahlt, durch den aktuellen Kurs teilst. Hat ein Unternehmen, dessen Aktien derzeit zu einem Kurs von 100 Euro am Markt handeln, in den letzten zwölf Monaten vier Euro an Dividende pro Aktie an seine Aktionäre ausgeschüttet, dann weist es eine Dividendenrendite von vier Prozent auf.

$$DR = \frac{\text{Dividende pro Aktie}}{\text{Aktueller Kurs}}$$

Unternehmen, die in defensiven Branchen tätig sind und stabile Gewinne erwirtschaften, schütten in der Regel hohe Dividenden aus. Hierzu zählen etwa Versorgungsunternehmen der Energie- oder Wasserwirtschaft sowie Unternehmen der Telekommunikations-, Versicherungs-, Pharma- und Konsumgüterbranche. Die Umsätze, Gewinne und Dividenden von Unternehmen in diesen Branchen sind typischerweise auch in konjunkturell schwierigen Zeiten relativ stabil, da wir ja auch bei einem volkswirtschaftlichen Abschwung nicht auf eine warme Wohnung, fließendes Wasser, das Internet und andere Leistungen dieser Branchen verzichten können oder wollen. Die Dividendenrendite vermittelt dir einen ersten groben Einblick, ob Aktien von Unternehmen, die regelmäßig Gewinne erwirtschaften und Dividenden ausschütten, am Markt „teuer“ oder „billig“ bewertet werden.

Einige Marktteilnehmer investieren ausschließlich in Unternehmen, die überdurchschnittlich hohe Dividendenrenditen in ihrem Land oder Sektor aufweisen. Verfolgst du eine solche Investmentstrategie, dann kannst du dich über hohe Dividendenzahlungen freuen, die regelmäßig auf deinem Depotkonto eingehen. Für Stiftungen oder Einzelpersonen, die ein regelmäßiges Einkommen benötigen, kann eine solche Strategie sinnvoll sein. Blickst du jedoch bei der Aktienselektion ausschließlich auf die Dividendenrendite, dann verzichtest du auf Investments in Unternehmen wie Amazon, Alphabet, Microsoft, Nvidia und andere wachstumsorientierte Unternehmen, die keine oder nur niedrige Dividenden ausschütten, da sie einen erheblichen Teil ihrer Gewinne in ihr Unternehmen reinvestieren, um weiter zu wachsen. Investierst du langfristig und bist du bereit, Risiken einzugehen, dann sollten Investments in Technologie- und Biotechnologieunternehmen und junge Unternehmen, die keine oder geringe Dividenden ausschütten, in deinem Portfolio nicht fehlen.

Für Unternehmen, die keine Dividenden ausschütten, ist die Dividendenrendite offensichtlich ein ungeeigneter Bewertungsmaßstab. Meine Lieblingskennzahl, um Unternehmen grob zu bewerten, ist die **freie Cashflow-Rendite**. Den **freien Cashflow (FCF)**, der den Aktionären zufließt, kannst du berechnen, indem du vom Cashflow aus operativer Tätigkeit die Investitionsausgaben abziehst. Die freie Cashflow-(FCF)-Rendite berechnest du dann, indem du den FCF durch die Marktkapitalisierung teilst.[42]

$$\text{FCF-Rendite} = \frac{\text{Freier Cashflow (FCF)}}{\text{Marktkapitalisierung (MK)}}$$

Der freie Cashflow ist eine zentrale Größe bei der Bewertung von Aktien, da er dem Zuwachs an Zahlungsmitteln nach Investitionsausgaben entspricht, die ein Unternehmen verwenden kann, um Dividenden auszuschütten, eigene Aktien zurückzukaufen, Schulden abzutragen oder andere Unternehmen zu kaufen. In Abbildung 8 zeige ich dir, wie du den freien Cashflow aus Sicht des Unternehmens berechnen kannst. Dieser wird üblicherweise als Free Cash Flow to the Firm (FCFF) bezeichnet. Bei der Berechnung der FCFF-Rendite betrachten wir den freien Cashflow des Unternehmens, der den Fremd- *und* Eigenkapitalgebern aus Sicht des Unternehmens zufließt. Die FCFF-Rendite berechnest du, indem du den FCFF durch den Unternehmenswert teilst. Der Unternehmenswert, der den Fremd- *und* Eigenkapitalgebern zusteht, setzt sich aus der Marktkapitalisierung und den Nettoschulden zusammen.

Die Nettoschulden entsprechen dem Fremdkapital eines Unternehmens abzüglich seines Kassenbestands. Mit dem Kassenbestand bezeichnet man den Teil des Vermögens, der sofort bar zur Verfügung steht. Dazu zählen insbesondere Barmittel und Sichtguthaben auf den Bankkonten eines Unternehmens. Den in der Bilanz ausgewiesenen Kassenbestand zieht man bei der Berechnung des Unternehmenswerts ab, da er verwendet werden kann, um Schulden abzubauen.

Geschäftsjahr [in Mio. USD]	**30.06.20**	**30.06.21**	**30.06.22**	**30.06.23**	**30.06.24**
Operativer Cashflow	60.675	76.740	89.035	87.582	118.548
minus Investitionsausgaben (Capital Expenditures, Capex)	-15.441	-20.622	-23.886	-28.107	-44.477
I. Freier Cashflow (Free Cash Flow, FCF)	**45.234**	**56.118**	**65.149**	**59.475**	**74.071**
plus Zinsausgaben * (1 - effektive Steuerquote)	2.163	2.022	1.792	1.595	2.400
II. Freier Cashflow des Unternehmens (Free Cash Flow to the Firm, FCFF)	**47.397**	**58.140**	**66.941**	**61.070**	**76.471**
Marktkapitalisierung (MK) gleich: aktueller Kurs * ausstehende Anzahl der Aktien	1.540.774	2.036.897	1.916.979	2.530.893	3.322.626
plus Fremdkapital (Debt)	82.110	82.278	78.400	79.441	97.852
minus Kassenbestand (Cash)	-136.527	-130.334	-104.757	-111.262	-75.543
Unternehmenswert (Enterprise Value, EV)	1.486.357	1.988.841	1.890.622	2.499.072	3.344.935
Free-Cash-Flow-(FCF)-Rendite: Teile: FCF/MK	**2,9 %**	**2,8 %**	**3,4 %**	**2,3 %**	**2,2 %**
Free-Cash-Flow-to-the-Firm-(FCFF)-Rendite: Teile: FCFF/EV	**3,2 %**	**2,9 %**	**3,5 %**	**2,4 %**	**2,3 %**

Abbildung 8: Die Abbildung gibt die „freien Cashflows“ und die „freien Cashflow-Renditen“ von Microsoft Corp. in den Geschäftsjahren 2020 bis 2024 wieder. Mit der „freien Cashflow-Rendite“ bezeichnet man den freien Cashflow (FCF), der den Aktionären zufließt, relativ zur Marktkapitalisierung. Die FCFF-Rendite kannst du berechnen, indem du den freien Cashflow des Unternehmens (Free Cash Flow to the Firm, FCFF) durch den Unternehmenswert (Enterprise Value, EV) teilst. Quellen: Jahresabschlüsse Microsoft Corp. (Form 10-K) der Geschäftsjahre 2020 bis 2024 sowie Bloomberg.

Die FCF-Rendite von Microsoft betrug zum Ende des Geschäftsjahrs 2024 nur magere 2,2 Prozent. Die Aktien von Microsoft waren damals recht hoch bewertet, da sich die Aktionäre ein hohes Wachstum der Umsätze, Gewinne und Cashflows erhofften. Bevor du in ein Unternehmen investierst, solltest du die freien Cashflows, die Marktkapitalisierung und die FCF-Rendite sorgsam analysieren. **Meines Erachtens ist die FCF-Rendite die aussagekräftigste Kennzahl unter den hier vorgestellten relativen Bewertungskennzahlen, da sie auf Cashflows basiert und die Investitionsausgaben des Unternehmens berücksichtigt.**

Einige Analysten bewerten Unternehmen anhand von Kennzahlen wie dem EBITDA. Das Kürzel EBITDA steht für „Earnings Before Interest, Taxes, Depreciation and Amortization" (Gewinn vor Zinsen, Steuern und Abschreibungen). Der erfolgreiche Investor Warren Buffett warnt jedoch seit einigen Jahren beständig vor Unternehmen, die EBITDA-Kennzahlen verwenden: „Die Anpreisung des EBITDA ist eine besonders schädliche Praxis."[43] Die Verwendung von EBITDA-Kennzahlen ist, wie Warren Buffett zu Recht ausführt, tatsächlich irreführend und schädlich, da Investoren durch die Unterschlagung von wesentlichen Kostenblöcken eine viel zu hohe Profitabilität vorgegaukelt wird. Wer EBITDA-Zahlen verwendet, übersieht geflissentlich, dass Unternehmen Steuern und Zinsen bezahlen und Investitionen vornehmen müssen, um abgeschriebene Vermögensgegenstände zu ersetzen oder ihren Kapitalstock zu erweitern.

Während du auf irreführende Kennzahlen dankend verzichten kannst, geben dir relative Bewertungskennzahlen wie insbesondere die freie Cashflow-Rendite einen ersten groben Einblick, ob Aktien am Markt derzeit teuer oder billig bewertet werden. Relative Bewertungskennzahlen blenden jedoch wesentliche Einflussfaktoren aus, die den Wert einer Aktie beeinflussen. Im nächsten Kapitel werden wir uns gemeinsam ansehen, wie man Aktien anhand von Cashflow-Modellen bewertet. Mit dem freien Cashflow des Unternehmens (FCFF) hast du bereits die zentrale Kennzahl kennengelernt, die im nächsten Kapitel die Hauptrolle bei der Bewertung von Unternehmen spielen wird.

KAPITEL 8

DCF-Modelle: Der faire Wert einer Aktie

Viele Börsianer haben die Angewohnheit, Investmententscheidungen überaus kompliziert darzustellen. Vermutlich ein Problem von Experten: Fachleute mögen es gern, dass ihr Fachgebiet für die Masse der weniger Fachkundigen möglichst komplex erscheint. Mit Bedauern für die Experten und zur Beruhigung der Leser dieses Buches kann ich feststellen: Die Bewertung von Aktien und anderen Wertpapieren ist denkbar einfach.[44]

Du musst nur drei Dinge verstehen, wenn du Aktien bewerten möchtest: Wie hoch sind die Cashflows, die ein Unternehmen für seine Aktionäre erwirtschaftet, und wie hoch sind der risikolose Zinssatz und die Aktienrisikoprämie? Wenn du jetzt feststellst, dass du all diese Begriffe – Cashflows, risikoloser Zinssatz und Aktienrisikoprämie – bereits in diesem Buch kennengelernt hast, dann freut mich das. Denn in der Tat, diese drei Begriffe habe ich bereits in den vorherigen Kapiteln eingeführt. Jetzt geht es nur noch darum, dass wir aus diesen drei Begriffen ein Bewertungsmodell für Aktien bilden.

Den Inhalt von oftmals unüberwindlich dick erscheinenden Büchern zur Bewertungslehre kann man in einem einzigen Satz zusammenfassen:

Der fundamentale oder faire Wert eines jeden Investments entspricht der Summe der Barwerte aller Cashflows, die mit dem Investment in der Zukunft erwirtschaftet werden.[45]

Wie du Barwerte berechnest

Die Barwerte eines Investments kannst du berechnen, indem du die zukünftigen Zahlungsströme, die das Investment verspricht, mit einem Zinssatz abzinst, der das Risiko des Investments angemessen widerspiegelt. Ist das Investment frei von Risiko, dann zinst du die zukünftigen Cashflows mit dem risikolosen Zinssatz ab. Sind die zukünftigen Zahlungsströme eines Investments unsicher, dann zinst du sie mit dem risikolosen Zinssatz zuzüglich einer Risikoprämie ab.

Lass dir anhand eines einfachen Beispiels erklären, wie du den Barwert eines Wertpapiers berechnest: Nimm einmal an, dass dir jemand ein Wertpapier anbietet, das dir eine sichere Auszahlung von 100.000 Euro in einem Jahr verspricht. Was ist dieses Wertpapier *heute* wert? Nehmen wir an, dass der zukünftige Zahlungsstrom in Höhe von 100.000 Euro in zwölf Monaten tatsächlich sicher ist, dann können wir den fairen Wert des Wertpapiers heute einfach bestimmen, indem wir die 100.000 Euro durch 1 plus den risikolosen Zinssatz teilen. Liegt der risikolose Zinssatz momentan bei vier Prozent pro Jahr, dann ist das Wertpapier heute genau 96.154 Euro wert. Die 96.154 Euro bezeichnet man als *Barwert,* der dem *fairen oder fundamentalen Wert* des Investments *heute* entspricht.

> **Merke: Den Barwert eines sicheren Investments kannst du berechnen, indem du es mit dem risikolosen Zinssatz abzinst:**
>
> $100.000 \text{ EUR} \times 1{,}04^{-1} = 96.154 \text{ EUR}$

Würde das risikolose Wertpapier heute zu einem *niedrigeren* Marktwert als 96.154 Euro, etwa bei 90.000 Euro, handeln, dann könnten Anleger eine Rendite von etwas über elf Prozent über ein Jahr erzielen, wenn sie das Wertpapier heute für 90.000 Euro kaufen und in zwölf Monaten 100.000 Euro ausbezahlt bekommen. Die Anleger würden das am Markt unterbewertete Wertpapier aufgrund der hohen Rendite stark nachfragen, und der Kurs des Wertpapiers würde infolge der hohen Nachfrage steigen, bis der Marktwert wieder dem fairen Barwert in Höhe von 96.154 Euro und die Rendite dem risikolosen Zinssatz in Höhe von vier Prozent entspricht.

Handelt das risikolose Wertpapier heute hingegen zu einem *höheren* Marktwert als 96.154 Euro, etwa bei 98.000 Euro, dann würden die Besitzer des Wertpapiers dieses verkaufen, da dessen Rendite zu diesem Marktwert nur ungefähr halb so hoch wäre wie der risikolose Zinssatz. Die Anleger würden sich nach anderen Möglichkeiten umsehen, um ihr Geld anderswo zum risikolosen Zinssatz von vier Prozent anzulegen. Der Kurs des überteuerten risikolosen Wertpapiers würde infolge des Verkaufsdrucks fallen, bis das Wertpapier am Markt wieder mit 96.154 Euro bewertet wird und die Rendite dem risikolosen Zinssatz in Höhe von vier Prozent entspricht. **Dieser Marktmechanismus führt dazu, dass sich die Marktpreise von Wertpapieren infolge des Angebots und der Nachfrage der Anleger ihrem fairen Barwert annähern.**

Steigt die Risikoprämie, dann sinkt der Barwert von risikobehafteten Investments

Gehst du davon aus, dass die versprochenen Auszahlungen eines Wertpapiers nicht sicher sind, dann wirst du neben dem risikolosen Zinssatz eine zusätzliche Risikoprämie einfordern, die dich für das Risiko kompensiert, dass du die 100.000 Euro in einem Jahr vielleicht nicht oder nur teilweise ausbezahlt bekommst. Wenn du davon ausgehst, dass Marktteilnehmer im Durchschnitt nur dann in ein risikobehaftetes

Wertpapier investieren, das in einem Jahr 100.000 Euro auszahlt, wenn sie zusätzlich zum risikolosen Zinssatz von vier Prozent eine Risikoprämie von fünf Prozent erhalten, dann ergibt sich für dieses Wertpapier ein Barwert von 100.000 Euro geteilt durch 1,09 gleich 91.743 Euro.

Merke: Mit steigender Risikoprämie sinkt der Barwert eines Investments:

100.000 EUR x $1{,}04^{-1}$ = 96.154 EUR
100.000 EUR x $1{,}09^{-1}$ = 91.743 EUR

Du siehst: Das risikolose Wertpapier ist mit 96.154 Euro heute mehr wert als das risikobehaftete Wertpapier für 91.743 Euro. Der niedrigere Kurs des riskanten Wertpapiers führt dazu, dass die Rendite des riskanten Wertpapiers mit neun Prozent höher ist als die des sicheren Wertpapiers mit einer Rendite von vier Prozent. Der Grund ist einleuchtend: In risikobehaftete Wertpapiere investieren Anleger nur dann, wenn sie sich erhoffen können, für das zusätzliche Risiko in Form einer zusätzlichen Risikoprämie entlohnt zu werden.

Unternehmen erwirtschaften allerdings anders als in unserem Beispiel nicht nur einen einzigen Zahlungsstrom, sondern generieren Jahr für Jahr durch den Einsatz ihrer Vermögensgegenstände und den Fleiß ihrer Mitarbeiter Zahlungsmittel, solange sie ihre Geschäftstätigkeit fortführen. Erwirtschaftet ein Unternehmen bei einem risikoadjustierten Zinssatz von neun Prozent in zwölf Monaten einen Zahlungsstrom von 100.000 Euro, so beträgt dessen heutiger Barwert 91.743 Euro. Entsteht in zwei Jahren ein weiterer Zahlungsstrom von 100.000 Euro, dann wird dieser zweimal mit 1,09 abgezinst, was zu einem Barwert von 84.168 Euro führt. Erwirtschaftet das Unternehmen in drei Jahren einen weiteren Zahlungsstrom von 100.000 Euro, so wird dieser dreimal mit 1,09 abgezinst und der Barwert beträgt 77.218 Euro. Den Abzinsungsprozess setzten wir fort, solange wir Zahlungsströme in der Zukunft erwarten.

Das Beispiel zeigt dir, dass Cashflows, die wir in naher Zukunft erwarten, heute mehr wert sind als gleich hohe Zahlungsströme, die wir zu einem späteren Zeitpunkt erwarten, da wir auf diese länger warten und sie daher über einen längeren Zeitraum abzinsen müssen.

Merke: Cashflows, die du in ferner Zukunft erwartest, sind heute weniger wert als solche, die dir in naher Zukunft zufließen:

$100.000 \text{ EUR} \times 1{,}09^{-1} = 91.743 \text{ EUR}$

$100.000 \text{ EUR} \times 1{,}09^{-2} = 84.168 \text{ EUR}$

$100.000 \text{ EUR} \times 1{,}09^{-3} = 77.218 \text{ EUR}$

Wie du Aktien und Unternehmen anhand von DCF-Modellen bewertest

Bewertungsmodelle, bei denen die zukünftigen Cashflows abgezinst werden, werden als Discounted-Cash-Flow-(DCF)-Modelle bezeichnet. Aktien können anhand von Discounted-Cash-Flow-Modellen aus Sicht der Eigenkapitalgeber oder aus Sicht des Unternehmens bewertet werden. Eine beruhigende Nachricht: Das Ergebnis beider Verfahren führt zum exakt gleichen Ergebnis, solange du die Cashflows und den Abzinsungsfaktor passend wählst:[46]

Bei der Eigenkapitalbewertung werden die zukünftigen freien Cashflows (FCF), die den Aktionären nach Zinszahlungen an die Fremdkapitalgeber zufließen, mit den *Eigenkapitalkosten* abgezinst, um den Wert des Eigenkapitals zu bestimmen. Die Eigenkapitalkosten setzen sich aus dem risikolosen Zinssatz und einer Risikoprämie zusammen. Ist der risikolose Zinssatz vier Prozent und die Risikoprämie fünf Prozent, dann zinst du die zukünftigen freien Cashflows, die den Eigenkapitalgebern zufließen, mit neun Prozent ab, um den Wert des Eigenkapitals zu bestimmen. Den Wert des Eigenkapitals teilst du dann durch die Anzahl der ausstehenden Aktien, um den fairen Wert einer Aktie zu berechnen.

Bei einer **Unternehmensbewertung** zinst du die zukünftigen freien Cashflows des Unternehmens (FCFF), die dem mit Fremd- *und* Eigenkapital finanzierten Unternehmen zufließen, mit *den gewichteten durchschnittlichen Kapitalkosten des Unternehmens* ab, um den Wert des Unternehmens zu bestimmen. Wie du die FCFF berechnest, habe ich dir in Abbildung 8 oben bereits gezeigt. Wird ein Unternehmen zum Beispiel zu 40 Prozent durch Fremdkapital und zu 60 Prozent durch Eigenkapital finanziert, dann entsprechen die gewichteten durchschnittlichen Kapitalkosten des Unternehmens der Summe aus 0,4-mal die Fremdkapitalkosten plus 0,6-mal die Eigenkapitalkosten. Die Fremdkapitalkosten musst du mit (1 – Steuersatz des Unternehmens) multiplizieren, weil Zinsaufwendungen steuerlich abzugsfähig sind und die effektiven Fremdkapitalkosten des Unternehmens senken. Die in diesem Buch verwendeten Formeln habe ich für dich im Anhang zusammengestellt und erläutert. Vom Unternehmenswert ziehst du den Marktwert des Fremdkapitals ab, um den Wert des Eigenkapitals zu bestimmen.[47] Den Wert des Eigenkapitals teilst du dann wiederum durch die Anzahl der ausstehenden Aktien, um den fundamentalen Wert einer Aktie zu berechnen.

Bei beiden Verfahren wird angenommen, dass ein Unternehmen sein gesamtes Kapital zeitlich unbegrenzt einsetzt, um Umsätze und Cashflows aus operativer Tätigkeit zu erwirtschaften. Besitzt ein Unternehmen Vermögensgegenstände, die es nicht für seine Geschäftstätigkeit benötigt, dann musst du den Wert dieser nicht-operativen Vermögensgegenstände zu dem Wert des operativen Vermögens hinzufügen, den du anhand der Cashflows geschätzt hast. Abbildung 9 gibt einen Überblick über die beiden Discounted-Cash-Flow-(DCF)-Verfahren, die Analysten Tag für Tag einsetzen, um den fairen Wert von Aktien zu berechnen.

	Unternehmensbewertung (FCFF-Modell)	Eigenkapitalbewertung (FCF-Modell)
Cashflow-Verfahren	Der faire Wert eines Unternehmens entspricht der Summe aller abgezinsten Cashflows nach Investitionen (Free Cash Flows to the Firm, FCFF), die dem durch Fremd- und Eigenkapital finanzierten Unternehmen aus operativer Tätigkeit in der Zukunft zufließen.	Der faire Wert des Eigenkapitals entspricht der Summe aller abgezinsten Cashflows nach Investitionen (Free Cash Flow to Equity, FCF), die den Eigenkapitalgebern aus operativer Tätigkeit in der Zukunft zufließen.
Abzinsungsfaktor	Fairer Wert des Unternehmens: Die freien Cashflows, die den Eigen- *und* Fremdkapitalgebern zufließen, werden mit den gewichteten durchschnittlichen Kapitalkosten des Unternehmens abgezinst.	Fairer Wert des Eigenkapitals: Die freien Cashflows, die den Eigenkapitalgebern nach Zinszahlungen an die Fremdkapitalgeber zufließen, werden mit den Eigenkapitalkosten abgezinst.
Fundamentaler Wert einer Aktie	Der fundamentale Wert einer Aktie entspricht dem oben geschätzten fairen Wert des Unternehmens aus operativer Tätigkeit *plus* den Wert des nicht für operative Tätigkeiten eingesetzten Vermögens *minus* den Marktwert des Fremdkapitals *geteilt* durch die Anzahl der ausstehenden Aktien.	Der fundamentale Wert einer Aktie entspricht dem oben geschätzten fairen Wert des Eigenkapitals aus operativer Tätigkeit *plus* den Wert des nicht für operative Tätigkeiten eingesetzten Vermögens *geteilt* durch die Anzahl der ausstehenden Aktien.

Abbildung 9: Die Abbildung gibt einen Überblick, wie Aktien anhand von DCF-Modellen bewertet werden können.

Ein Beispiel: Wie du den fairen Wert von Microsoft ermittelst

Die meisten Analysten berechnen den fairen Wert von Aktien aus der Sicht des Unternehmens anhand von FCFF-Modellen. Nachfolgend werde ich dir am Beispiel von Microsoft[48] zeigen, wie leicht es ist, anhand eines FCFF-Modells den fairen Wert eines Unternehmens zu bestimmen. Viele Analysten bauen oftmals überaus komplexe Modelle, um Aktien

Microsoft Corp. (MSFT) [in Mio. USD]	**Basisjahr: Fiskaljahr 30.6.2024**	**1. Jahr (30.6.2025)**	**2. Jahr (30.6.2026)**	**3. Jahr (30.6.2027)**	**4. Jahr (30.6.2028)**
Umsatzwachstum		15,0 %	15,0 %	15,0 %	15,0 %
Umsätze	$ 245.122	$ 281.890	$ 324.174	$ 372.800	$ 428.720
Operative Marge	44,6 %	45,0 %	45,0 %	45,0 %	45,0 %
Operativer Gewinn (EBIT)	$ 109.433	$ 126.851	$ 145.878	$ 167.760	$ 192.924
Steuerquote t	18,2 %	18,2 %	18,2 %	18,2 %	18,2 %
EBIT(1-t)		$ 103.764	$ 119.328	$ 137.228	$ 157.812
Reinvestitionsquote		2,0	2,0	2,0	2,0
– Reinvestment		$ 21.142	$ 24.313	$ 27.960	$ 32.154
FCFF		**$ 82.622**	**$ 95.015**	**$ 109.268**	**$ 125.658**
Kapitalkosten		9,80 %	9,80 %	9,80 %	9,80 %
Abzinsungsfaktor		0,9107	0,8295	0,7554	0,6880
Barwert der FCFF		**$ 75.248**	**$ 78.811**	**$ 82.544**	**$ 86.453**
I. Summe der Barwerte der FCFF in den nächsten 10 Jahren	$ 944.134				
FCFF in TV-Periode (TV-FCFF)	$ 223.819				
Kapitalkosten in TV-Periode (k)	8,40 %				
Wachstumsrate in TV-Periode (g)	4,30 %				
Terminal Value (TV) TV = FCFF / (k-g)	$ 5.458.993				
II. Barwert des Terminal Values	$ 2.227.305				
I. + II.: Summe der Barwerte (= Wert des operativen Vermögens)	$ 3.171.439				
- Fremdkapital	$ 97.852				
+ Cash	$ 75.543				
Wert des Eigenkapitals	$ 3.149.130				
Anzahl der ausstehenden Aktien	7.469				
Fairer oder fundamentaler Wert pro Aktie	$ 422				
Tatsächlicher Kurs in USD (30.7.2024)	$ 422,92				
Implizite Annahmen					
Investiertes Kapital	$ 352.524	$ 373.666	$ 397.979	$ 425.939	$ 458.093
Durchschnittliches investiertes Kapital		$ 363.095	$ 385.822	$ 411.959	$ 442.016
Return on Invested Capital (ROIC = EBIT(1-t) / Durchschnittliches investiertes Kapital)		28,6 %	30,9 %	33,3 %	35,7 %

Abbildung 10: Das obige Bewertungsmodell wurde zum 30. Juli 2024 erstellt, dem Tag, an dem Microsoft seinen Jahresbericht für das Geschäftsjahr 2024 vorstellte. Mit dem Modell zeige ich dir auf, welche Annahmen im Aktienkurs von Microsoft am 30. Juli 2024 „eingepreist" waren. Quellen: Jahresabschluss Microsoft Corp. (Form 10-K) für das Geschäftsjahr 2024 sowie Bloomberg.

5. Jahr (30.6.2029)	6. Jahr (30.6.2030)	7. Jahr (30.6.2031)	8. Jahr (30.6.2032)	9. Jahr (30.6.2033)	10. Jahr (30.6.2034)	Terminal-Value-Periode
15,0 %	12,9 %	10,7 %	8,6 %	6,4 %	4,3 %	4,3 %
$ 493.028	$ 556.431	$ 616.081	$ 668.940	$ 712.020	$ 742.637	$ 774.570
45,0 %	45,0 %	45,0 %	45,0 %	45,0 %	45,0 %	45,0 %
$ 221.863	$ 250.394	$ 277.236	$ 301.023	$ 320.409	$ 334.187	$ 348.557
18,2 %	18,2 %	18,2 %	18,2 %	18,2 %	18,2 %	18,2 %
$ 181.484	$ 204.822	$ 226.779	$ 246.237	$ 262.095	$ 273.365	$ 285.119
2,0	2,0	2,0	2,0	2,0	2,0	
$ 31.702	$ 29.825	$ 26.430	$ 21.540	$ 15.308	$ 15.967	$ 61.301
$ 149.782	**$ 174.998**	**$ 200.349**	**$ 224.697**	**$ 246.786**	**$ 257.398**	**$ 223.819**
9,80 %	9,52 %	9,24 %	8,96 %	8,68 %	8,40 %	8,40 %
0,6266	0,5721	0,5237	0,4807	0,4423	0,4080	
$ 93.853	**$ 100.121**	**$ 104.930**	**$ 108.005**	**$ 109.148**	**$ 105.020**	

$ 489.794	$ 519.619	$ 546.049	$ 567.589	$ 582.897	$ 598.864	
$ 473.944	$ 504.707	$ 532.834	$ 556.819	$ 575.243	$ 590.881	Nach 10 Jahren:
38,3 %	40,6 %	42,6 %	44,2 %	45,6 %	46,3 %	20,00 %

zu bewerten. Dabei vergessen sie, dass der Sinn von Modellen gerade darin besteht, die Komplexität der realen Welt zu reduzieren.

Die Bewertung von Microsoft auf den beiden vorstehenden Seiten habe ich zum 30. Juli 2024 erstellt, dem Tag, an dem Microsoft die Ergebnisse für das am 30. Juni 2024 endende Geschäftsjahr publiziert hat. Die Microsoft-Aktie handelte damals zu einem Kurs von 422,95 Dollar.

Das in Abbildung 10 wiedergegebene Bewertungsmodell für Microsoft bezeichnet man als „umgekehrtes" DCF-Modell. Bei einem umgekehrten DCF-Modell wählst du die Annahmen zum Umsatzwachstum, zu den operativen Gewinnmargen und anderen Einflussfaktoren, die sich auf den fairen Wert einer Aktie auswirken, einfach so, dass der aus dem Bewertungsmodell resultierende faire Wert möglichst genau dem aktuellen Aktienkurs entspricht. Auf diese Weise kannst du analysieren, welche Annahmen der Markt im aktuellen Aktienkurs bereits „einpreist". Bei der Formulierung eines umgekehrten DCF-Modells nutzt du eine wichtige Größe, die Analysten bei der Bewertung oftmals vernachlässigen: den aktuellen Aktienkurs.[49]

Abbildung 10 zeigt, dass das Bewertungsmodell zu einem fairen Wert in etwa der Höhe des tatsächlichen Aktienkurses von Microsoft am 30. Juli 2024 führt, wenn wir annehmen, dass

- das Umsatzwachstum von Microsoft in den nächsten fünf Jahren 15 Prozent beträgt und dann schrittweise auf 4,3 Prozent fällt,
- die operativen Margen über zehn Jahre konstant 45 Prozent betragen,
- die Steuerquote bei knapp über 18 Prozent liegt und
- Microsoft Reinvestitionen in der in Abbildung 10 ausgewiesenen Höhe tätigt.

Aufgrund der Vielzahl an Einflussgrößen lässt sich für das Bewertungsmodell keine eindeutige Lösung bestimmen. Du kannst nur durch

Ausprobieren nach Lösungen suchen, bei denen der aktuelle Kurs und der faire Wert des Modells übereinstimmen.

Ein weiterer wichtiger Einflussfaktor bei jeder Bewertung sind die **Kapitalkosten.** Multiplizierst du die Eigenkapitalkosten von Microsoft in Höhe von rund zehn Prozent mit einer Gewichtung von 97,1 Prozent und die Fremdkapitalkosten in Höhe von rund 3,8 Prozent mit einer Gewichtung von 2,9 Prozent, dann kommst du auf gewichtete Kapitalkosten in Höhe von 9,8 Prozent.[50] Zinst du die in Abbildung 10 wiedergegebenen freien Cashflows von Microsoft jedes Jahr mit 9,8 Prozent ab, dann erwirtschaftet Microsoft **in den ersten zehn Jahren in der Summe einen Barwert von 944 Milliarden Dollar an freien Cashflows** (siehe Abbildung 10, linke Spalte).

Natürlich haben auch die freien Cashflows, die ein Unternehmen nach der expliziten Vorhersageperiode von zehn Jahren erwirtschaftet, einen Wert. Dieser wird typischerweise anhand einer sogenannten „**Terminal-Value-Formel**" bestimmt: $TV = FCFF_{11} / (k - g)$. Nimmst du an, dass Microsofts freier Cashflow im elften Jahr $FCFF_{11}$ – wie in Abbildung 10 ausgewiesen – nach den zehn Jahren mit einer konstanten Wachstumsrate *g* in Höhe von 4,3 Prozent weiter wächst und die Kapitalkosten *k* nach dem zehnten Jahr konstant 8,4 Prozent betragen, dann kannst du den Terminal Value nach dieser Formel leicht bestimmen.[51] Diesen Wert musst du dann noch über zehn Jahre abzinsen, um den **Barwert des Terminal Values in Höhe von rund 2.227 Milliarden Dollar** zu bestimmen (siehe Abbildung 10, linke Spalte).

Der Wert der operativen Vermögensgegenstände von Microsoft setzt sich aus diesen beiden Barwerten – dem Barwert der Cashflows in den ersten zehn Jahren und dem Barwert des Terminal Values – zusammen und beträgt unter den in Abbildung 10 ausgewiesenen Annahmen 944 plus 2.227 gleich 3.171 Milliarden Dollar. Vom Wert des operativen Vermögens ziehen wir – wie oben bereits dargestellt – das Fremdkapital ab und addieren den Wert der Vermögensgegenstände, die nicht für operative Zwecke benötigt werden, um den Wert des Eigenkapitals zu bestimmen. In unserem Modell beträgt der Wert des Eigenkapitals von Microsoft 3.149 Milliarden Dollar. Teilen wir den Wert des Eigenkapitals durch die Anzahl der 7,469 Milliarden ausstehenden Aktien, dann ergibt sich ein fairer oder fundamentaler Wert von 422 Dollar für eine Microsoft-Aktie zum 30. Juli 2024 (siehe Abbildung 10, linke Spalte).

Der Schlüssel zum erfolgreichen Investieren besteht – laut Alfred Rappaport und Michael Mauboussin – darin, zunächst die Erwartungen der Marktteilnehmer richtig zu lesen und dann die Veränderungen dieser Erwartungen korrekt zu antizipieren. Gut formulierte umgekehrte DCF-Modelle helfen dir, die im aktuellen Aktienkurs enthaltenen Annahmen besser zu verstehen.[52] Hältst du die im aktuellen Aktienkurs enthaltenen Annahmen für zu optimistisch oder zu pessimistisch, kannst du daraus schließen, dass die Aktie am Markt überbewertet beziehungsweise unterbewertet ist.

Bei jeder Bewertung solltest du die Annahmen deines Bewertungsmodells kritisch hinterfragen. Besonders gut gelingt das über die Analyse der Kapitalrendite (Return on Invested Capital, ROIC), die in deiner Bewertung implizit enthalten ist. Die in Abbildung 10 dargestellten Modellannahmen führen dazu, dass der ROIC von Microsoft von rund 29 Prozent im Geschäftsjahr 2025 auf über 46 Prozent im Jahr 2034 ansteigt. In der Realität könnte der ROIC jedoch niedriger ausfallen, etwa wenn die erwarteten operativen Gewinnmargen schwächer sind als in Abbildung 10 dargestellt oder wenn Microsoft in der Zukunft erheblich mehr Kapital in sein Geschäft reinvestieren muss, um das prognostizierte Umsatzwachstum zu erreichen.

Die oben verwendeten Formeln findest du im Anhang zu diesem Buch. Möchtest du dir mein hier verwendetes Bewertungsmodell von Microsoft genauer ansehen, dann lade es dir gern von meiner Webseite www.jvinvest.ai herunter. Wie du Unternehmen bewertest, lernst du am besten anhand von praktischen Beispielen.

Wie du Bewertungsmodelle richtig einsetzt: Der Fall Enron

Mithilfe von Bewertungsmodellen kannst du verstehen, welche Erwartungen bezüglich der wesentlichen Faktoren, die den Wert einer Aktie beeinflussen, im derzeitigen Aktienkurs eingepreist sind. Paul Healy und Krishna Palepu haben dies am Beispiel von Enron elegant aufgezeigt.[53] Der Zusammenbruch des Energieunternehmens Enron mit Sitz in Houston, Texas, war einer der größten Finanzskandale der Geschichte und wurde durch eine Reihe von Bilanzmanipulationen verursacht. Das Unternehmen hatte seine Umsätze künstlich aufgebläht und Schulden in speziell dafür gegründeten Zweckgesellschaften versteckt. [54]

Vor dem Zusammenbruch des Unternehmens im Jahr 2001 war der Aktienkurs von Enron auf über 90 Dollar angestiegen, da die Anleger erwarteten, dass Enron hohe Kapitalrenditen und deutlich steigende Umsätze erwirtschaften würde. Healy und Palepu haben anhand ihres Bewertungsmodells gezeigt, dass die Eigenkapitalrenditen von Enron im Zeitraum 2001 bis 2010 auf durchgängig 25 Prozent hätten steigen müssen, um einen Kurs von 90 Dollar zu rechtfertigen. Tatsächlich aber lagen die Eigenkapitalrenditen von Enron vor dem Zusammenbruch deutlich niedriger und in einigen Jahren sogar unterhalb der geschätzten Eigenkapitalkosten.[55]

Eine zentrale Erkenntnis der Unternehmensbewertung ist: Ein Unternehmen schafft nur dann Wert für seine Aktionäre, wenn die erzielten Kapitalrenditen die Kapitalkosten übersteigen. Sind jedoch die im aktuellen Aktienkurs implizit enthaltenen Kapitalrenditen unrealistisch hoch, dann deutet dies auf eine Überbewertung der Aktie hin.

Dass sich mit einer sorgfältigen Bewertungsanalyse beträchtliche Gewinne erzielen lassen, hat James Chanos eindrucksvoll bewiesen: Er setzte auf fallende Kurse der überbewerteten Enron-Aktie und erzielte damit einen hohen Ertrag. Bei einem sogenannten „Leerverkauf" leiht sich ein Anleger Aktien und verkauft sie, weil er einen Kursrückgang erwartet. Fällt der Kurs tatsächlich, dann kann er die Aktien später zu einem niedrigeren Preis zurückkaufen und die Differenz als Gewinn vereinnahmen. Warum Chanos auf einen Kursverfall der Enron-Aktie setzte, begründete er so:

„Die Kapitalrendite von Enron, ein weit verbreitetes Maß für die Rentabilität, lag bei lächerlichen sieben Prozent vor Steuern. ... [Wir] waren ... der Ansicht, dass die Kapitalkosten von Enron wahrscheinlich über sieben Prozent und wahrscheinlich näher bei neun Prozent lagen, was aus wirtschaftlicher Sicht bedeutete, dass Enron in Wirklichkeit überhaupt kein Geld verdiente, obwohl es seinen Aktionären ‚Gewinne' auswies. Diese Diskrepanz zwischen den Kapitalkosten von Enron und seiner Kapitalrendite wurde zum Eckpfeiler für unsere pessimistische Haltung gegenüber Enron, und wir begannen im November 2000 für unsere Kunden mit Leerverläufen von Enron-Stammaktien."[56]

Während Healy und Palepu für ihre Publikation akademisches Lob erhielten, erzielte James Chanos mit dem Leerverkauf der überbewerteten Enron-Aktien einen spektakulären Handelsgewinn in Höhe von mehreren Hundert Millionen Dollar, als die Aktie im Jahr 2001 einbrach.[57] So unterschiedlich der Lohn für ihre Arbeit auch war – sowohl Healy/Palepu als auch Chanos zeigen eindrucksvoll, dass die im Aktienkurs von Enron enthaltenen Erwartungen der Marktteilnehmer bezüglich des Wachstums der Umsätze und der Kapitalrenditen vor dem Zusammenbruch des Unternehmens unrealistisch hoch waren.

Einer der größten Fehler von Anlegern besteht darin, Aktien zu kaufen, deren Bewertung den Fundamentaldaten zu weit vorausgeeilt ist. So wie die Schwerkraft der Erde dafür sorgt, dass Gegenstände von ihr angezogen werden, fallen auch Aktien auf ein angemessenes Niveau zurück, wenn sich überaus euphorische Annahmen von Anlegern in Schall und Rauch auflösen. Lehrgeld in Form von hohen Verlusten kannst du vermeiden, wenn du bei der Bewertung von Aktien kritisch hinterfragst, ob insbesondere die Umsätze und Kapitalrenditen von Unternehmen in der Zukunft tatsächlich so stark wachsen können, wie die Marktteilnehmer erwarten.

KAPITEL 9

Das Wesentliche im Blick: Vier Schritte zur erfolgreichen Aktienselektion

Es ist sympathisch, Menschen Mut zu machen. Sicherlich bist auch du schon Mutmachern über den Weg gelaufen. Vor schwierigen Prüfungen machen sie uns klar, dass wir diese bestehen werden. Vor einem wichtigen sportlichen Wettkampf bestärken sie uns mit aufmunternden Worten. Zu den Mutmachern unter den Investoren zählt Peter Lynch, der ehemalige Fondsmanager des Fidelity Magellan Funds. Er zählte lange Zeit zu den bedeutendsten und erfolgreichsten Investoren weltweit. In seinen Büchern „One Up on Wall Street"[58] und „Beating the Street"[59] ermutigt er Privatinvestoren, ihr vorhandenes Wissen zu nutzen, um eigenständig Investmententscheidungen zu treffen. Den Mutmacher Peter Lynch stelle ich bewusst in den Mittelpunkt dieses Kapitels, da ich glaube, dass auch du erfolgreich Aktien selektieren kannst.

Wie du Aktien von „wundervollen" Unternehmen zu einem fairen Wert in vier Schritten auswählen kannst, zeige ich dir in diesem Kapitel. Die Kriterien, mit denen wir „wundervolle" Unternehmen im zweiten Kapitel dieses Buches identifiziert haben, sind mehrheitlich quantitativer Natur, also anhand harter Fakten messbar. Nur das erste

Kriterium – die Wettbewerbsfähigkeit eines Unternehmens – ist primär qualitativ. Hier kommt es auf deine subjektive Beurteilung und Erfahrung an. Mit diesem Kriterium beginnen wir unsere systematische Aktienauswahl in vier aufeinander aufbauenden Schritten. Diese vier Schritte lassen sich klar strukturieren und in der Praxis einfach auf unterschiedliche Unternehmen und Aktien anwenden.

Schritt 1: Wir suchen nach Unternehmen, die Kunden begehrenswerte Produkte und Dienstleistungen anbieten und sich aufgrund von Wettbewerbsvorteilen am Markt langfristig gegen die Konkurrenz behaupten werden.

Einer der wichtigsten Ratschläge, die uns Warren Buffett gegeben hat, lautet: Suche nach Unternehmen mit einem möglichst breiten „wirtschaftlichen Burggraben". Im Mittelalter wurden Burggräben angelegt, um Burgen und Festungen vor Angreifern zu schützen. In vergleichbarer Weise schützt ein „wirtschaftlicher Burggraben" Unternehmen vor Konkurrenten. Weiter oben habe ich dir gezeigt, dass die Gründe für die Wettbewerbsvorteile von Unternehmen vielfältig sein können. Wettbewerbsvorteile können Unternehmen aus günstigen Kostenstrukturen, einzigartigen Produkten, einem breiten Dienstleistungsangebot, begehrenswerten Markennamen und einer Vielzahl anderer Faktoren erwachsen. Dauerhafte Wettbewerbsvorteile ermöglichen es Unternehmen, über eine lange Zeit hohe Kapitalrenditen zu erzielen und damit Werte für ihre Aktionäre zu erwirtschaften.

Während uns Warren Buffett den entscheidenden Rat gegeben hat, nach Unternehmen mit langfristigen Wettbewerbsvorteilen zu suchen, hat uns Peter Lynch gezeigt, wie wir diese finden können. Wir alle kennen Unternehmen, die über Wettbewerbsvorteile verfügen. Tagtäglich begegnen wir ihnen als Kunden, bei unserer beruflichen Tätigkeit oder im Alltag. Ein schönes Beispiel eines Unternehmens mit gut nachvollziehbaren Wettbewerbsvorteilen ist Apple, dessen Produkte viele von euch nutzen. Apple-Kunden können mit ihren iPhones, iPads, Macs und Apple Watches in einem einheitlichen Betriebssystem nahtlos kommunizieren und Inhalte teilen. Die hohe Kundenloyalität, die beeindruckende Innovationskraft und effiziente Kostenstrukturen zählen zu den Wettbewerbsvorteilen von Apple und sorgen dafür, dass das Unternehmen seit Jahren hohe Gewinne erwirtschaftet.[60]

Oftmals vergessen wir, dass wir von Unternehmen mit einem begehrenswerten Angebot nicht nur profitieren können, indem wir ihre Produkte und Dienstleistungen als Kunden erwerben, sondern auch indem wir ihre Aktien kaufen und so zum Miteigentümer dieser Unternehmen werden. Peter Lynch schrieb bereits im Jahr 1989: „Wenn du 1982 in derselben Woche, in der du den ersten Apple-Computer für 2.000 Dollar gekauft hast, damit deine Kinder ihre Noten verbessern und aufs College gehen können, weitere 2.000 Dollar in Apple-Aktien investiert hättest, dann wären diese Apple-Aktien 1987 11.950 Dollar wert gewesen, also genug, um ein Jahr lang für das College zu bezahlen."[61]

Willst du einzelne Aktien selektieren, dann beginne mit der Suche nach wettbewerbsfähigen Unternehmen, die begehrenswerte Produkte und Dienstleistungen herstellen. Niemals willst du in Unternehmen investieren, die ihren Kunden minderwertige Produkte und Dienstleistungen anbieten, dauerhaft Verluste erwirtschaften und somit das Kapital ihrer Aktionäre vernichten. Hast du die Aktien eines Unternehmens gekauft, dann solltest du fortlaufend hinterfragen, ob das Unternehmen seine Wettbewerbsvorteile behaupten oder ausbauen kann oder diese aufgrund von zunehmendem Konkurrenzdruck oder Managementfehlern schwinden.

Apple ist auch hierfür ein gutes Beispiel. Nachdem Steve Jobs 1985 von dem damaligen CEO John Sculley entlassen wurde, geriet das Unternehmen aufgrund von Managementfehlern und zunehmender Konkurrenz in finanzielle Schwierigkeiten. Im Jahr 1997 kehrte Steve

Jobs zurück, und das Unternehmen wurde umstrukturiert.[62] In den folgenden Jahren vermarktete Apple begehrenswerte Produkte wie den Mac, iPods, iPhones und iPads mit großem Erfolg. Hättest du Ende 2000, nach der Umstrukturierung, die Aktien von Apple gekauft und bis Ende 2024 gehalten, dann hättest du den Wert deines Investments mehr als vertausendfachen können. Das Beispiel Apple mahnt mich, mich nicht nur als Konsument jeden Herbst auf die neuen Apple-Produkte zu freuen, sondern mich auch stets zu fragen, ob die Qualität der Produkte und die Leistung des Managements dazu führen, dass Apple seine Wettbewerbsvorteile wahren oder ausbauen kann.

Ein weiteres Unternehmen, das Warren Buffett seit vielen Jahren als attraktives Investment hervorhebt, ist Coca-Cola. Jedes Mal, wenn du jemanden irgendwo auf der Welt siehst, der eine Coca-Cola, eine Fanta oder ein anderes Getränk dieses Unternehmens trinkt, dann solltest du dich fragen, warum du Coca-Cola-Aktien nicht in deinem Depot hältst. Coca-Cola verfügt über langfristige Wettbewerbsvorteile, da es weltweit ein Lifestyle-Produkt mit einer hohen Wiedererkennbarkeit und einer geheimen Rezeptur anbietet. Das erfolgreiche Branding des Unternehmens trägt dazu bei, dass wir positive Emotionen mit der Marke verbinden und Coca-Cola seit Jahren seinen dominierenden Marktanteil behauptet.[63] Der Kursverlauf von Coca-Cola-Aktien ist in Krisenzeiten zudem stabiler als der vieler anderer Unternehmen.[64] Denn auf die Getränke von Coca-Cola wollen die meisten Konsumenten auch dann nicht verzichten, wenn am Konjunkturhimmel und den Börsen grauere Wolken aufziehen. Was zählt, ist, ob ein Unternehmen wettbewerbsfähig ist und seine Gewinne beständig steigert. Peter Lynch hat vor ein paar Jahren darauf hingewiesen, dass sich die Aktien von Coca-Cola verdreißigfacht haben, da die Gewinne pro Aktie in etwas mehr als 30 Jahren 30-fach gestiegen sind.[65] Ob das Unternehmen auch in der Zukunft seine dominierende Marktposition wahren kann und steigende Gewinne pro Aktie erwirtschaften wird, hängt nicht zuletzt davon ab, ob es den Geschmack seiner Kunden weiterhin trifft.

Tagtäglich begegnest du als Konsument Unternehmen wie Coca-Cola. Oder du stößt auf Unternehmen wie Netflix. Solltest du Netflix-Kunde sein, dann rechne doch bitte einmal aus, wie hoch der Gewinn gewesen wäre, wenn du 1.000 Dollar in Netflix-Aktien investiert hättest, als du dein erstes Netflix-Abonnement abgeschlossen hast. Vermutlich hätte dich ein Investment in Netflix-Aktien mehr bereichert als die vielen Filme und Serien, die du dir auf der Plattform des amerikanischen Medien-Giganten ansehen kannst. Zu den Wettbewerbsvorteilen von Netflix zählen die Vielzahl an Serien und Filmen in verschiedenen Sprachen, die internationale Präsenz sowie die Plattformunabhängigkeit, die es Netflix erlaubt, sein breites Produktportfolio über Fernseher, Smartphones, Tablets und Spielekonsolen anzubieten. Netflix kann sich gegen Disney+ und Amazon Prime Video auch aufgrund der Bekanntheit seiner Marke, der Streamingqualität und der Treue seiner Kunden behaupten. Als Kunde von Netflix magst du dich ärgern, wenn das Unternehmen wieder einmal seine Preise erhöht, als Netflix-Aktionär hingegen freust du dich über die Preissetzungsmacht des Unternehmens.[66]

Auch Microsoft kennst du als Kunde vermutlich gut. Sicherlich verwendest du einige Microsoft-Office-Produkte, zu denen Word, Excel und PowerPoint zählen, oder du nutzt die Spielekonsole Xbox. Die Wettbewerbsvorteile von Microsoft sind vielfältig. Mit Windows und Office ist Microsoft der Marktführer im Bereich der Betriebs- und Produktivitätssoftware. Windows ist laut Statista auf über 70 Prozent der PCs weltweit installiert. Mit Azure betreibt Microsoft eine der größten Cloud-Plattformen, die dem Unternehmen hohe Cashflows beschert. Im Spielebereich ist Microsoft mit der Xbox und nach dem Erwerb von Activision Blizzard einer der globalen Marktführer. Microsoft verfügt über die Finanzmittel, um beständig in neue Geschäftsfelder investieren zu können. Vielleicht nutzt du das berufliche Netzwerk LinkedIn, ein Unternehmen, das Microsoft 2016 erworben hat und dessen Kauf bis zur Übernahme von Activision Blizzard im Jahr 2022 die größte Akquisition von Microsoft darstellte. Mit einer milliardenschweren Investition ist Microsoft zudem der größte Anteilseigner von OpenAI geworden, das ChatGPT betreibt.[67] Stell dir einmal vor, wie reich du geworden wärst, wenn du Microsoft-Aktien gekauft hättest, als du das erste Mal Windows auf deinem PC geöffnet hast.

Oder denke an Amazon. Wäre es nicht eine kluge Idee gewesen, die Aktien des Unternehmens zu kaufen, als du dein erstes Produkt über die Amazon-Plattform online bestellt hast?[68] Amazon verfügt über zahlreiche Wettbewerbsvorteile im Onlinehandel – aufgrund seiner großen Kundenbasis, seines breiten Sortiments, seines gewaltigen Logistiknetzwerks und seines bekannten Markennamens. Mit Amazon Web Services (AWS) weist das Unternehmen zudem eine starke Wettbewerbsposition bei Cloud-Diensten auf. Aufgrund seiner schier unbegrenzten Finanzkraft erschließt sich Amazon beständig neue Geschäftsfelder.[69]

Weiter oben habe ich beschrieben, dass MSCI Inc. Indizes vermarktet, die zu einem Standard in der Finanzbranche geworden sind. MSCI verfügt über proprietäre Datenbanken, eine innovative Technologie, eine weltweit bekannte Marke und eine breite Kundenbasis unter institutionellen Investoren, die viel Geld für die Daten und Dienstleistungen bezahlen, die sie von MSCI beziehen. Aufgrund dieser Wettbewerbsvorteile hat MSCI in der Vergangenheit hohe Kapitalrenditen bei steigenden Umsätzen erwirtschaftet.[70]

Ich will dir aber keineswegs zum Kauf von Aktien bestimmter Unternehmen raten, schon gar nicht von solchen, von denen ich Produkte oder Dienstleistungen beziehe. Vielmehr möchte ich dich ermutigen, selbst nach innovativen Unternehmen zu suchen, deren Wettbewerbsvorteile du aufgrund deiner beruflichen Tätigkeit, deiner Interessen oder anderer Kriterien gut beurteilen kannst.

Lasse dich bei der Suche nach attraktiven Aktien bitte niemals von der Expertise der Analysten der großen Investmentbanken abschrecken. Denn manche Analysten kennen sich schlechter als du in der Branche aus, in der du tätig bist. Suchst du nach wettbewerbsfähigen Unternehmen, dann solltest du dich fragen, welche Konkurrenten und Zulieferer in deiner Branche die besten Produkte und Dienstleistungen anbieten. Gelingt es dir, junge, innovative und wettbewerbsfähige Unternehmen frühzeitig zu identifizieren, bevor sie auf den Empfehlungslisten der großen Investmentbanken auftauchen, dann kannst du am Aktienmarkt hohe Gewinne erzielen. Peter Lynch ist auf der Suche nach „Tenbaggern" und meint damit Aktien, deren Wert sich verzehnfachen kann.[71]

Als Konsumenten, im Beruf und im Alltag treten wir tagtäglich in Kontakt mit wettbewerbsfähigen Unternehmen. Dass wir von Investments in Aktien von solchen Unternehmen profitieren können, hat uns Peter Lynch anhand des Bestattungsunternehmens Service Corporation International (SCI) aufgezeigt. Vielleicht mag dir das folgende Beispiel etwas makaber erscheinen: „Wenn du im Jahr 1969 für die traditionelle Beerdigung (980 Dollar) eines geliebten Menschen in einem der vielen Bestattungsunternehmen im Besitz der Service Corporation International bezahlen musstest und es trotz deiner Trauer irgendwie geschafft hast, weitere 980 Dollar in SCI-Aktien zu investieren, dann wären deine 70 Aktien 1987 14.352,19 Dollar wert gewesen. Eine Investition von 10.000 Dollar in SCI hätte zu einem Gewinn von 137.000 Dollar geführt."[72]

Wettbewerbsvorteile von Unternehmen können im Zeitablauf schwanken. Service Corporation International expandierte in den 1990er-Jahren international und litt unter zunehmender Konkurrenz. Seit 1999 konzentriert sich das Unternehmen wieder stärker auf seinen Heimatmarkt Nordamerika, wo es nach eigenen Angaben im Jahr 2023 über einen Marktanteil von 16 Prozent verfügte. Zu den Wettbewerbsvorteilen von SCI zählen seine große geografische Präsenz in Nordamerika, Skaleneffekte durch ein breites Angebot an Bestattungs-, Einäscherungs- und Friedhofsdienstleistungen sowie die Bekanntheit der Marken, unter denen das Unternehmen in einem fragmentierten Markt seine Dienstleistungen anbietet.[73] Mit dem Begriff „Skaleneffekte" meint man, dass die Stückkosten eines Unternehmens sinken, wenn es immer mehr produziert, da seine fixen Kosten dann auf eine größere Produktionsmenge verteilt werden. Seit der Finanzkrise im Jahr 2008/2009 hat sich der Wert der SCI-Aktie inklusive Dividendenzahlungen mehr als verzehnfacht. Aber auch „Tenbagger" können unter die Räder kommen, wenn sich der Wettbewerb verschärft, der Kostendruck steigt oder das Management des Unternehmens Fehler begeht. Genau deshalb solltest du stets sorgsam analysieren, ob die Wettbewerbsvorteile eines Unternehmens Bestand haben, wenn du in seine Aktien investierst.

Ob ein Unternehmen nach deiner Auffassung hohe Wettbewerbsvorteile genießt, hängt von der Güte deiner Analyse und deinem subjektiven Urteil ab. Aber es gibt einen Zusammenhang, der sich quantifizieren lässt: Unternehmen, die große Wettbewerbsvorteile aufweisen, erwirtschaften typischerweise hohe Kapitalrenditen. Steigt der Konkurrenzdruck, dann sinken die Gewinnmargen und die Kapitalrenditen eines Unternehmens. Der Zusammenhang zwischen den Wettbewerbsvorteilen eines Unternehmens und der Höhe der Kapitalrenditen führt uns zu Schritt 2 unserer Aktienselektion, bei dem wir Unternehmen anhand von harten Fakten quantitativ durchleuchten.

Schritt 2: Wir suchen nach „wundervollen" Unternehmen, die vier klar definierten quantitativen Kriterien standhalten.

Als Anleger können wir in Tausende von Aktien überall auf der Welt investieren. Professionelle Anleger führen typischerweise „quantitative Screenings" durch, um die Vielzahl an Aktien, in die sie investieren können, auf eine überschaubare Anzahl zu reduzieren. Anhand von Screenings versuchen sie, Aktien zu identifizieren, die ihren Investitionskriterien entsprechen. Ich empfehle dir, dass auch du dir klare Kriterien setzt, nach denen du Aktien selektierst. Nachdem wir im ersten Schritt Unternehmen mit Wettbewerbsvorteilen identifiziert haben, werde ich dir jetzt in Schritt 2 zeigen, wie du anhand von klaren

Kriterien „wundervolle" Unternehmen erkennen kannst. Im dritten Schritt unserer Aktienselektion weiter unten werden wir dann einzelne Aktien anhand von relativen Bewertungskennzahlen analysieren, die wir im vierten Schritt unserer Aktienselektion anhand von DCF-Modellen eingehender bewerten.

Als langjähriger Anleger bin ich mir bewusst, dass ein gutes Unternehmen und ein gutes Aktieninvestment zwei unterschiedliche Dinge sein können. Anhand von fundamentalen Kriterien versuche ich, schlechte Unternehmen auszusortieren, in die ich als langfristiger Investor nicht investieren möchte. Wichtig bei der Festlegung von Investitionskriterien ist, dass du die Kriterien so wählst, dass sie zu *deiner* Anlagestrategie passen. Mein Ziel ist es, in „wundervolle" Unternehmen zu einem vernünftigen Preis zu investieren.

Viele Wege führen nach Rom: Natürlich kannst du auch andere Kriterien und Kennzahlen als ich verwenden. Aber mit den nachfolgend dargestellten vier Kennzahlen, anhand deren ich versuche, „wundervolle" Unternehmen zu identifizieren, solltest du dich intensiv auseinandersetzen, da sie – wie du am Beispiel der Unternehmensbewertung von Microsoft gesehen hast – bei der Bewertung eines jeden Unternehmens zentral sind. Nur wenn du sorgsam untersuchst, wie hoch die Kapitalrenditen, die operativen Gewinnmargen, das Umsatzwachstum und die Schulden eines Unternehmens in der Vergangenheit waren, dann kannst du begründete Prognosen treffen, wie sich diese vier wesentlichen Werttreiber eines jeden Unternehmens in der Zukunft vermutlich entwickeln werden. Hast du dich nicht intensiv mit diesen vier Werttreibern auseinandergesetzt, dann kannst du ein Unternehmen nicht verständig bewerten. Fundamentale Daten zu Unternehmen findest du kostenlos auf zahlreichen Internetportalen wie Morningstar, Yahoo Finance und der Webseite zu diesem Buch www.jvinvest.ai. Die beste und verlässlichste Quelle, aus der du fundamentale Unternehmensdaten entnehmen kannst, bleiben jedoch die Jahresabschlüsse der Unternehmen, die du dir stets ansehen solltest, bevor du in ihre Aktien investierst. Auf der Webseite zu diesem Buch www.jvinvest.ai findest du Tools, mit denen du blitzschnell auf Quartals- und Jahresabschlüsse von allen großen börsengelisteten Unternehmen weltweit zugreifen kannst.

Kriterium Nr. 1: ROIC > 15 Prozent

Unternehmen schaffen nur dann Werte für ihre Kapitalgeber, wenn die Kapitalrenditen die Kapitalkosten übersteigen. Die durchschnittlichen Kapitalrenditen von Unternehmen in den USA liegen nach Berechnungen von Aswath Damodaran – je nach Branche – zwischen fünf und zwölf Prozent.[74] Die Forderung, dass die Kapitalrenditen über 15 Prozent liegen sollen, ist bewusst willkürlich gewählt, da ich eine Vorliebe für einfache Regeln habe. Die Regel „Return on Invested Capital (ROIC) größer als 15 Prozent" soll dich ermuntern, nach Unternehmen zu suchen, die Werte für ihre Kapitalgeber schaffen.

In dem vergnüglich zu lesenden Buch „The Little Book That Still Beats the Market" rät Joel Greenblatt, in Aktien von Unternehmen zu investieren, die hohe Kapitalrenditen und hohe Gewinnrenditen aufweisen. Diese Regel bezeichnet er als „Zauberformel" und erhofft sich, durch ihre Anwendung hohe Renditen am Aktienmarkt zu erzielen.[75] Erfolgreiche Anleger wie Warren Buffett, Peter Lynch und Joel Greenblatt stellen die Kapitalrenditen eines Unternehmens in den Mittelpunkt ihrer Analysen, da Unternehmen, wie erwähnt, nur dann Werte für ihre Kapitalgeber schaffen, wenn der Return on Invested Capital höher ist als die durchschnittlichen gewichteten Kapitalkosten. Zudem sind hohe Kapitalrenditen eines Unternehmens meist auch ein Zeichen, dass es über Wettbewerbsvorteile verfügt.

Der Return on Invested Capital (ROIC) misst, wie effizient ein Unternehmen das investierte Kapital nutzt, um Gewinne zu generieren. Wie du den ROIC berechnest, habe ich dir bereits bei der Bewertung von Microsoft gezeigt: *ROIC = EBIT (1-t) / Durchschnittliches investiertes Kapital.*[76]

Den operativen Gewinn (EBIT)[77] bestimmst du, indem du vom Umsatz die Herstellungskosten, die Vertriebs- und Verwaltungskosten und alle weiteren operativen Kosten abziehst, die dem Unternehmen bei seiner Geschäftstätigkeit entstehen. Den so berechneten operativen Gewinn multiplizierst du mit 1 minus der Steuerquote t, da ein Unternehmen ja Steuern bezahlen muss. Jetzt kannst du den ROIC berechnen, indem du den operativen Gewinn des Unternehmens nach Steuern durch das in das Unternehmen investierte Kapital teilst. Die effektiv gezahlte Steuerquote t eines Unternehmens findest du wie alle anderen fundamentalen Unternehmensdaten in seinem Jahresabschluss.

Der ROIC von Microsoft lag in den letzten fünf Geschäftsjahren mit rund 23 Prozent (2020), 29 Prozent (2021), 32 Prozent (2022), 28 Prozent (2023) und 29 Prozent (2024) beständig über 15 Prozent. Microsoft besteht das erste Kriterium also spielend. Am besten schaust du dir die Daten mindestens über die letzten fünf Jahre an. Die erste quantitative Regel – ROIC größer 15 Prozent – sorgt dafür, dass du nur in Aktien von Unternehmen investierst, die Werte für ihre Kapitalgeber schaffen.

Kriterium Nr. 2: Operative Gewinnmarge > Durchschnittliche operative Gewinnmarge der jeweiligen Branche

Das zweite Kriterium besagt, dass die operative Gewinnmarge des Unternehmens größer sein soll als die durchschnittliche operative Gewinnmarge aller Unternehmen, die in der gleichen Branche tätig sind. Wir suchen also nach Unternehmen, die profitabler arbeiten als Vergleichsunternehmen aus dem gleichen Sektor. Die operative Gewinnmarge berechnen wir, indem wir den operativen Gewinn eines Unternehmens (EBIT) durch den Umsatz teilen.

Ich rate dir, dass du die operative Gewinnmarge eines Unternehmens immer mit dem Branchendurchschnitt vergleichst, da die Höhe der operativen Gewinnmargen stark von der Branche abhängt, in der ein

Unternehmen tätig ist. Einzelhandelsunternehmen etwa erzielen im Durchschnitt weitaus geringere operative Gewinnmargen als Technologieunternehmen. Die operative Gewinnmarge von Walmart lag zum Beispiel zwischen 2000 und 2024 im Bereich von 4,0 Prozent bis 6,1 Prozent, während die von Microsoft in den letzten fünf Geschäftsjahren 37,4 Prozent (2020), 41,6 Prozent (2021), 42,1 Prozent (2022), 42,3 Prozent (2023) und 44,6 Prozent (2024) betrug. Die operative Gewinnmarge von Microsoft überstieg die durchschnittliche operative Gewinnmarge des Softwaresektors zuletzt deutlich.[78] Microsoft besteht damit auch das zweite Kriterium.

Ich achte besonders auf die Profitabilität von Unternehmen, da ich nicht in Firmen investieren möchte, die innerhalb ihrer Branche dauerhaft unterdurchschnittlich abschneiden. Dabei betrachte ich in der Regel die Entwicklung der Profitabilität über die letzten fünf Jahre.

Kriterium Nr. 3: Umsatzwachstum > 10 Prozent

An dieser Stelle muss ich ein Geständnis ablegen: Ich habe eine Vorliebe für Wachstumswerte. Ökonomen wie Eugene Fama und Kenneth French unterscheiden zwischen Wachstumswerten („Growth Stocks") und Substanzwerten („Value Stocks"). Als Wachstumswerte bezeichnen sie Aktien, die basierend auf relativen Bewertungskennzahlen hoch bewertet sind.[79] Diese Definition ist zunächst etwas irreführend, sie macht jedoch Sinn, da ein hohes Umsatz- und Gewinnwachstum eines Unternehmens üblicherweise der Grund dafür ist, dass Aktien hohe relative Bewertungskennzahlen aufweisen. Präferierst du wie ich stark wachsende Unternehmen, dann solltest du bereit sein, eine etwas höhere relative Bewertung der Aktien zu akzeptieren, da – wie gesagt – ein höheres Umsatz- und Gewinnwachstum üblicherweise mit einer höheren relativen Bewertung einhergeht.

Ein hohes Umsatzwachstum belegt üblicherweise, dass ein Unternehmen seine Produkte und Dienstleistungen erfolgreich vermarktet.

Steigen die Marktanteile eines Unternehmens infolge einer hohen Kundennachfrage, ohne dass das Unternehmen dafür seine Preise senken muss, dann ist dies ein positives Zeichen. Willst du ein Unternehmen bewerten, dann solltest du das historische Umsatzwachstum des Unternehmens zuvor sorgsam analysieren. Die Umsätze von Microsoft sind in den letzten fünf Geschäftsjahren um 13,6 Prozent (2020), 17,5 Prozent (2021), 18,0 Prozent (2022), 6,9 Prozent (2023) und 15,7 Prozent (2024) gestiegen. Microsoft erfüllt damit das Kriterium Nr. 3 in vier von fünf Jahren.

Forderst du – so wie ich es tue –, dass das Umsatzwachstum eines Unternehmens mindestens zehn Prozent betragen soll, dann schließt du damit zahlreiche potenziell interessante Firmen aus – etwa Coca-Cola, auf das ich oben bereits eingegangen bin. Um dies zu vermeiden, kannst du auch branchenspezifische Vorgaben machen. Du kannst zum Beispiel das Kriterium festlegen, dass nur zehn Prozent der Unternehmen des gleichen Sektors höhere Wachstumsraten aufweisen sollen als das von dir betrachtete Unternehmen.

Kriterium Nr. 4: Zinsdeckungsgrad > 3

Unternehmen finanzieren ihre Vermögensgegenstände mit Fremd- und Eigenkapital. Wie du weiter unten sehen wirst, verwenden Ratingagenturen wie Moody's und Standard & Poor's eine Vielzahl an Kennzahlen, um die Wahrscheinlichkeit abzuschätzen, ob ein Unternehmen seine Schulden in der Zukunft bedienen kann. Eine hohe Verschuldung ist nicht nur aus der Perspektive der Fremdkapitalgeber, sondern auch aus Sicht der Eigenkapitalgeber nachteilig, da mit einem hohen Verschuldungsgrad die Risikoprämie und damit die Eigenkapitalkosten steigen.[80] Bei einer Insolvenz müssen schon die Gläubiger oftmals auf einen Teil ihrer Forderungen verzichten. Die Aktionäre aber erleiden häufig einen Totalverlust, da sie bei der Verteilung der verbleibenden Vermögenswerte ganz am Ende stehen.

Als langfristiger Investor solltest du daher genau auf den Verschuldungsgrad eines Unternehmens achten, indem du die Höhe des Fremdkapitals in Relation zum Eigenkapital oder zum Gesamtkapital setzt. Ich verwende die zugegeben sehr grobe Faustformel, dass der Verschuldungsgrad (Fremdkapital zu Eigenkapital) eines Unternehmens kleiner als 200 Prozent sein soll – wohl wissend, dass es keine „magische Grenze" gibt, ab der ein Verschuldungsgrad eines Unternehmens zu hoch ist. Der Verschuldungsgrad ist typischerweise abhängig von der Branche, in der ein Unternehmen tätig ist. Technologieunternehmen finanzieren sich meist überwiegend mit Eigenkapital, während Banken oftmals einen sehr hohen Verschuldungsgrad aufweisen. Ein guter Rat ist, dass du den Verschuldungsgrad eines Unternehmens mit dem Verschuldungsgrad der jeweiligen Branche vergleichst. Ein Warnsignal liegt dann vor, wenn der Verschuldungsgrad eines Unternehmens deutlich über dem Branchendurchschnitt liegt.

Entscheidend ist jedoch, ob die Schulden eines Unternehmens tragbar sind. Ob das der Fall ist, kannst du am besten anhand des Zinsdeckungsgrads („Interest Coverage Ratio") bestimmen, bei dem der operative Gewinn (EBIT) durch die Zinsaufwendungen geteilt wird. Der Zinsdeckungsgrad zeigt dir, wie oft der operative Gewinn die Zinszahlungen abdeckt. Ist der operative Gewinn mindestens dreimal so groß wie die Zinszahlungen, dann ist das Ausfallrisiko üblicherweise gering.[81] Da Microsoft im Geschäftsjahr 2024 bei einem operativen Gewinn von über 109 Milliarden Dollar weniger als drei Milliarden Dollar für Zinsen aufgewendet hat, ist der Zinsdeckungsgrad von Microsoft deutlich höher als 3. Ein Ausfall der Schulden kann bei Microsoft mit an Sicherheit grenzender Wahrscheinlichkeit ausgeschlossen werden. Microsoft erfüllt damit auch das Kriterium Nr. 4.

Aktuelle Daten zu den vier genannten Kennzahlen – ROIC, operative Gewinnmarge, Umsatzwachstum und Zinsdeckungsgrad – findest du im Jahresabschluss oder den Quartalsberichten der Unternehmen sowie auf zahlreichen kostenlosen Finanzportalen. Aktuelle Unternehmenskennzahlen findest du auch auf der Webseite zu diesem Buch www.jvinvest.ai. Konzentrierst du dich auf diese vier Kennzahlen, dann hast du nach meiner Ansicht das Wesentliche im Blick. Ich räume gern ein, dass du mit der Fokussierung auf nur vier fundamentale Kennzahlen viele andere Daten ausblendest. Aber bei der Flut an Daten, die uns mitunter den Schweiß auf die Stirn treibt, macht es Sinn, dass wir uns auf einige wenige, aber wesentliche Informationen beschränken und diese gut verstehen.

Schritt 3: Wir überprüfen, ob die Aktien der Unternehmen anhand von relativen Bewertungskennzahlen zu hoch bewertet sind. Dabei stellen wir die FCF-Rendite in den Mittelpunkt der Betrachtung.

Mit den ersten beiden Schritten unserer Aktienselektion haben wir „wundervolle" Aktien selektiert. Zunächst haben wir hinterfragt, ob ein Unternehmen über dauerhafte Wettbewerbsvorteile verfügt. In einem zweiten Schritt haben wir dann anhand von vier quantitativen Kennzahlen – dem ROIC, der operativen Gewinnmarge, dem Umsatzwachstum und dem Zinsdeckungsgrad – gefragt, ob ein Unternehmen den von uns gesetzten quantitativen Kriterien standhält.

Im dritten Schritt unserer Aktienselektion untersuchen wir nun, ob die Aktien dieser Unternehmen gemessen an relativen Bewertungskennzahlen derzeit am Markt zu einem vernünftigen Kurs gehandelt werden. Weiter oben habe ich dir mit dem Kurs-Gewinn-Verhältnis, der Gewinnrendite, dem Kurs-Cashflow-Verhältnis, dem Kurs-Buchwert-Verhältnis, der Dividendenrendite und der freien Cashflow-Rendite die wichtigsten relativen Bewertungskennzahlen vorgestellt. Vielleicht wirst du dich nun fragen, wie du all diese Kennzahlen am besten kombinieren kannst. Mein Rat ist ein anderer: „Keep it simple." Konzentriere dich mit der freien Cashflow-(FCF)-Rendite auf eine Bewertungskennzahl. Anhand der FCF-Rendite kannst du dir einen guten ersten Überblick verschaffen, wie eine Aktie derzeit am Markt bewertet wird. In Abbildung 11 gebe ich dir nochmals einen Überblick, wie du die FCF-Rendite für Microsoft berechnen kannst.

Geschäftsjahr [in Mio. USD]	30.06.20	30.06.21	30.06.22	30.06.23	30.06.24
Cash Flow from Operations (CFFO)	**60.675**	**76.740**	**89.035**	**87.582**	**118.548**
minus Investitionsausgaben (Capex)	–15.441	–20.622	–23.886	–28.107	–44.477
Freier Cashflow (FCF)	**45.234**	**56.118**	**65.149**	**59.475**	**74.071**
Marktkapitalisierung (MK)	1.540.774	2.036.897	1.916.979	2.530.893	3.322.626
Freie Cashflow–Rendite: Teile: FCF/MK	**2,90 %**	**2,80 %**	**3,40 %**	**2,30 %**	**2,20 %**

Abbildung 11: Berechnung der freien Cashflow-(FCF)-Rendite für Microsoft in den am 30. Juni endenden Geschäftsjahren 2020 bis 2024. Quellen: Jahresabschlüsse Microsoft Corp. (Form 10-K) der Geschäftsjahre 2020 bis 2024 sowie Bloomberg.

Den freien Cashflow (FCF) kannst du einfach bestimmen, indem du vom Cashflow aus operativer Tätigkeit (Cash Flow from Operations, CFFO) die Investitionsausgaben (Capex) abziehst. Den freien Cashflow teilst du dann durch die Marktkapitalisierung, um die freie Cashflow-Rendite zu berechnen. Die wenigen Daten, die du zur Berechnung der FCF-Rendite benötigst, kannst du aus dem Jahresbericht oder den Quartalsberichten des Unternehmens entnehmen.

Anstatt eine Vielzahl an unterschiedlichen relativen Bewertungskennzahlen zu berechnen, rate ich dir, die FCF-Rendite über mindestens fünf Jahre sorgsam zu analysieren. Auf diese Weise bekommst du einen guten Einblick, wie sich diese relative Bewertungskennzahl für das von dir analysierte Unternehmen im Zeitablauf verändert hat.

Unternehmen mit einem hohen freien Cashflow können auch in wirtschaftlich schwierigen Zeiten Dividenden zahlen, Schulden tilgen oder zusätzliche Investitionen vornehmen, um ihr Geschäft zu stärken. Ob eine freie Cashflow-Rendite hoch oder niedrig ist, solltest du stets im Branchenkontext und im Zeitablauf analysieren. Eine hohe FCF-Rendite kann darauf hindeuten, dass ein Unternehmen am Markt attraktiv bewertet ist. Einige Analysten vergleichen die FCF-Rendite mit dem risikolosen Zinssatz. Die Differenz zwischen der FCF-Rendite und dem risikolosen Zinssatz bezeichnen sie als „implizite Risikoprämie". Weist ein Unternehmen eine FCF-Rendite von sechs Prozent bei einem risikolosen Zinssatz von vier Prozent auf, dann beträgt die implizite Risikoprämie zwei Prozent. Bei solchen Vergleichen solltest du aber immer bedenken, dass die FCF-Rendite die unterschiedlichen Wachstumsaussichten von Unternehmen und das unterschiedliche Risiko von Aktien nicht berücksichtigt.

Die freie Cashflow-Rendite von Microsoft war im Sommer 2024 mit 2,2 Prozent im Vergleich zur eigenen Historie ungewöhnlich niedrig. In den Jahren 2000 bis 2024 schwankte die FCF-Rendite von Microsoft zwischen einem Hoch von 11,4 Prozent im Geschäftsjahr 2012 und einem Tief von 2,2 Prozent im Geschäftsjahr 2024. Die FCF-Rendite von Microsoft war im Sommer 2024 sogar etwas niedriger als in den Boomjahren 1999 und 2000. Vergleichst du die FCF-Rendite von Microsoft mit dem Zinssatz für zweijährige US-Staatsanleihen – der am 30. Juli 2024, als Microsoft seinen Jahresabschluss für das Geschäftsjahr 2024 publizierte, bei rund 4,4 Prozent lag –, dann stellst du fest, dass die Risikoprämie von Microsoft damals *negativ* war. Mit Blick auf die FCF-Rendite war Microsoft im Sommer 2024 also hoch bewertet.

Zu den Gründen für die hohe Bewertung von Microsoft im Sommer 2024 zählte, dass die Investoren damals hofften, dass Microsoft auf vielfältige Weise von dem Boom der Künstlichen Intelligenz (KI) profitieren würde. Microsoft ist neben Amazon Web Services und Alphabet einer der größten Betreiber von Cloud-Diensten weltweit. Zudem ist Microsoft ein zentraler Investor in OpenAI, den Betreiber von ChatGPT. Mit Copilot stellt Microsoft seinen Kunden überdies eine wichtige KI-gestützte Assistenzfunktion zur Verfügung und expandiert in zahlreiche weitere Geschäftsfelder, die von der KI profitieren werden. Da relative Bewertungskennzahlen wie die FCF-Rendite das unterschiedliche Wachstumsprofil, die Margenentwicklung und das Risiko von Unternehmen nicht berücksichtigen, solltest du stets eine eingehendere DCF-Bewertung durchführen, bevor du eine Aktie kaufst oder verkaufst.

Weiter oben habe ich bereits auf das Buch „The Little Book That Still Beats the Market" von Joel Greenblatt hingewiesen, in dem er uns rät, in Aktien von Unternehmen zu investieren, die hohe Kapitalrenditen und hohe Gewinnrenditen aufweisen. Möchtest du ein rein quantitatives Screening vornehmen, dann kannst du Joel Greenblatts Vorgehensweise einfach replizieren. Anders als Greenblatt rate ich dir jedoch, nicht Kapitalrenditen und Gewinnrenditen, sondern den Return on Invested Capital (ROIC) und die freie Cashflow-(FCF)-Rendite miteinander zu kombinieren. Möchtest du ein quantitatives Screening durchführen, dann kannst du – in Anlehnung an Greenblatt – wie folgt vorgehen: Zunächst berechnest du die Kapitalrenditen (ROIC) für ein großes Aktienuniversum und sortierst die Aktien dann anhand der Höhe der Kapitalrenditen. Betrachtest du 1.000 Aktien, dann bekommt die Aktie mit der höchsten Kapitalrendite eine 1 zugewiesen und die Aktie mit der niedrigsten Kapitalrendite eine 1.000. Danach wiederholst du die Prozedur für die FCF-Renditen. Diesmal erhält die Aktie mit der höchsten FCF-Rendite eine 1 und die mit der niedrigsten FCF-Rendite eine 1.000. Danach addierst du diese beiden Kennzahlen und investiert in die 30 oder 50 Aktien mit der niedrigsten Summe der beiden Rankings, da diese die besten Kombinationen unserer beiden Kennzahlen aufweisen. Joel Greenblatt weist darauf hin, dass diese

Strategie mit den beiden von ihm verwendeten Kennzahlen im Zeitraum 1988 bis 2009 gut funktioniert hat.[82]

Quantitative Analysen setzen voraus, dass du Zugang zu einer vertrauenswürdigen Datenbank hast, über die du Daten abrufen kannst. Ich ziehe eine eingehende fundamentale Analyse von Einzelwerten anhand von klaren Kriterien einem rein quantitativen Screening vor. Aber all denen unter euch, die ein rein quantitatives Screening vornehmen möchten, wollte ich Joel Greenblatts Vorgehensweise nicht vorenthalten.

Nunmehr habe ich dir die ersten drei Schritte der Aktienselektion vorgestellt, mit der du Aktien von „wundervollen" Unternehmen zu einem vernünftigen Preis auswählen kannst. Im ersten Schritt analysierst du, ob ein Unternehmen über Wettbewerbsvorteile verfügt, die es vor Konkurrenten schützen. Im zweiten Schritt hinterfragst du, ob Unternehmen vier quantitativen Kriterien standhalten. Dazu analysierst du den ROIC, die operative Gewinnmarge, das Wachstum und den Zinsdeckungsgrad von Unternehmen. Im dritten Schritt verschaffst du dir einen groben Überblick über die Bewertung der Aktien anhand der freien Cashflow-(FCF)-Rendite. Nun bist du bereit, in einem vierten Schritt Unternehmen eingehender anhand von Discounted-Cash-Flow-(DCF)-Modellen zu bewerten.

Schritt 4: Wir analysieren anhand von Discounted-Cash-Flow-Modellen, ob Aktien über- oder unterbewertet sind.

„Die Leute kennen heutzutage von allem den Preis und von nichts den Wert", bemerkt Lord Henry Wotton im vierten Kapitel in Oscar Wildes Buch „Das Bildnis des Dorian Gray".[83] Übertragen auf die Finanzmärkte ist dieser Satz heutzutage wahrer denn je. Die aktuellen Marktpreise von Aktien kann heute jedermann blitzschnell auf diversen Finanzportalen online verfolgen. Um aber den Wert von Aktien zu bestimmen, musst du dir etwas Zeit nehmen. Viele Investoren verzichten leider darauf, sich intensiv mit dem Wert von Aktien auseinanderzusetzen, bevor sie in diese investieren.

Oben habe ich dir am Beispiel von Microsoft gezeigt, wie du Aktien anhand von Discounted-Cash-Flow-(DCF)-Modellen bewerten kannst. Ich habe dir geraten, DCF-Modelle einzusetzen, um die Annahmen zu bestimmen, die im gegenwärtigen Aktienkurs eingepreist sind. Außerdem habe ich dir gezeigt, welche Annahmen ich im Sommer 2024 aus dem damaligen Aktienkurs von Microsoft anhand eines DCF-Modells abgeleitet habe.

Zu diesen Annahmen – die du in Abbildung 10 oben nachvollziehen kannst – zählt, dass Microsoft in den nächsten fünf Jahren ein konstantes Umsatzwachstum von 15 Prozent aufweist und das Umsatzwachstum dann in den folgenden Jahren schrittweise fällt. Zudem bin ich davon ausgegangen, dass die operative Gewinnmarge über die nächsten zehn Jahre bei konstant hohen 45 Prozent liegt. Kommst du zu der Auffassung, dass diese und die anderen im Modell getroffenen Annahmen zu optimistisch (oder pessimistisch) sind, dann kannst du folgern, dass die Aktie im Sommer 2024 überbewertet (oder unterbewertet) war.

Sicherlich willst du DCF-Modelle nun auch einsetzen, um zu fragen, was eine Microsoft-Aktie wert ist, wenn du deine eigenen Annahmen zur Umsatzentwicklung, den Gewinnmargen und anderen Werttreibern, die den Wert einer Aktie beeinflussen, in dem Bewertungsmodell verwendest. Hast du zunächst untersucht, welche Annahmen im aktuellen Aktienkurs enthalten sind, dann spricht nichts dagegen, dass du nun auch fragst, was eine Microsoft-Aktie wert ist, wenn du die Annahmen in dem Modell nach deinen Vorstellungen veränderst.

Als Investoren sind wir gut beraten, Aktien nur dann zu kaufen, wenn sie mit einem Sicherheitsabschlag („Margin of Safety“) unterhalb ihres fairen Wertes am Markt handeln. Je höher dieser Sicherheitsabschlag ist, desto stärker schützt er uns vor Verlusten infolge von Fehleinschätzungen und unvorhergesehenen Ereignissen, die wir bei der Bewertung nicht berücksichtigt haben. Gute Investoren verfügen über ein hohes Maß an Disziplin und Geduld und sind bereit, auch einmal auf ein Investment zu verzichten, wenn dieses zu teuer ist.[84]

Ein kluger Ökonom hat einmal ausgeführt: „Wenn sich die Fakten ändern, dann ändere ich meine Meinung."[85] Das Gleiche solltest du tun: Ändert sich die Datenlage, dann solltest du die Annahmen, auf denen deine Bewertung basiert, überprüfen und ändern.

Seit meiner Bewertung im Sommer 2024 ist etwas Zeit verstrichen. Der Aktienkurs von Microsoft liegt mit einem Schlusskurs von 421,50 Dollar am 31. Dezember 2024 fast genau auf dem Niveau vom 30. Juli 2024. Nachfolgend werde ich dir kurz vorstellen, welche Annahmen die Analysten zweier bekannter Investmentbanken Ende 2024 getroffen haben, als sie die Microsoft-Aktie bewertet haben. Analysten setzen DCF-Modelle und relative Bewertungskennzahlen ein, um „Preisziele" für einzelne Aktien zu formulieren, die sie dann an ihre vornehmlich institutionelle Kundschaft kommunizieren.

Die Analysten von Goldman Sachs haben im November 2024 ihr „12-Monats-Preisziel" für die Microsoft-Aktie in Höhe von 500 Dollar bekräftigt.[86] Morgan Stanley hat im November 2024 ein Preisziel von 548 Dollar für eine Microsoft-Aktie ermittelt.[87]

Niemals solltest du dich bei deinen Investmententscheidungen von „heißen Tipps" Dritter oder von den Preiszielen von Analysten leiten lassen. Aber es macht immer Sinn, seine eigenen Erwartungen mit denen von Fachleuten zu vergleichen. Um meine eigenen Annahmen kritisch zu hinterfragen, verfolge ich stets, welche Annahmen die Analysten führender Investmentbanken bei der Bewertung von Einzelaktien treffen und wie sie ihre Erwartungen im Zeitablauf verändern. Die nachfolgende Tabelle gibt zentrale Erwartungen von Goldman Sachs und Morgan Stanley für die Geschäftsjahre 2025 bis 2027 wieder, die diese nach dem Quartalsbericht für das erste Quartal des Geschäftsjahrs 2025 von Microsoft publiziert haben.[88]

in Mio. US-Dollar	6/2024	6/2025	6/2026	6/2027	2025	2026	2027
Goldman Sachs					Umsatzwachstum		
Umsätze	245.122	279.649	320.264	366.440	14,1 %	14,5 %	14,4 %
					Operative Gewinnmargen		
EBIT	109.433	123.921	144.243	167.655	44,3 %	45,0 %	45,8 %
FCF	74.071	76.337	90.344	113.003			
Gewinn pro Aktie, verw.	11,80	12,96	15,32	18,32			
in Mio. US-Dollar	**6/2024**	**6/2025**	**6/2026**	**6/2027**	**2025**	**2026**	**2027**
Morgan Stanley					Umsatzwachstum		
Umsätze	245.122	279.067	322.722	368.602	13,8 %	15,6 %	14,2 %
					Operative Gewinnmargen		
EBIT	109.433	123.812	143.515	165.417	44,4 %	44,5 %	44,9 %
FCF	74.071	64.473	82.797	107.068			
Gewinn pro Aktie, verw.	11,80	12,88	14,95	18,10			

Abbildung 12: Ausgewählte Annahmen von Goldman Sachs und Morgan Stanley zu wichtigen Finanzdaten von Microsoft nach der Publikation des Quartalsberichts von Microsoft für das am 30. September 2024 endende erste Quartal 2025. Microsoft hat die Ergebnisse für das Q1 2025 am 30. Oktober 2024 nach Börsenschluss publiziert.

Die Annahmen der beiden Investmentbanken im November 2024 zum Umsatzwachstum und zu den operativen Gewinnmargen entsprechen weitgehend den Erwartungen, die ich aus dem aktuellen Aktienkurs im Sommer 2024 abgeleitet habe. Wird Microsoft Geschäftszahlen berichten, die die Annahmen des Marktes und der Investmentbanken deutlich unterschreiten, dann wird die Microsoft-Aktie einbrechen. Schafft es Microsoft hingegen, diese ambitionierten Annahmen zu übertreffen, dann wird sich der Kurs der Microsoft-Aktie weiter gut entwickeln. Investieren ist ein Erwartungsspiel: An den Finanzmärkten geht es darum, die Markterwartungen zu verstehen und mögliche Veränderungen und Überraschungen richtig zu antizipieren.[89]

Zum Abschluss dieses Kapitels möchte ich dich nochmals ermutigen, dass du dir stets selbst ein Bild vom Wert von Aktien machst, bevor du in diese investierst. Du hast gesehen, wie einfach es ist, Aktien zu bewerten. Man muss kein Genie sein, um begründete Investmententscheidungen zu treffen.

Anleger freuen sich üblicherweise, wenn der Aktienmarkt steigt, da sie sich dann reicher fühlen. Das Schöne am Aktienmarkt ist, dass du dich auch freuen kannst, wenn er fällt. Denn dann bekommst du eine Gelegenheit, Aktien von „wundervollen" Unternehmen zu „Schnäppchenpreisen" kaufen zu können. Nichts ist schöner für fundamentale Investoren, als Aktien zu einem deutlichen Abschlag zu ihrem fairen Wert am Markt kaufen zu können. Über das Wissen, wie du den fairen Wert von Aktien bestimmen kannst, verfügst du nun.

TEIL
3

ANLEIHEN

KAPITEL 10

Was du über Anleihen wissen solltest

Wer sich mit Anleihen auseinandersetzt, wird oftmals mit zwei Vorurteilen konfrontiert, die ich zum Anfang dieses Kapitels ausräumen möchte: Anleihen seien unbedeutend und langweilig. Unbedeutend sind Anleihen sicherlich nicht, da der Marktwert der Anleihen, die Staaten, Unternehmen, und andere Schuldner begeben haben, mehr als doppelt so groß ist wie die Marktkapitalisierung aller ausstehenden Aktien. Anleihen sind eine wesentliche Finanzierungsquelle für Staaten, Unternehmen und andere Kapitalsuchende. Anleihen, die einzelne Staaten ausgeben, nennt man **Staatsanleihen**. Anleihen, die Unternehmen ausgeben, werden als **Unternehmensanleihen** bezeichnet. Anleihen sind außerdem keineswegs langweilig: Auch mit Anleihen kannst du hohe Renditen erzielen, wenn du bereit bist, hohe Risiken einzugehen. Wie bei allen Investments gilt auch bei Anleihen, dass die Höhe ihrer Rendite von ihrem Risiko abhängt.

Fremdkapital

Der zentrale Unterschied zwischen Anleihen und Aktien besteht darin, dass Investoren, die in Anleihen investieren, Unternehmen, Staaten und anderen Schuldnern Fremdkapital zur Verfügung stellen und dafür über die Laufzeit der Anleihen fest vereinbarte Zinszahlungen erhalten. Die Ansprüche der Fremdkapitalgeber werden im Insolvenzverfahren vorrangig vor den Ansprüchen der Eigenkapitalgeber aus der Insolvenzmasse bedient. Aktionäre, die in Aktien investieren, stellen Unternehmen – wie wir wissen – kein Fremdkapital, sondern Eigenkapital zur Verfügung und haben als Eigentümer des Unternehmens einen anteiligen Anspruch auf den Gewinn des Unternehmens.

Unternehmen können sich Fremdkapital auf vielfältige Art verschaffen, etwa indem sie Kredite bei einer Bank aufnehmen oder eben Anleihen emittieren, also Schuldtitel an Investoren verkaufen. Der erstmalige Verkauf von Anleihen an Investoren wird als **Emission** bezeichnet. Der Schuldner, der die Anleihe verkauft hat, um sich Fremdkapital zu beschaffen, ist der **Emittent** der Anleihe. Man sagt, dass Emittenten Anleihen am **Primärmarkt** begeben. Dies erfolgt unter Einschaltung von Investmentbanken, die Kapitalgeber, die Kapital anlegen wollen, und Kapitalnehmer, die Kapital benötigen, zusammenbringen. Sind Anleihen für den Börsenhandel zugelassen, dann werden sie nach ihrer Emission am **Sekundärmarkt** gehandelt. Dort kannst du Anleihen während der Börsenöffnungszeiten kaufen und verkaufen. Der Preis einer Anleihe bildet sich an der Börse nach dem Angebot und der Nachfrage der Investoren. Anleihen werden von Investoren unterschiedlich stark nachgefragt und angeboten. Werden Anleihen häufig gehandelt, dann ist der Markt liquide. Besitzt du eine Anleihe, deren Liquidität am Markt gering ist und für die du nur schwer Käufer findest, dann kannst du sie womöglich nur mit einem Abschlag an der Börse weiterverkaufen.

Anleihen sind Schuldtitel. In Deutschland ist das Wort „Schulden" oftmals negativ besetzt, vielleicht weil wir das verwandte Wort „Schuld" verwenden, wenn jemand gegen ethisch-moralische Wertvorstellungen verstoßen hat. Dabei sind Schulden erst einmal weder gut noch schlecht. Nimmt jemand Schulden auf, dann fließt ihm Kapital zu. Staaten begeben Anleihen, um sich Fremdkapital zu verschaffen, mit dem sie ihren Staatshaushalt finanzieren, Haushaltsdefizite decken und bereits existierende Schulden refinanzieren. Unternehmen nehmen Fremdkapital auf, um Vermögensgegenstände zu finanzieren. Wer moralische Werturteile abgeben möchte, sollte sich ansehen, wofür das geliehene Kapital eingesetzt wird: Bereits die Medici haben uns gezeigt, dass Schuldner mit geliehenem Kapital gleichermaßen Kriege wie großartige Bauwerke, die du heute noch in Florenz bestaunen kannst, finanzieren können.

Renten und Rentenmarkt

Anleihen werden oftmals auch als Rentenpapiere, Obligationen, Schuldscheine, festverzinsliche Wertpapiere oder im Englischen als „Bonds" bezeichnet. Portfoliomanager, die das Kapital ihrer Kunden in Anleihen investieren und eine Vorliebe für Anglizismen haben, nennen sich gern „Fixed Income Manager". Ich kann das gut nachvollziehen, da der Begriff „Rentenfondsmanager" ja doch ein wenig antiquiert klingt und sich vermutlich niemand bei einer Party oder Familienfeier als „Rentenfondsmanager" outen möchte. Dabei ist der Begriff „**Rente**" eigentlich eine sehr passende Bezeichnung. Das italienische Wort „rendere", von dem das Wort „Rente" abstammt, bedeutet „etwas zurückgeben". Kaufst du eine Anleihe, dann erhältst du während der Laufzeit der Anleihe Zinszahlungen und am Ende der Laufzeit dein investiertes Kapital zurück. Anleger investieren ihr Kapital in „Rentenpapiere" vornehmlich, um regelmäßige und stabile Einkommen zu erzielen. An der Börse wird eine Vielzahl von Rentenpapieren von unterschiedlichen Schuldnern gehandelt. Der Markt, an dem Anleihen gehandelt werden, wird als „**Rentenmarkt**" bezeichnet.

Das Wort „Rente" stammt aus dem Mittelalter, als sich Staaten und zunehmend auch Unternehmen vermehrt Kapital von privaten Finanziers liehen. Da italienische Stadtstaaten wie Florenz, Genua und

Venedig im späten Mittelalter und der Renaissance aufgrund ihres Reichtums eine führende Stellung innehatten, haben zahlreiche Begriffe, die wir heute im Finanzwesen verwenden, einen italienischen Ursprung. In Italien herrschten damals reiche Familien, etwa die Medici in Florenz, die als Kaufleute und Bankiers Macht gewonnen hatten. Das italienische Wort „banchi" – aus dem das deutsche Wort „Bank" hervorgegangen ist – bezeichnete die Bänke und Tische, auf denen italienische Finanziers ihre Geldgeschäfte abwickelten. Und aus den italienischen Worten „giro" und „conto" setzt sich der Begriff „Girokonto" zusammen, auf dem unsere Gehaltszahlungen ein- und von dem unsere Überweisungen abgehen. Aus dem italienischen Wort „rendita" leitet sich das deutsche Wort „Rendite" ab.[90]

Anleger, die ihr Kapital in Anleihen investieren, können nur dann informierte Anlageentscheidungen treffen, wenn sie verlässliche Informationen über den Emittenten der Anleihen, über seine Vermögenslage und das ausgegebene Wertpapier erhalten. Wer Anleihen öffentlich zum Kauf anbietet, muss einen sogenannten „Emissionsprospekt" erstellen und veröffentlichen. Darin wird unter anderem die Frequenz und Höhe der Zinszahlungen dokumentiert. Die Zinszahlungen einer Anleihe werden jährlich, halbjährlich, vierteljährlich oder in einer anderen im Emissionsprospekt festgelegten Frequenz vom Emittenten der Anleihen, dem Schuldner, an den Eigner der Anleihe, den Investor, ausbezahlt.

Der Zinskupon: Fix oder variabel

Die Zinszahlungen, die Besitzer von Anleihen regelmäßig erhalten, werden als „Kupon" bezeichnet. Der Begriff stammt aus dem Französischen und meint „Abschnitt", da früher der Anleiheurkunde ein Bogen mit einer Vielzahl von Abschnitten beigefügt war, die man abschneiden und bei einer Bank einreichen musste, um die zugesagten laufenden Zinszahlungen zu erhalten. Heute werden uns die Zinskupons automatisch auf unserem Depotkonto – nach Abzug der Abgeltungsteuer, des Solidaritätszuschlags und der Kirchensteuer – gutgeschrieben, wenn wir eine Anleihe halten.

Zinskupons können fixiert sein, sodass Anleger, die in Anleihen investiert haben, über die Laufzeit der Anleihe ein konstantes Einkommen erhalten. Oder sie können variabel sein und sich auf einen Referenzzinssatz wie den Euribor beziehen. Variabel verzinsliche Anleihen werden auch als „Floater" bezeichnet. Euribor steht für „Euro Interbank Offered Rate" und spiegelt die Zinssätze wider, zu denen Banken sich gegenseitig Termingelder über unterschiedliche Laufzeiten von einer Woche bis zwölf Monate leihen. Steigt der Referenzzinssatz einer variabel verzinslichen Anleihe, dann muss der Emittent der Anleihe einen höheren Zinssatz an die Investoren, die die Anleihe halten, zahlen. Fällt hingegen der Referenzzinssatz einer variabel verzinslichen Anleihe, dann sinkt auch die Verzinsung der Anleihe.

Emissionsbedingungen von Schuldtiteln

Bevor du dein Kapital in eine Anleihe investierst, solltest du dir den Emissionsprospekt und die Anleihebedingungen sorgsam ansehen. Denn in den Anleihebedingungen können zahlreiche Bestimmungen festgehalten werden, die den Wert einer Anleihe beeinflussen. Bei variabel verzinslichen Anleihen kann beispielsweise eine Mindestverzinsung oder ein Zinsdeckel festgelegt werden, die als „Floor" und „Cap" bezeichnet werden. Oftmals wird im Emissionsprospekt einer Anleihe auch ein optionales Rückrufrecht des Emittenten verbrieft, mit dem er die Anleihe vorzeitig – vor ihrer Fälligkeit – tilgen kann.[91]

Bei inflationsindexierten Anleihen hängen die Verzinsung und der Rückzahlungsbetrag von einer im Emissionsprospekt festgehaltenen Teuerungsrate ab. Bei inflationsindexierten Bundesanleihen etwa wird als Inflationsindex der harmonisierte Verbraucherpreisindex (HVPI) ohne Tabak verwendet, der vom Statistischen Amt der Europäischen

Union, Eurostat, berechnet wird.[92] Steigt die Inflation, dann erhalten die Anleger, die inflationsindexierte Anleihen halten, höhere Zinsen und eine höhere Tilgung zum Ende der Laufzeit. Dies schützt sie vor dem Kaufkraftverlust infolge einer hohen Inflation.

Zinsstrukturkurve

Anleihen werden mit unterschiedlichen Laufzeiten, meist zwischen einem und 30 Jahren, begeben. Vom „**Geldmarkt**" spricht man, wenn die Aufnahme von Fremdkapital mit einer Laufzeit von unter einem Jahr erfolgt. Professionelle Anleger sprechen von einer „**normalen Zinsstruktur**" wenn die Renditen von Anleihen desselben Emittenten mit zunehmender Laufzeit ansteigen. Oftmals visualisieren sie die Zinsstruktur – die die Höhe der Renditen in Abhängigkeit von der Laufzeit der Anleihen eines Emittenten widerspiegelt – in Form einer **Zinsstrukturkurve**. Dabei werden die unterschiedlichen Laufzeiten der Anleihen auf der x-Achse und die entsprechenden Renditen der Anleihen auf der y-Achse abgetragen.

Ökonomen haben verschiedene Theorien entwickelt, warum die Renditen von Anleihen mit zunehmender Laufzeit „normalerweise" ansteigen. Nach der **Liquiditätspräferenztheorie** investieren Anleger nur dann in länger laufende Anleihen, wenn sie eine zusätzliche „Liquiditätsprämie" erhalten, die sie dafür entschädigt, dass sie über ihr Kapital nicht unmittelbar verfügen können.[93] Anhänger der **Marktsegmentierungstheorie** argumentieren, dass der Rentenmarkt in unterschiedliche Segmente aufgeteilt werden kann, die von verschiedenen Anlegergruppen dominiert werden. Weisen Anleger eine Präferenz für bestimmte Laufzeiten auf, dann werden sie nur dann in Anleihen mit längeren Laufzeiten investieren, wenn ihnen dafür höhere Renditen angeboten werden.[94] Nach der **Erwartungstheorie** ist eine steigende Zinsstrukturkurve wiederum darauf zurückzuführen, dass die Marktteilnehmer in der Zukunft steigende Zinsen erwarten.

Von einer **inversen Zinsstrukturkurve** spricht man, wenn die kurzfristigen Zinsen höher sind als die langfristigen Zinsen. Oftmals blicken professionelle Anleger gar nicht auf den Verlauf der gesamten Zinsstrukturkurve, sondern sprechen von einer inversen Zinsstrukturkurve, wenn die Renditen für 2-jährige Anleihen höher sind als die von 10-jährigen Anleihen. Der Zinsunterschied zwischen 2-jährigen und 10-jährigen US-Staatsanleihen wird als „T10Y2Y Yield Curve Spread" bezeichnet.[95] Eine inverse Zinsstrukturkurve wird oftmals als Signal für eine nahende Rezession gewertet, da die Zentralbanken die Zinsen typischerweise in wirtschaftlich schwierigen Zeiten senken, um die Wirtschaft zu stimulieren. Du siehst, es gibt viele Theorien, die erklären, warum die Zinsstrukturkurve von Anleihen normalerweise ansteigt, mitunter aber auch invers sein kann.

Bonitäts- und Kreditrisiken von Unternehmensanleihen und Staatsanleihen

Anleihen können neben ihrer Laufzeit zudem nach dem **Rating** klassifiziert werden, das Standard & Poor's, Moody's, Fitch und andere **Ratingagenturen** vergeben. Am besten verstehst du deren Ratings von Anleihen als Noten, mit denen die **Kreditwürdigkeit** eines Schuldners bewertet wird. Die Geschichte zeigt, dass Staaten, Unternehmen und andere Schuldner immer wieder zu hohe Schulden aufnehmen und diese dann nicht zurückzahlen können.[96] Fallen Schuldtitel aus, dann kann dies – wie etwa bei der Finanzkrise 2008/2009 – zu schweren Verwerfungen an den Finanzmärkten und zu einer Wirtschaftskrise führen. Opfer solcher Krisen sind nicht nur die Anleger, die ihr Kapital in Anleihen investiert haben und hohe Verluste hinnehmen müssen, wenn Schuldner ausfallen, sondern auch Arbeitnehmer, die ihre Jobs verlieren, und Unternehmen, die ihre Güter und Dienstleistungen schlechter absetzen können.

Die Arbeit von Ratingagenturen ist wichtig und schwierig zugleich. Denn die Wahrscheinlichkeit, mit der Schuldner ihren Verpflichtungen in der Zukunft nachkommen, lässt sich nur unter Unsicherheit schätzen. Ratingagenturen betrachten eine Vielzahl von wirtschaftlichen, finanziellen und anderen Faktoren, wenn sie die Güte eines Schuldners bewerten. Bei Unternehmensanleihen ist der **Zinsdeckungsgrad („Interest Coverage Ratio")** eine wesentliche Kennzahl, wie ich dir oben aufgezeigt habe. Diese Kennzahl gibt das Verhältnis vom operativen Gewinn (EBIT) zum Zinsaufwand in einer Periode wieder und zeigt damit an, wie oft ein Unternehmen seine Zinsverpflichtungen aus dem operativen Gewinn begleichen kann. Bei Unternehmensanleihen beziehen Ratingagenturen zudem den Verschuldungsgrad, der die Höhe des Fremdkapitals ins Verhältnis zum Gesamtkapital oder zum Eigenkapital eines Unternehmens setzt, in ihre Überlegungen mit ein.

Bei Staatsanleihen steht bei der Analyse des Ausfallrisikos das Verhältnis der **Schulden eines Staates relativ zu seinem Bruttosozialprodukt** – also dem Wert der Güter- und Dienstleistungen, die eine Volkswirtschaft in einem Jahr erwirtschaftet – im Mittelpunkt der Betrachtung. Das Verhältnis der Schulden eines Staates zum Bruttosozialprodukt gibt dir einen Anhalt, ob eine Volkswirtschaft genug Werte schafft, um Zins- und Tilgungszahlungen in der Zukunft leisten zu können.

Ratingagenturen berücksichtigen neben dem Verschuldungsgrad eines Unternehmens oder Staates auch die Höhe des Wirtschaftswachstums, die Entwicklung am Arbeitsmarkt, politische Risiken, rechtliche Rahmenbedingungen, die Zahlungshistorie des Schuldners und eine Vielzahl anderer Daten, wenn sie Ratings von Schuldnern bestätigen oder ändern. Das Urteil von Ratingagenturen hat Konsequenzen: Steigt das Ausfallrisiko von Anleihen nach Meinung der Ratingagenturen, dann senken sie ihr Rating und die Schuldner müssen höhere Zinsen entrichten, wenn sie neues Kapital am Rentenmarkt aufnehmen wollen.

Die Ratingagenturen Standard & Poor's und Fitch einerseits sowie Moody's andererseits verwenden unterschiedliche Einstufungen, um die Bonität eines Schuldners auszudrücken. Mit dem Begriff „**Bonität**" ist die Kreditwürdigkeit eines Schuldners gemeint, also seine Fähigkeit, Zinsen und Tilgungsbetrag fristgerecht an seine Gläubiger zu zahlen. Standard & Poor's und Fitch bezeichnen mit den Noten AAA, AA, A, BBB „anlagewürdige" Schuldner, die sich in englischer Sprache mit dem Siegel „**Investment Grade**" schmücken dürfen. Je höher das Rating, desto zuverlässiger und stabiler ist der Schuldner und desto geringer ist die Ausfallwahrscheinlichkeit der Schuldtitel.

Mit BB, B, CCC, CC und C bezeichnen Standard & Poor's und Fitch „spekulative" Schuldner, die im Englischen als „**Non-Investment Grade**" bezeichnet werden. Aufgrund ihres größeren Ausfallrisikos müssen Schuldner mit einem „Non-Investment Grade"-Rating höhere Zinsen an ihre Investoren zahlen. Ihre Anleihen werden aufgrund ihrer höheren Verzinsung – etwas euphemistisch – als „**High Yield Bonds**" bezeichnet. Weniger schmeichelhaft ist die ebenfalls verwendete Bezeichnung „Junk Bond" oder „Ramschanleihe", die ausdrückt, dass mit der höheren Verzinsung auch ein größeres Ausfallrisiko einhergeht. Das Rating „D" von Standard & Poor's drückt aus, dass der Emittent einer Anleihe bereits in Zahlungsverzug ist. Die Ratingagentur Moody's verwendet die Ratings Aaa, Aa, A und Baa, um Investment-Grade-Anleihen zu klassifizieren, und Ba, B, Caa und Ca, um spekulative Anleihen zu bezeichnen. Anleihen mit dem Rating C sind nach der Klassifizierung von Moody's von einem Zahlungsausfall betroffen. Während Moody's die Zahlen 1, 2 und 3 innerhalb einer Kategorie verwendet, nutzen Standard & Poor's und Fitch Plus- und Minuszeichen, um die Ratings weiter zu verfeinern.

Ratingagenturen nehmen im Laufe der Zeit typischerweise graduelle Veränderungen an ihren Ratings vor. Am 11. Oktober 2024 hat die Ratingagentur Fitch beispielsweise den Ausblick für Frankreichs Kreditrating von AA- bestätigt, aber den Ausblick von stabil auf negativ gesenkt, während Moody's das Rating von Frankreich am 13.

Dezember 2024 von Aa2 auf Aa3 gesenkt und den Ausblick von negativ auf stabil verändert hat. Zentral für Anleger ist die Differenz zwischen den Ratings unterschiedlicher Schuldner. Die drei Ratingagenturen Standard & Poor's, Fitch und Moody's bescheinigen Deutschland mit AAA beziehungsweise Aaa eine höhere Kreditwürdigkeit als Frankreich.

Das unterschiedliche Rating von Frankreich und Deutschland ist primär auf den unterschiedlichen Verschuldungsgrad der beiden Staaten zurückzuführen: Frankreich weist mit einer Schuldenquote von über 112 Prozent relativ zum Bruttoinlandsprodukt eine höhere Schuldenquote auf als Deutschland mit knapp 62 Prozent.[97] Die Folge: Frankreich muss aufgrund seiner schlechteren Verschuldungssituation und geringeren Kreditwürdigkeit höhere Zinsen als Deutschland zahlen. Das Beispiel zeigt, wie Kreditmärkte funktionieren: Schuldner mit höheren Ausfallrisiken müssen am Rentenmarkt Anlegern eine Risikoprämie anbieten, um sie zum Kauf ihrer Anleihen zu bewegen. Die Renditedifferenz von Anleihen gleicher Laufzeit von Schuldnern mit unterschiedlicher Bonität wird **„Renditeaufschlag"** oder **„Credit Spread"** genannt. Ende 2024 war die Rendite von Frankreichs 10-jährigen Anleihen beispielsweise um 0,84 Prozent höher als die Rendite von deutschen Staatsanleihen mit gleicher Laufzeit. Sinkt die Bonität beziehungsweise die Kreditwürdigkeit eines Schuldners, dann meiden Investoren dessen Schuldtitel und der Kurs der Anleihen fällt, bis die gestiegene Rendite aus Sicht der Anleger wieder attraktiv ist.

Die unterschiedlichen Segmente des Rentenmarkts im Überblick

In Abbildung 13 gebe ich dir einen Überblick über die wichtigsten Segmente des Rentenmarkts in den USA, Europa und weltweit. In der Tabelle werden neben Staatsanleihen mit unterschiedlichen Laufzeiten auch Unternehmensanleihen ausgewiesen, die man – wie gerade aufgeführt – anhand ihres Ratings in Investment-Grade- und High-Yield-Anleihen unterteilt. High-Yield-Anleihen weisen aufgrund der geringeren Bonität der Emittenten oftmals hohe Renditeaufschläge auf. Die Renditen von inflationsgeschützten Anleihen sind typischerweise niedrig, da die Anleihen gegen den Kaufkraftverlust infolge von Inflation abgesichert sind. In der Tabelle gebe ich dir auch die Renditen von deutschen Staatsanleihen wieder, die du verwenden kannst, um den risikolosen Zinssatz aus Sicht eines deutschen Anlegers zu schätzen.

Die Renditen und das Zinsänderungsrisiko von Anleihen unterschiedlicher Segmente des Anleihemarkts werden in der nachfolgenden Tabelle anhand der **Rückzahlungsrendite** („**Yield-to-Maturity**") und der **Duration** von Fixed-Income-ETFs des Anbieters iShares quantifiziert.[98] In den folgenden Kapiteln werde ich dir aufzeigen, wie du diese Kennzahlen bestimmen und verwenden kannst, um als Anleiheinvestor gute Entscheidungen zu treffen.

Zu den zentralen Risiken von Anleihen zählen **Zinsänderungsrisiken**, **Kreditrisiken** und **Währungsrisiken**. Mit diesen Risiken werden wir uns in den folgenden Kapiteln beschäftigen. In Abbildung 13 siehst du bereits, dass die Höhe der Rückzahlungsrendite („Yield-to-Maturity") je nach der Laufzeit der Anleihen, der Art des Emittenten (Staat/Unternehmen), der Bonität des Emittenten (Investment Grade/High Yield) und der Währung unterschiedlich ausfällt. Dies wird dich nicht verwundern, da die Höhe der Rendite eines jeden Investments von den Risiken abhängt, die Anleger eingehen, wenn sie eine bestimmte Anlage kaufen.

Fokus	Name	Ticker	Basiswährung der Anteilsklasse	Effektive Duration (Jahre)	Yield-to-Maturity (%)
		Anleihen USA/USD			
Staatsanleihen (2 Jahre)	iShares $ Treasury Bond 1-3yr UCITS ETF	IBTS	USD	1,87	4,26
Staatsanleihen (10 Jahre)	iShares $ Treasury Bond 7-10yr UCITS ETF	IBTM	USD	7,11	4,55
Staatsanleihen	iShares $ Treasury Bond 20+yr UCITS ETF	DTLA	USD	16,04	4,88
Unternehmensanleihen (Investment Grade)	iShares $ Corp Bond UCITS ETF	LQDE	USD	8,15	5,44
Hochzinsanleihen (High Yield)	iShares $ High Yield Corp Bond UCITS ETF	SHYU	USD	3,12	7,12
Inflationsgeschützte Anleihen	iShares $ TIPS UCITS ETF	ITPS	USD	6,58	2,07
Gemischte Anleihen (Investment Grade)	iShares US Aggregate Bond UCITS ETF	IUAA	USD	5,91	5,20
		Anleihen Europa/EUR			
Staatsanleihen (2 Jahre)	iShares € Govt Bond 1-3yr UCITS ETF	IBGS	EUR	1,77	2,30
Staatsanleihen (10 Jahre)	iShares € Govt Bond 7-10yr UCITS ETF	IBGM	EUR	7,57	2,83
Staatsanleihen	iShares Core € Govt Bond UCITS ETF	IEGA	EUR	7,22	2,72
Unternehmensanleihen (Investment Grade)	iShares Core € Corp Bond UCITS ETF	IEAC	EUR	4,37	3,17
Hochzinsanleihen (High Yield)	iShares € High Yield Corp Bond UCITS ETF	HIGH	EUR	2,16	5,61
Inflationsgeschützte Anleihen	iShares € Inflation Linked Govt Bond UCITS ETF	IBCI	EUR	7,53	0,99
Gemischte Anleihen (Investment Grade)	iShares € Aggregate Bond ESG UCITS ETF	IEAG	EUR	6,43	2,82

Fokus	Name	Ticker	Basiswährung der Anteilsklasse	Effektive Duration (Jahre)	Yield-to-Maturity (%)
		Anleihen Global			
Staatsanleihen	iShares Global Govt Bond UCITS ETF	IGLO	USD	6,99	3,63
Unternehmensanleihen (Investment Grade, Schwellen- und Industrieländer)	iShares Global Corp Bond UCITS ETF	CORP	USD	5,85	4,77
Unternehmensanleihen (High Yield, Industrieländer)	iShares Global High Yield Corp Bond UCITS ETF	HYLD	USD	2,88	6,15
Gemischte Anleihen (Investment Grade)	iShares Core Global Aggregate Bond UCITS ETF	AGGG	USD	6,43	2,75
		Staatsanleihen Deutschland			
Staatsanleihen (2 Jahre)	iShares eb.rexx® Government Germany 1.5-2.5yr UCITS ETF (DE)	EXHB	EUR	1,88	2,02
Staatsanleihen	iShares Germany Govt Bond UCITS ETF	SDEU	EUR	7,33	2,21
Kurzfristige Staatsanleihen	iShares eb.rexx® Government Germany 0-1yr UCITS ETF (DE)	EXVM	EUR	0,51	2,30

Abbildung 13: Überblick über wichtige Segmente des Rentenmarkts. Die Duration und die Rückzahlungsrenditen („Yield-to-Maturity") wurden aus den Factsheets der einzelnen iShares-ETFs Ende Dezember 2024 entnommen. Aktuelle Daten findest du auf der Webseite zu diesem Buch www.jvinvest.ai.

Ein zentrales Risiko von Anleihen ist das **Zinsänderungsrisiko.** Dieses Risiko verstehst du am besten, wenn du dich fragst, wie Anleihen bewertet werden und welchen Einfluss Zinsänderungen auf den Wert einer Anleihe haben. Und genau damit setzen wir uns im Folgenden auseinander: der Bewertung und dem Zinsänderungsrisiko von Anleihen.

KAPITEL 11

Bewertung von Anleihen

Bei der Bewertung von Aktien habe ich dir gezeigt, dass man den Inhalt von oftmals unüberwindlich dick erscheinenden Büchern zur Bewertungslehre in einem einzigen Satz zusammenfassen kann: **Der fundamentale oder faire Wert eines jeden Investments entspricht der Summe der Barwerte aller Cashflows, die mit dem Investment in der Zukunft erwirtschaftet werden.**[99] **Dieser Satz gilt für alle Wertpapiere und damit natürlich auch für Anleihen.** Der Wert einer Anleihe entspricht dem Barwert der zukünftigen Cashflows, die Anleger mit der Anleihe in der Zukunft erzielen. Den Barwert einer Anleihe kannst du genauso wie den Barwert einer Aktie berechnen, indem du die zukünftigen Cashflows der Anleihe mit einem geeigneten Zinssatz abzinst.

Genug der Vorrede, lass uns einfach einmal eine Anleihe anhand eines Beispiels konkret bewerten. Nimm an, dass du eine Anleihe mit einer Laufzeit von vier Jahren gekauft hast, die dir drei Prozent Zinsen pro Jahr und eine Rückzahlung in Höhe von 1.000 Euro am Ende der vier Jahre garantiert. Der Betrag, den der Schuldner der Anleihe am Ende der Laufzeit zurückzahlen muss, wird als „**Nennwert**" einer

Anleihe bezeichnet. Lass uns zudem annehmen, dass der Marktzins, mit dem wir die Cashflows abzinsen, derzeit ebenfalls bei drei Prozent liegt. Die Anleihe garantiert uns einen Strom an Zahlungen, auf die wir uns freuen können: Am Ende der ersten drei Jahre erhalten wir jeweils 30 Euro Zinsen, im vierten Jahr 30 Euro Zinsen und unser Kapital in Höhe von 1.000 Euro zurück.

Die Barwerte einer Anleihe kannst du bestimmen, indem du die Cashflows der Anleihe abzinst. Die Barwerte betragen in unserem Beispiel 29,13 Euro im ersten Jahr, 28,28 Euro im zweiten Jahr, 27,45 Euro im dritten Jahr und 915,14 Euro im vierten Jahr. Summierst du die vier Barwerte, dann ergibt dies genau 1.000 Euro.

Merke: Der Wert einer Anleihe entspricht dem Barwert der Kuponzahlungen in den einzelnen Jahren und dem Barwert des Rückzahlungswerts der Anleihe zum Laufzeitende:

$30 \text{ EUR} \times 1{,}03^{-1} = 29{,}13 \text{ EUR}$
$30 \text{ EUR} \times 1{,}03^{-2} = 28{,}28 \text{ EUR}$
$30 \text{ EUR} \times 1{,}03^{-3} = 27{,}45 \text{ EUR}$
$1.030 \text{ EUR} \times 1{,}03^{-4} = 915{,}14 \text{ EUR}$

29,13 EUR + 28,28 EUR + 27,45 EUR + 915,14 EUR = 1.000 EUR

Wert der Anleihe: 100

Sind der Barwert und der Nennwert einer Anleihe gleich, dann sagt man, dass die Anleihe zu pari handelt. Der Barwert und der Nennwert einer Anleihe sind gleich, wenn Kuponzins und Marktzins übereinstimmen. Der Preis einer Anleihe wird in der Regel als Prozentsatz ihres Nennwerts angegeben. Der Wert der Anleihe beträgt in unserem Beispiel 100 Prozent des Nennwerts der Anleihe. Die Anleihe hat denselben Wert wie ihr Nennwert.

Fairer Wert und Marktwert von Anleihen

Die Grundregel bei der Bewertung einer Anleihe lautet: Der „faire" Wert einer Anleihe entspricht dem Barwert der Cashflows, die ein Anleger mit der Anleihe in der Zukunft erwirtschaftet. Wie aber kommt der Kurs einer Anleihe zustande? Der Kurs einer Anleihe bildet sich an der Börse nach Angebot und Nachfrage der Investoren.

Handelt eine Anleihe zu einem Kurs deutlich **unter ihrem fairen Wert**, dann kaufen Anleger die „unterbewertete" Anleihe. Infolge des niedrigen Kurses liegt ihre Rendite **über dem Marktzins**. Die Nachfrage treibt den Kurs nach oben, bis der Kurs der Anleihe wieder ihrem fairen Wert entspricht.

Umgekehrt gilt: Handelt eine Anleihe zu einem Kurs deutlich **über ihrem fairen Wert**, dann verkaufen Investoren die „überbewertete" Anleihe. Da ihre Rendite **unter dem Marktzins** liegt, suchen Anleger attraktivere Alternativen, da sie sich mit einer niedrigeren Rendite als dem Marktzins nicht zufriedengeben. Die Verkäufe lassen den Kurs fallen, bis der Kurs und der faire Wert der Anleihe wieder gleich sind.

Der Marktmechanismus führt dazu, dass sich der am Markt gehandelte Kurs von Anleihen ihrem fairen Wert annähert.

Der Zusammenhang zwischen dem Marktzins und dem Wert einer Anleihe

Im Beispiel oben stimmen der Nennwert und der Barwert der Anleihe überein, da der Kuponzins und der Marktzins gleich sind. Was aber passiert, wenn sich der Marktzins, mit dem Anleger die zukünftigen Cashflows abzinsen, ändert? Die **Zinszahlungen** einer Anleihe mit fixem Kupon von drei Prozent bleiben während der gesamten Laufzeit unverändert – sie sind im Emissionsprospekt festgeschrieben. Der **Wert** und damit auch der **Kurs** der Anleihe schwanken jedoch, sobald sich der Marktzins ändert, da die zukünftigen Cashflows mit einem anderen Zinssatz abgezinst werden.

Steigt der Marktzins – wie in Szenario 2 in Abbildung 14 – von drei auf vier Prozent, dann sinkt der Wert der Anleihe. Das überrascht nicht: Du könntest dein Kapital nun auch zum höheren Marktzins von vier Prozent anlegen. In unserem Beispiel fällt der Kurs von 100 auf **96,37**, weil die zukünftigen Cashflows mit einem höheren Zinssatz abgezinst werden. Der Barwert der Anleihe beträgt 963,7 Euro und liegt unter ihrem Nennwert von 1.000 Euro. Man sagt: Die Anleihe handelt unter pari.

Fällt der Marktzins – wie in Szenario 3 in Abbildung 14 – von drei auf zwei Prozent, dann profitierst du als Anleihehalter. Denn der feste Kupon von drei Prozent liegt nun über dem Marktzins. Einen Verkauf würdest du deshalb nur zu einem höheren Kurs akzeptieren. In unserem Beispiel steigt der Kurs von 100 auf **103,81**, weil die Cashflows mit einem niedrigeren Zinssatz abgezinst werden. Der Barwert beträgt 1.038,1 Euro und liegt über dem Nennwert von 1.000 Euro – die Anleihe handelt also über pari.

Szenario 1

3 % Marktzins	Jahre	1	2	3	4		
	Cashflows der Anleihe	30	30	30	1.030	**Szenario 1:**	
	Abzinsungs-faktoren	1,030	1,061	1,093	1,126	Summe der Barwerte	Wert der Anleihe
	Barwerte der Anleihe	29,13	28,28	27,45	915,14	1.000,00	100,00

Szenario 2

4 % Marktzins	Jahre	1	2	3	4		
	Cashflows der Anleihe	30	30	30	1.030	**Szenario 2:**	
	Abzinsungs-faktoren	1,040	1,082	1,125	1,170	Summe der Barwerte	Wert der Anleihe
	Barwerte der Anleihe	28,85	27,74	26,67	880,45	963,70	96,37

Szenario 3

2 % Marktzins	Jahre	1	2	3	4		
	Cashflows der Anleihe	30	30	30	1.030	**Szenario 3:**	
	Abzinsungs-faktoren	1,020	1,040	1,061	1,082	Summe der Barwerte	Wert der Anleihe
	Barwerte der Anleihe	29,41	28,84	28,27	951,56	1.038,10	103,81

Abbildung 14: Bewertung einer Anleihe mit einer Laufzeit von vier Jahren und einem Nennwert von 1.000 Euro, die über die Laufzeit drei Prozent Zinsen pro Jahr ausschüttet. Im ersten Szenario wird ein Marktzins von drei Prozent angenommen, in den Szenarien 2 und 3 verändert sich der Marktzins jeweils um ein Prozent auf vier Prozent beziehungsweise zwei Prozent.

Das Beispiel zeigt dir die zentrale Regel des Rentenmarkts:

- **Steigen die Renditen, dann sinken der Wert und der Kurs von Anleihen.**
- **Fallen die Renditen, dann steigen der Wert und der Kurs von Anleihen.**

Der Begriff „Rendite" („Yield") bezeichnet den Zinssatz, mit dem die zukünftigen Cashflows einer Anleihe abgezinst werden. Die **Effektivverzinsung** beziehungsweise Rückzahlungsrendite („Yield-to-Maturity") ist die durchschnittliche annualisierte Rendite, die ein Investor erzielt, wenn er die Anleihe bis zur Endfälligkeit hält und alle Kuponzahlungen zum gleichen Zinssatz wieder anlegt.[100]

Zinsberechnungsmethoden

Das Beispiel oben ist bewusst einfach gehalten. Tatsächlich aber erfolgen die Kuponzahlungen einer Anleihe nicht immer zum Jahresende, sondern oftmals halbjährlich, vierteljährlich oder zu anderen im Emissionsprospekt genannten Zeitpunkten. Anleger halten Anleihen zudem auch nicht immer bis zur Endfälligkeit, sondern verkaufen sie oftmals während der Laufzeit. Wird eine Anleihe vor ihrer Fälligkeit verkauft, dann musst du berücksichtigen, welcher Anteil der Zinszahlungen dem Verkäufer und welcher dem Käufer zusteht, wenn du die Anleihe richtig bewerten willst.

Und es gibt noch ein zweites Problem, das die Berechnung des Wertes einer Anleihe komplexer macht als in unserem obigen Beispiel: Bei der Zinsberechnung werden an unterschiedlichen Marktplätzen verschiedene Verfahren angewendet, um die Anzahl an Tagen in einem Monat und einem Jahr zu bestimmen. Da es keinen einheitlichen Standard bei der Zählung der Tage in einem Monat und einem Jahr bei der Zinsberechnung gibt, haben Organisationen wie die International Capital Market Association (ICMA) verschiedene Zinsberechnungsmethoden, die an unterschiedlichen Marktplätzen Anwendung finden, dokumentiert. Die gängigsten **Zinsberechnungsmethoden** („Day-Count-Methoden") werden als 30/360, Actual/Actual, Actual/360 und Actual/365 bezeichnet. In Deutschland etwa wird bei Bundeswertpapieren mit Laufzeiten zwischen zwölf Monaten und 30 Jahren die Zinsberechnungsmethode „Actual/Actual gemäß ICMA" [101] und bei kürzer laufenden Geldmarktpapieren die Zinsberechnungsmethode „Actual/360 gemäß ICMA" verwendet. [102] Im Emissionsprospekt einer Anleihe findest du Informationen zu der anzuwendenden Zinsberechnungsmethode. Willst du eine Anleihe richtig bewerten, dann nutze bitte die dort angegebene Methode.

Kennst du das Kaufdatum, das Fälligkeitsdatum, den Kuponzins, den Effektivzins, den Rückzahlungswert, die Häufigkeit der Zinszahlungen pro Jahr und die Zinsberechnungsmethode, dann kannst du den Wert einer Anleihe einfach in Excel berechnen, indem du die Funktion = *PRICE ()* verwendest. Den Wert einer 4-jährigen Anleihe mit einem Kuponzins von drei Prozent bei einem Effektivzins von vier Prozent kannst du etwa wie folgt bestimmen: = *PRICE („31.1.2025"; „31.01.2029"; 0,03; 0,04; 100; 1; 1).* Das Ergebnis der Excel-Funktion führt zu exakt dem gleichen Wert der Anleihe in Höhe von 96,37, den wir bereits in Szenario 2 in Abbildung 14 mit denselben Input-Daten berechnet haben. Die letzten beiden Optionen der Excel-Funktion erlauben es dir, die Rendite von Anleihen auch mit mehr als einer Zinszahlung pro Jahr und einer anderen Zinsberechnungsmethode als „Actual/Actual" zu berechnen.

Nun weißt du, wie du den Wert von Anleihen bestimmen kannst. Zudem hast du den inversen Zusammenhang am Rentenmarkt kennengelernt, nach dem der Wert von Anleihen sinkt, wenn der Marktzins steigt und der Wert von Anleihen steigt, wenn der Marktzins fällt. Zinsänderungen können erhebliche Auswirkungen auf den Wert einer Anleihe haben. Mit dem Zinsänderungsrisiko von Anleihen werden wir uns im nächsten Kapitel beschäftigen.

KAPITEL 12

Zinsänderungsrisiken von Anleihen

In den vorangegangenen Kapiteln habe ich dir geraten, primär in Aktien zu investieren, wenn du langfristig ein kleines Vermögen aufbauen möchtest. Auf diese Weise kannst du von der hohen Aktienrisikoprämie und dem Zinseszinseffekt ordentlich profitieren. Ist dir das Risiko eines rein aus Aktien bestehenden Portfolios zu hoch, dann kannst du ihm vermeintlich risikolose Anleihen – kurzfristige Staatsanleihen – beimischen.

Vielleicht möchtest du aber meinem Rat gar nicht folgen und einen Teil deines Portfolios nicht in vermeintlich sichere kurzlaufende Staatsanleihen, sondern in Staatsanleihen oder Unternehmensanleihen mit einer längeren Laufzeit investieren. Das kann eine gute Idee sein, da die Zinsen von länger laufenden Anleihen bei einer ansteigenden oder „normalen" Zinsstrukturkurve – wie du oben gesehen hast – höher sind als die Zinsen kurzlaufender Anleihen. Zudem kannst du dir durch ein Investment in länger laufende Anleihen auch ein bestimmtes Zinsniveau über eine längere Periode sichern. Investierst du aber in Anleihen mit einer sehr langen Laufzeit, dann solltest du dir bewusst sein, dass du damit ein höheres Zinsänderungsrisiko als mit kurzlaufenden

Anleihen eingehst. Wie du das Zinsänderungsrisiko messen kannst, möchte ich dir in diesem Kapitel erklären.

Laufzeiten

Du weißt bereits, dass der Wert einer Anleihe fällt, wenn die Zinsen steigen. Ist die **Laufzeit** einer Anleihe lang, dann ist die Anleihe über viele Jahre dem Zinsänderungsrisiko ausgesetzt. Vielleicht denkst du, dass die Laufzeit einer Anleihe allein ein guter und hinreichender Maßstab ist, um das Zinsrisiko einer Anleihe zu bestimmen. Bei dieser Annahme vergisst du jedoch, dass die Laufzeit einer Anleihe nicht allein bestimmt, wie lange die Cashflows der Anleihe dem Zinsänderungsrisiko ausgesetzt sind. Bei einer Nullkuponanleihe, die während der Laufzeit keine Zinsen zahlt, musst du bis zum Ende der Laufzeit der Anleihe warten, bis dir Cashflows zufließen, wenn du die Anleihe nicht vorher verkaufst. Bei Anleihen, die hingegen Zinszahlungen leisten, fließen dir Cashflows schon während der Laufzeit zu. Die Laufzeit einer Anleihe drückt aus, wie lange du auf die Rückzahlung des Nennbetrags einer Anleihe warten musst. Sie berücksichtigt aber nicht die Höhe der Cashflows, die während der Laufzeit der Anleihe erfolgen. Du siehst: Die Laufzeit einer Anleihe allein ist keine hinreichende Größe, um das Zinsänderungsrisiko einer Anleihe zu bemessen.

Duration

Frederick Macaulay hat uns mit dem Konzept der Macaulay-Duration ein in der Praxis weitverbreitetes Verfahren vorgeschlagen, um das Zinsänderungsrisiko einer Anleihe zu bestimmen. Die **Duration** ist ein Maß für das Zinsänderungsrisiko einer Anleihe. Sie zeigt, wie stark sich der Wert einer Anleihe verändert, wenn die Zinsen steigen oder fallen. Sie entspricht der durchschnittlichen barwertgewichteten Laufzeit aller Zahlungen einer Anleihe.

Die Idee von Frederick Macaulay war, die Barwerte der Cashflows einer Anleihe einfach mit den Jahren zu gewichten, in denen sie dem Investor zufließen. Schauen wir uns wieder die gleiche 4-jährige Anleihe an, die wir bereits oben aufgeführt haben, mit einem Kuponzins von drei Prozent bei einem Marktzins von ebenfalls drei Prozent. In Abbildung 15 siehst du, dass du die **Macaulay-Duration** einfach bestimmen kannst, indem du zunächst die Barwerte der Cashflows berechnest und sie dann mit den einzelnen Jahren gewichtest. Die Macaulay-Duration entspricht der Summe der mit den Jahren gewichteten Barwerte der Cashflows (3.829) geteilt durch die Summe der ungewichteten Barwerte der Cashflows (1.000). Das ergibt in unserem Beispiel 3,83 Jahre (= 3.829/1.000).

Jahre	Cashflows	Barwert der Cashflows	Barwert der mit den Jahren gewichteten Cashflows
1	30	29,1	1 x 29,1 = 29,1
2	30	28,3	2 x 28,3 = 56,6
3	30	27,5	3 x 27,5 = 82,4
4	1.030	915,1	4 x 915,1 = 3.660,6
	Summe:	1.000	3.829
		Macaulay-Duration:	3,83
		Modifizierte Duration:	3,72

Abbildung 15: Berechnung der Macaulay-Duration und der modifizierten Duration

Die **modifizierte Duration** bestimmst du, indem du die Macaulay-Duration nochmals mit 1 plus dem Marktzins abzinst. Die modifizierte Duration beträgt – wie du in Abbildung 15 siehst – 3,72 Jahre. Möchtest du Zeit sparen, dann kannst du die modifizierte Duration in

Excel einfach bestimmen: = *MDURATION („31.1.2025“; „31.1.2029“; 0,03; 0,03; 1; 1).* Das Ergebnis der Excel-Funktion führt ebenfalls zu einer modifizierten Duration in Höhe von 3,72 Jahren.

In Abbildung 14 hast du gesehen: Steigt der Marktzins von drei Prozent auf vier Prozent, dann sinkt der Wert der Anleihe von 100 auf 96,37. Fällt der Marktzins dagegen von drei Prozent auf zwei Prozent, dann steigt der Wert der Anleihe von 100 auf 103,81. Das Beispiel zeigt **die inverse Beziehung zwischen Anleihekurs und Rendite: Fallen die Renditen, dann steigt der Anleihewert; steigen die Renditen, dann sinkt er.** Mithilfe der Duration lässt sich die erwartete Kursänderung einer Anleihe bei Zinsänderungen gut approximieren – indem man den negativen Wert der Duration mit der Veränderung der Rendite multipliziert.

Merke: Bei einer Duration von 3,72 solltest du bei einem Zinsanstieg um 1 Prozentpunkt einen Kursverlust erwarten in Höhe von:

–3,72 x 0,01 = **–3,72 %**

und bei einem Zinsrückgang um 1 Prozentpunkt einen Kursgewinn erwarten in Höhe von:

–3,72 x – 0,01 = **+3,72 %**

Die Duration ist die wichtigste Kennzahl für Investoren, die ihr Kapital in Anleihen investieren wollen. Sie zeigt dir, wie stark sich der Wert einer Anleihe verändert, wenn der Marktzins steigt oder fällt. In nahezu jeder verlässlichen Quelle zu Anleihen findest du Angaben zur Duration. Diese Kennzahl wird dir immer wieder begegnen, wenn du dich mit Anleihen beschäftigst. Du weißt nun, wie du das Zinsänderungsrisiko einer Anleihe anhand der Duration abschätzen kannst.

In Abbildung 14 hast du gesehen, dass der Wert der Anleihe nicht um 3,72 Prozent, sondern um 3,81 Prozent steigt, wenn die Rendite um einen Prozentpunkt von drei auf zwei Prozent fällt. Umgekehrt sinkt der Anleihewert nicht um 3,72 Prozent, sondern nur um 3,63 Prozent, wenn der Zinssatz von drei auf vier Prozent steigt. Die Schätzung der Wertveränderung anhand der Duration ist also mit einem kleinen Fehler behaftet – in unserem Beispiel beträgt er 0,09 Prozentpunkte. Der Grund dafür: Der Zusammenhang zwischen Rendite und Anleihewert ist nicht linear, sondern gekrümmt (konvex). Willst du das Zinsänderungsrisiko bei größeren Zinsänderungen genauer abschätzen, dann solltest du zusätzlich eine Konvexitätsanpassung berücksichtigen. Wie die Konvexitätsanpassung von 0,09 Prozent berechnet wird, zeige ich dir im Anhang.

Merke: Berücksichtigst du sowohl die Duration als auch die Konvexitätsanpassung, dann ergibt sich bei einem Zinsanstieg um 1 Prozentpunkt in unserem Beispiel ein erwarteter Kursverlust von:

−3,72 % + 0,09 % = −3,63 %

und bei einem Zinsrückgang um 1 Prozentpunkt ein erwarteter Kursgewinn von:

+3,72 % + 0,09 % = +3,81 %

Aber keine Sorge: In der Praxis genügt es meist, mit der Duration zu arbeiten – die Konvexitätsanpassung ist bei kleinen Zinsänderungen in der Regel vernachlässigbar. Die Konvexität habe ich nur erwähnt, damit du nicht denkst, ich hätte die Duration falsch oder ungenau berechnet.

Duration in Zeiten von Niedrigzinsen

Unser Beispiel zeigt dir, dass bei einer niedrigen Verzinsung von drei Prozent und einer moderaten Laufzeit von vier Jahren bereits ein Zinsanstieg von einem Prozentpunkt die Verzinsung der Anleihe eines Jahres aufzehren kann. Und es kommt noch schlimmer: Eine richtig gemeine Eigenschaft der Duration ist, dass sie ansteigt, wenn die Zinsen fallen. Aus diesem Grund ist das Zinsänderungsrisiko einer Anleihe in einem Umfeld niedriger Zinsen besonders hoch. Wer versteht, dass die Duration und damit das Zinsänderungsrisiko mit fallenden Zinsen steigt, ist weniger erstaunt über die gewaltigen Verluste, die Anleger im Jahr 2022 hinnehmen mussten.

In Deutschland und in vielen anderen Ländern waren die Renditen 10-jähriger Staatsanleihen in den Jahren 2019, 2020 und 2021 im Jahresdurchschnitt negativ oder im historischen Kontext sehr niedrig. Als dann im Jahr 2022 die Zinsen infolge der Inflation anstiegen, mussten Anleger mit Anleihen laut Dimson/Marsh/Staunton weltweit einen Verlust von 27 Prozent nach Inflation verkraften.[103] Mit anderen Worten: Als die Zinsen von den historisch niedrigen Niveaus anstiegen, erlitten Anleger mit Anleihen, die eigentlich ein Portfolio stabilisieren sollen, Verluste in einer Höhe, die selbst Investoren in riskanten Technologie-Aktien blass werden lassen.

Ein zentraler Rat, den ich dir zu Anleihen gern geben möchte: Achte auf das Zinsänderungsrisiko von Anleihen gerade in einem Umfeld niedriger Zinsen, da dann die Duration und das Zinsänderungsrisiko besonders hoch sind.

KAPITEL 13

Anleihen: Was zählt, ist die Gesamtrendite über die Haltedauer

Anleger wollen hohe risikoadjustierte Renditen erwirtschaften. Die Yield-to-Maturity ist die annualisierte Rendite, die ein Investor erzielt, wenn er eine Anleihe bis zur Fälligkeit hält und alle Kuponzahlungen mit derselben Rendite wieder anlegt.[104] Schaust du dir zwei unterschiedliche Anleihen an, die dir bei gleichem Risiko unterschiedliche Renditen versprechen, dann wählst du natürlich die Anleihe mit der höheren Rendite. Denn du möchtest ja möglichst hohe risikoadjustierte Renditen erzielen.

Berechnung der Yield-to-Maturity

Die Yield-to-Maturity wird auch als Effektivzins, Rückzahlungsrendite oder „interner Zinsfuß", bezeichnet, da sie dem Zinssatz entspricht, bei dem der Barwert aller zukünftigen Cashflows einer Anleihe genau dem aktuellen Kurs der Anleihe entspricht. Der Effektivzins ist also der Zinssatz, mit dem du die zukünftigen Cashflows abzinsen musst, damit der faire Wert der Anleihe dem aktuellen Marktwert entspricht. Du kannst die Yield-to-Maturity einer Anleihe bestimmen, indem du nach dem Prinzip „Versuch und Irrtum" versuchst, den Zinssatz zu finden, bei dem die Summe der Barwerte der zukünftigen Cashflows einer Anleihe und der aktuelle Kurs der Anleihe identisch sind.

Diese Vorgehensweise ist mühsam. Leichter ist es, wenn du Excel oder ein anderes Softwareprogramm verwendest, um den Effektivzins einer Anleihe zu bestimmen. Oben habe ich dir gezeigt, wie du den Wert einer Anleihe mit vier Jahren Laufzeit bestimmen kannst, deren Kuponzins drei Prozent und deren Rendite vier Prozent beträgt. Den Wert der Anleihe in Höhe von 96,37 haben wir anhand der folgenden Excel-Funktion bestimmt: = *PRICE („31.1.2025"; „31.01.2029"; 0,03; 0,04; 100; 1; 1).* Handelt die Anleihe tatsächlich bei 96,37 und du kennst den Kurs, aber nicht die Rendite – oder auf Englisch die „Yield" – der Anleihe, dann kannst du sie in Excel ermitteln, indem du die Funktion *Yield()* verwendest und die vorgegebene Rendite durch den aktuellen Kurs der Anleihe ersetzt: = *YIELD („31.1.2025"; „31.01.2029"; 0,03; 96,37; 100; 1; 1).* Dies ergibt – wenig überraschend – natürlich genau vier Prozent. Die letzten beiden Optionen der Excel-Funktion erlauben es dir, auch die Rendite von Anleihen mit mehr als einer Zinszahlung pro Jahr und einer anderen Zinsberechnungsmethode als „Actual/Actual" zu berechnen.

Warum du die Yield-to-Maturity mit Vorsicht verwenden solltest

Bei der Berechnung der Yield-to-Maturity treffen wir die verwegene Annahme, dass ein Investor die Anleihe tatsächlich bis zur Endfälligkeit hält. Dies ist aber selten der Fall, da Investoren Anleihen meist über kürzere Perioden halten und sich weniger für die Rendite interessieren, die sie bis zur Endfälligkeit erzielen, als für die Renditen, die sie über individuell unterschiedliche Halteperioden erwirtschaften. Bei der Berechnung des Effektivzinses wird angenommen, dass die ausgeschütteten Zinskupons stets zum gleichen Zinssatz reinvestiert werden können. In einem Umfeld fallender Zinsen können Investoren die

Zinskupons jedoch nur zu einem niedrigeren Marktzins wieder anlegen. Bei der Berechnung der Yield-to-Maturity wird die Rendite daher zu hoch ausgewiesen, wenn der Marktzins fällt.

Zudem berücksichtigt die Yield-to-Maturity nicht, dass den Emittenten einer Anleihe oftmals eine Rückrufoption im Prospekt verbrieft wird. Fallen die Marktzinsen, dann kann der Emittent einer Anleihe mit Rückrufrecht die Anleihe zurückrufen und eine neue Anleihe zu einem niedrigeren Zins begeben. Das Rückrufrecht führt zu einer höheren Flexibilität beim Emittenten der Anleihe. Aus Sicht des Investors ist eine Rückrufoption aber nachteilig, da ihm höhere Zinsen entgehen, wenn ein Emittent eine Anlage bei einem niedrigeren Zinsniveau zurückruft. Der Investor ist damit einem Wiederanlagerisiko ausgesetzt. Denn bei fallenden Zinsen kann er den zurückgezahlten Betrag nur noch zu einem niedrigeren Zinssatz anlegen. Anhand von stochastischen Modellen können im Emissionsprospekt eingeräumte Optionen bei der Berechnung der Renditen von Anleihen berücksichtigt werden.[105] Du siehst: Die Yield-to-Maturity einer Anleihe ist eine wichtige Kennzahl, aber es gibt gute Gründe, sie mit Vorsicht zu verwenden.

Welche Faktoren die Gesamtrendite einer Anleihe beeinflussen

Gut ausgebildete professionelle Fixed-Income-Investoren bringen der Berechnung des Effektivzinses ein gesundes Misstrauen entgegen, berechnen die Renditen von Anleihen über unterschiedliche individuelle Halteperioden und berücksichtigen bei ihren Anlageentscheidungen verschiedene Marktszenarien. Um herauszufinden, welche Gesamtrendite du über eine bestimmte Halteperiode erzielst, musst du zwei Komponenten berücksichtigen:

- den Kuponzins, den du während deiner Halteperiode erhältst – bei längeren Anlagezeiträumen inklusive des Zinseszinseffekts – und

- die **Wertveränderungsrendite**, die entsteht, wenn sich während deiner Halteperiode das Zinsniveau ändert und damit der Kurs deiner Anleihe steigt oder fällt.

Als Anleiheinvestor solltest du dir primär drei Fragen stellen, wenn du die Gesamtrendite einer Anleihe über eine bestimmte Halteperiode analysierst. Erstens: Welchen Einfluss haben **Veränderungen des Marktzinses** auf die Gesamtrendite? Zweitens: Welchen Einfluss haben **Veränderungen des Renditeaufschlags** bei Bonitätsveränderungen auf die Gesamtrendite? Und drittens: Wie wirken sich **Wechselkursveränderungen** auf die Gesamtrendite von Fremdwährungsanleihen aus?

Schauen wir uns dies im Einzelnen an.

1. Zinsänderungsrisiken: Veränderungen des Marktzinses

Hast du es eilig, dann sprich bitte niemals einen professionellen Fixed Income Manager darauf an, wie sich die Marktzinsen in der Zukunft verändern könnten. Machst du es dennoch, dann solltest du damit rechnen, dass dir der Manager in einem langen Monolog erläutert, wie und warum die Zentralbanken die Leitzinsen verändern werden und wie sich die Zinsstrukturkurve in der Zukunft vermutlich verschieben wird. Anleiheinvestoren beschäftigen sich typischerweise obsessiv mit möglichen Leitzinsänderungen durch die Zentralbanken und der Veränderung der Marktzinsen über kurze wie lange Perioden. Und meist lieben sie es, darüber scheinbar endlos lange zu referieren.

Zentralbanken: Restriktive und expansive Geldpolitik

Als Investor solltest du zumindest in Grundzügen verstehen, wie und warum eine Zentralbank, auch Notenbank genannt, die Zinsen beeinflusst. Die Tätigkeit einer Zentralbank ist grundsätzlich ganz einfach.

Sie soll dafür sorgen, dass die **Preisstabilität** gewahrt wird. Während es unterschiedliche Meinungen gibt, ob und inwieweit eine Zentralbank auch zu einer hohen Beschäftigung, einem stabilen Wachstum und anderen Zielen beitragen soll, ist es recht unstrittig, dass die Wahrung der Preisstabilität ein wichtiges oder primäres Ziel einer jeden Zentralbank ist. Die Europäische Zentralbank und die US-Zentralbank Federal Reserve gehen davon aus, dass Preisstabilität herrscht, wenn die Preise mit ungefähr zwei Prozent pro Jahr ansteigen. Liegt die Inflation deutlich über zwei Prozent, dann erhöhen die Zentralbanken ihre Leitzinsen, zu denen sich die Banken von ihr Geld leihen oder bei ihr anlegen können. Grundsätzlich wird zwischen einer restriktiven und einer expansiven Geldpolitik der Notenbanken unterschieden.

Eine **restriktive Geldpolitik** zielt darauf ab, die Inflation zu senken. Du kannst dir die Wirkungsweise einer restriktiven Geldpolitik wie folgt vorstellen: Erhöht die Zentralbank die Leitzinsen, dann steigen die Finanzierungskosten der Geschäftsbanken, der Unternehmen und der Konsumenten. Bei steigenden Finanzierungskosten fragen Unternehmen und private Haushalte weniger Güter und Dienstleistungen nach. Die Volkswirtschaft kühlt sich ab, und die Preise fallen. Zinserhöhungen der Notenbank zielen also darauf ab, eine als zu hoch erachtete Inflation zu bekämpfen.

Das Gegenteil bezeichnet man als **expansive Geldpolitik**: Senkt die Zentralbank die Leitzinsen, dann wird es für Banken günstiger, sich Geld bei der Notenbank zu leihen. Vergeben Banken mehr Kredite zu niedrigen Zinsen, dann investieren Unternehmen mehr, die Konsumenten fragen vermehrt Güter nach und das Wirtschaftswachstum steigt. Zinssenkungen bewirken also, dass die Wirtschaftstätigkeit angekurbelt wird. Von einem neutralen Zinssatz spricht man, wenn der Geldmarktzins gerade so hoch ist, dass das Produktionspotenzial einer Volkswirtschaft voll ausgelastet wird und Preisstabilität herrscht.

Wie Zentralbanken handeln, kannst du dir leicht anhand eines Vergleichs vorstellen: Fährst du mit einem Auto oder Fahrrad, dann drückst du auf die Bremse, wenn die Geschwindigkeit zu hoch ist. Nicht anders agiert eine Zentralbank: Ist die Inflation zu hoch, dann drückt sie auf die Zinsbremse und erhöht die Leitzinsen. Fällt die Inflation dann wieder, dann wird sie ihren Fuß früher oder später wieder von der Zinsbremse nehmen und ihre restriktive Geldpolitik schrittweise lockern.

Das Beispiel der Jahre 2022 bis 2024 zeigt dir, wie Geldpolitik in der Praxis funktioniert: Als die bereits hohe Inflation mit dem Ausbruch des Ukraine-Kriegs im Jahr 2022 sprunghaft weiter zunahm, erhöhten die Zentralbanken in den USA und in Europa ihre Leitzinsen in mehreren Schritten, um die Inflation wieder auf ihr Zielniveau von ungefähr zwei Prozent zurückzuführen. Einige Marktbeobachter kritisierten damals, dass die Zentralbanken zu lange mit Zinserhöhungen gewartet hätten. Wichtig ist jedoch, dass sie die Leitzinsen dann doch schrittweise erhöht haben, um die hohe Inflation zu bekämpfen (in der Eurozone erreichte sie im Oktober 2022 mit 10,6 Prozent ihren Höhepunkt). Nachdem die Inflation deutlich gefallen war, senkte die Europäische Zentralbank ihre Leitzinsen im Juni 2024 das erste Mal wieder, und die Federal Reserve folgte ihr im September 2024 ebenfalls mit einer ersten Zinssenkung.

Willst du die Wertveränderung von länger laufenden Anleihen infolge von Zinsänderungen abschätzen, dann musst du dich nicht nur mit der Geldpolitik der Notenbanken beschäftigen, sondern dir auch Gedanken machen, wie sich die Zinsstrukturkurve verändert. Die längerfristigen Zinsen werden neben der Geldpolitik der Zentralbank von zahlreichen weiteren Faktoren beeinflusst: der erwarteten Höhe der zukünftigen Inflation, der Höhe der Laufzeitprämie, die Investoren verlangen, wenn sie ihr Kapital länger binden, dem Angebot und der Nachfrage nach Kapital mit unterschiedlicher Laufzeit und vielen anderen Faktoren mehr.

Die Gesamtrendite: Kuponzins und Wertveränderungsrenditen

Anleiheinvestoren analysieren die Geldpolitik und andere volkswirtschaftliche Einflussfaktoren ausführlich, um vorherzusehen, ob die Marktzinsen steigen oder fallen. Nachdem sie sich ein Bild gemacht haben, wie sich die Marktzinsen vermutlich entwickeln werden, fragen sie üblicherweise, wie hoch die Gesamtrendite einer Anleihe über eine bestimmte Halteperiode ist, wenn der Marktzins steigt oder fällt.

Lass uns anhand eines Beispiels ansehen, wie sich die Gesamtrendite einer Anleihe verändert, wenn der Marktzins steigt oder fällt. Nehmen wir an, du hast eine Anleihe mit einer Restlaufzeit von vier Jahren, die zum Nennwert von 100 handelt, da der Marktzins und der Kuponzins mit drei Prozent gleich hoch sind. Möchtest du die Frage beantworten, wie sich die Gesamtrendite dieser Anleihe über eine bestimmte Halteperiode von einem Jahr verändert, wenn der Marktzins steigt oder fällt, dann musst du – wie oben bereits gezeigt – die Wertveränderungsrendite und den Kuponzins bestimmen, aus denen sich die Gesamtrendite zusammensetzt.

Merke: Als Anleger interessiert dich, welche Gesamtrendite du über einen von dir präferierten Anlagehorizont erzielst. Diese setzt sich aus der Wertveränderungsrendite und dem Kuponzins zusammen.

Gesamtrendite = Wertveränderungsrendite + Kuponzins

Abbildung 16 zeigt dir, mit welchen Gesamtrenditen du bei einer Halteperiode von einem Jahr rechnen kannst, wenn die erwartete

Rendite zum Ende der Halteperiode zwischen 2,00 und 4,00 Prozent liegt. Erwartest du etwa, dass die erwartete Rendite von derzeit 3,00 Prozent um 0,75 Prozentpunkte fällt und in zwölf Monaten bei 2,25 Prozent liegt, dann ist die Anleihe in einem Jahr bei einer Restlaufzeit von dann drei Jahren 102,15 wert. Du erzielst damit eine Wertveränderungsrendite von 2,15 Prozent infolge des Zinsrückgangs. Den Wert von Anleihen und damit deren Wertveränderungsrenditen kannst du wie oben beschrieben mit der *Price ()*-Funktion in Excel bestimmen.[106] Die Gesamtrendite für ein Jahr liegt in unserem Beispiel bei 5,15 Prozent. Sie setzt sich aus der Wertveränderungsrendite von 2,15 Prozent infolge des Zinsrückgangs um 0,75 Prozent sowie dem Kuponzins von 3,00 Prozent zusammen, wie die folgende Tabelle zeigt:

Erwartete Rendite in %	Wertveränderungsrendite in %	Kuponzins in %	Gesamtrendite in %
2,00	2,88	3,00	5,88
2,25	2,15	3,00	5,15
2,50	1,43	3,00	4,43
2,75	0,71	3,00	3,71
3,00	**0,00**	**3,00**	**3,00**
3,25	−0,70	3,00	2,30
3,50	−1,40	3,00	1,60
3,75	−2,09	3,00	0,91
4,00	−2,78	3,00	0,22

Abbildung 16: Berechnung der Gesamtrendite einer Anleihe bei einer Halteperiode von einem Jahr, einem Kuponzins von 3,00 Prozent und einer Laufzeit von vier Jahren. Es werden neun Szenarien betrachtet, bei denen die erwartete Rendite der Anleihe zum Ende des Jahres zwischen 2,00 und 4,00 Prozent liegt.

Anhand des obigen Beispiels kannst du **drei zentrale Schlussfolgerungen** ziehen, die dir helfen, ein guter Fixed-Income-Investor zu werden:

Erstens: Legst du dein Kapital über die gesamte Laufzeit einer Anleihe an, dann kannst du erwarten, dass du jedes Jahr den vereinbarten Zins erhältst, in unserem Beispiel 3,00 Prozent, und am Ende der Laufzeit den Nennwert der Anleihe, sofern der Schuldner nicht ausfällt. Du kannst das Zinsänderungsrisiko über kürzere Perioden vernachlässigen, wenn du Anleihen tatsächlich bis zu ihrer Endfälligkeit hältst. Schlafe ruhig und freue dich über die Zinszahlungen, die regelmäßig auf deinem Depotkonto eingehen.

Zweitens: Die meisten Anleger investieren ihr Kapital nicht über die gesamte Laufzeit einer Anleihe. Möchtest du das Zinsrisiko einer Anleihe über eine bestimmte Halteperiode verstehen, dann solltest du die Gesamtrenditen von Anleihen für unterschiedliche Zinsänderungsszenarien berechnen. In Abbildung 16 zeige ich dir, wie stark die Gesamtrenditen über eine Halteperiode von einem Jahr schwanken, wenn sich der Marktzins und damit die erwartete Rendite der Anleihe verändert. Die obige Tabelle verdeutlicht, dass Zinsänderungen einen erheblichen Einfluss auf die Gesamtrendite über kürzere Haltedauern, in unserem Beispiel ein Jahr, haben können.

Drittens: Glaubst du, dass du zukünftige Zinsänderungen verlässlich prognostizieren kannst, dann kannst du versuchen, das Zinsänderungsrisiko von Anleihen aktiv zu steuern. Erwartest du, dass der Marktzins stark fällt, dann macht es Sinn, in Anleihen mit einer längeren Laufzeit zu investieren. Tritt das von dir erwartete Szenario fallender Zinsen tatsächlich ein, dann winken dir Kursgewinne – wie du in Abbildung 16 siehst. Erwartest du hingegen, dass der Marktzins steigt, dann solltest du in Anleihen mit einer kurzen Laufzeit und einem geringeren Zinsänderungsrisiko investieren.

Aber bitte vergiss nie: Auch am Anleihemarkt gilt, dass du nur dann eine Rendite über den risikolosen Zins hinaus erzielen kannst, wenn du Risiken eingehst. Investierst du in eine Anleihe mit einer langen Laufzeit in der Hoffnung auf hohe Kursgewinne, dann solltest du dich stets fragen, was passiert, wenn das von dir prognostizierte Szenario fallender Zinsen *nicht* eintritt. Denn wenn der Marktzins wider Erwarten deutlich steigt, dann wirst du mit Anleihen mit einer langen Laufzeit hohe Kursverluste erleiden. Genau dies ist vielen Anlegern passiert, als die Zinsen nach dem Ausbruch des durch den Ukraine-Krieg ausgelösten Inflationsschocks sprunghaft anstiegen und die Anleihekurse infolge der Zinserhöhungen im Jahr 2022 stark einbrachen.

Das Zinsänderungsrisiko ist ein zentrales Risiko von Anleihen. Mein Rat: **Analysiere immer die Höhe der Gesamtrenditen anhand von unterschiedlichen Zinsänderungsszenarien, bevor du dein mühsam erspartes Kapital in Anleihen über eine bestimmte von dir gewünschte Halteperiode investierst.** Bevor du in Anleihen investierst, solltest du dich sorgsam mit der zukünftigen Geldpolitik, der erwarteten Inflationsentwicklung, der Höhe der Laufzeitprämie, dem Angebot und der Nachfrage nach Fremdkapital sowie anderen Faktoren auseinandersetzen, die Einfluss auf die Höhe der Zinsen und damit den Wert einer Anleihe haben. Und natürlich solltest du stets erwägen, dass Schuldner ausfallen können. Mit dem Bonitätsrisiko von Anleihen werden wir uns nun auseinandersetzen.

2. Kredit- und Bonitätsrisiken: Veränderungen des Renditeaufschlags von Anleihen

Bisher haben wir stets angenommen, dass Investoren, die ihr Kapital in Anleihen anlegen, die vereinbarten Zinszahlungen während der Laufzeit und den Nennbetrag am Ende der Laufzeit tatsächlich erhalten. Diese Annahme kann zu herben Enttäuschungen und hohen Verlusten führen, wenn sich Unternehmen, Banken oder Staaten Kapital bei Fremdkapitalgebern geliehen haben und ihre finanziellen Verpflichtungen später nicht erfüllen. Von einem **Ausfallrisiko („default** risk") sprechen Anleger dann und meinen damit die Gefahr, dass ein Schuldner seine im Emissionsprospekt verbrieften Zahlungsversprechungen nicht erfüllt.

Das Ausfallrisiko von Staats- und Unternehmensanleihen

Du wirst überrascht sein, wie häufig selbst Staaten als Schuldner ausfallen. Carmen Reinhart und Kenneth Rogoff haben die Ausfallrisiken von Staaten über acht Jahrhunderte untersucht und gezeigt, dass Staatspleiten und Bankenkrisen ein wiederkehrendes Phänomen an den Rentenmärkten sind.[107] Oftmals weisen wir auf unsolide Schuldner in anderen Teilen der Welt hin, aber auch die Deutschen haben mehrere Schuldenkrisen durchlebt. Deutschland etwa konnte nach dem Ersten Weltkrieg infolge einer daniederliegenden Wirtschaft, hoher Reparationszahlungen und einer Phase extremer Inflation seine Schulden nicht mehr bedienen.[108] Und auf europäischer Ebene ist vielen von uns die Staatschuldenkrise in Griechenland Anfang der 2010er-Jahre noch in gutem Gedächtnis.

Aus historischer Sicht war die jüngste Staatsschuldenkrise in Griechenland allerdings – wie Reinhart und Rogoff schreiben – kein singuläres Ereignis: „Von 1800 bis weit nach dem Zweiten Weltkrieg befand sich Griechenland praktisch in ständiger Zahlungsunfähigkeit …"[109] Seit 1800 hat es nach ihrer Analyse weltweit über 250 dokumentierte Staatspleiten gegeben.[110]

Und natürlich fallen auch Unternehmen immer wieder als Schuldner aus, wenn sie sich zu hoch verschuldet haben oder ihre Geschäfte schlechter als erwartet laufen und sie Zins und Tilgung nicht mehr leisten können.

Professionelle Fixed-Income-Investoren kultivieren häufig einen gesunden Pessimismus: Sie fragen sich stets, wie groß die Wahrscheinlichkeit ist, dass am Rentenmarkt der schlimmste Fall eintritt – nämlich der Zahlungsausfall eines Schuldners. Mit entsprechender Vorsicht prüfen sie daher die Höhe der Staatsschulden im Verhältnis zum Bruttoinlandsprodukt, die Fremdwährungsverschuldung, das Wirtschaftswachstum, die politische Stabilität, die Inflation, das Zinsniveau sowie zahlreiche weitere Faktoren, bevor sie das Kapital ihrer Kunden in Staatsanleihen investieren. Bei Unternehmensanleihen beurteilen sie das Ausfallrisiko eines Emittenten unter anderem anhand des Verschuldungsgrads, des Zinsdeckungsgrads und weiterer Kennzahlen. Die Begriffe Verschuldungsgrad und Zinsdeckungsgrad habe ich oben bereits erklärt. Die entsprechenden Formeln findest du im Anhang.

Auch Ratingagenturen berücksichtigen zahlreiche Einflussfaktoren, wenn sie die Bonität einzelner Schuldner und deren Anleihen bewerten. Wird das Rating eines Unternehmens herabgestuft, dann verlangen Anleger aufgrund des höheren Risikos eine höhere Rendite. Dadurch sinkt der Kurs der Anleihe – und das kann für dich als Investor einen Verlust bedeuten.

Renditeaufschläge von Anleihen

Die Renditedifferenz zwischen Anleihen gleicher Laufzeit, aber unterschiedlicher Bonität bezeichnet man als „**Renditeaufschlag**" oder „**Credit Spread**". Bei Staatsanleihen interessiert dich also, wie groß der Renditeunterschied zwischen Ländern mit verschiedenem Bonitätsrisiko ist. So lag die Rendite 10-jähriger französischer Staatsanleihen Ende 2024 beispielsweise um 0,84 Prozentpunkte über der Rendite vergleichbarer deutscher Anleihen. Dieser Aufschlag kompensierte Anleger für das höhere Ausfallrisiko Frankreichs mit einem Rating von AA – gegenüber Deutschland mit der Bestnote AAA.

Möchtest du dein Kapital in Unternehmensanleihen anstatt in vermeintlich sicherere Staatsanleihen mit gleicher Laufzeit investieren, dann achte bitte stets auf den Renditeaufschlag, der dich für die **zusätzlichen Kredit- und Liquiditätsrisiken** kompensiert. Beträgt die Rendite einer

Unternehmensanleihe sechs Prozent und die einer Staatsanleihe mit gleicher Laufzeit vier Prozent, dann liegt der Credit Spread bei zwei Prozentpunkten. In diese Unternehmensanleihe solltest du nur dann investieren, wenn du überzeugt bist, dass der Aufschlag von zwei Prozent eine angemessene Kompensation für das höhere Kreditrisiko darstellt.

Anstatt dich im Detail mit den Bonitätsrisiken und Renditeaufschlägen einzelner Unternehmensanleihen zu beschäftigen, solltest du zunächst ein solides Verständnis dafür entwickeln, wie groß die Renditeunterschiede zwischen den verschiedenen Anleihesegmenten in unterschiedlichen Währungsräumen sind und wie sich diese Unterschiede im Zeitverlauf entwickeln. Denn es macht einen erheblichen Unterschied, ob du – wie in Abbildung 13 gezeigt – rund 2,3 Prozent für 1- bis 3-jährige europäische Staatsanleihen mit einer Laufzeit von etwa 1,8 Jahren erhältst oder 5,6 Prozent für europäische High-Yield-Anleihen mit einer Laufzeit von rund 2,2 Jahren.

Mein Rat lautet daher: **Konzentriere dich auf die Renditeunterschiede der einzelnen Segmente des Anleihemarkts und verschwende als Privatanleger nicht zu viel Zeit mit der Analyse einzelner Unternehmensanleihen innerhalb desselben Segments, da deren Renditeaufschläge meist relativ ähnlich und ihre Veränderungen schwer zu prognostizieren sind.**

Wenn dir nur ein begrenztes Kapital zur Verfügung steht, dann solltest du nicht direkt in einzelne Unternehmensanleihen investieren, deren **Mindeststückelung** meist zwischen 1.000 und 100.000 Euro oder Dollar liegt. Mit geringem Kapital ist eine breite Streuung über verschiedene Unternehmensanleihen aufgrund der hohen Mindeststückelung kaum möglich. In diesem Fall bist du besser beraten, dein Geld in Anleihefonds oder Anleihe-ETFs anzulegen, die dir bereits mit kleinen Summen eine breite Risikostreuung bieten.

Unternehmen mit hoher Verschuldung geraten in wirtschaftlichen Krisenzeiten häufig in Zahlungsschwierigkeiten. In solchen Phasen steigen die Risikoaufschläge von **High-Yield-Anleihen** stark an –

insbesondere wenn erste Unternehmen ihre Schulden nicht mehr bedienen können und sich unter Investoren Panik ausbreitet. Besonders attraktiv werden High-Yield-Anleihen jedoch, wenn sich die Wirtschaft nach einer Krise erholt, die Anleger aber noch vorsichtig sind und weiterhin hohe Renditeaufschläge verlangen. So konnten Investoren nach der Finanzkrise 2008/2009 und auch nach der Covid-Krise 2020 deutliche Kursgewinne erzielen, als die Risikoaufschläge zurückgingen und die Kurse von High-Yield-Anleihen kräftig stiegen.

Steigen die Renditeaufschläge einer Anleihe stark an, weil sich die Bonität des Unternehmens verschlechtert, dann fällt ihr Kurs und du erleidest hohe Verluste. Mein Rat daher: **Beziehe in deine Analyse stets Szenarien ein, wie sich die Gesamtrendite über deine Halteperiode verändert, wenn Renditeaufschläge steigen oder fallen.**

Einer der größten Fehler vieler Anleiheinvestoren ist meines Erachtens, prozyklisch zu investieren – also dann, wenn sich die Spreads bereits ungewöhnlich stark verengt haben und die Anleihekurse schon deutlich gestiegen sind. Besonders bei volatileren Unternehmensanleihen solltest du immer berechnen, mit welchen Verlusten du über deine Halteperiode rechnen musst, falls sich die Renditeaufschläge wieder ausweiten.

3. Währungsrisiken: Veränderung des Wechselkurses von Fremdwährungsanleihen

Irgendwann wird der Lockruf von Fremdwährungsanleihen auch dich erreichen. Du wirst dich fragen, ob du dein erspartes Kapital nicht besser in Fremdwährungsanleihen, die hohe Renditen versprechen, anstatt in heimischen Anleihen mit oftmals mageren Renditen anlegen sollst. Für 10-jährige US-Staatsanleihen erhältst du zu dem Zeitpunkt, zu dem ich diese Zeilen schreibe, eine Rendite, die fast zwei Prozentpunkte höher ist als die Rendite deutscher Staatsanleihen mit gleicher Laufzeit. Und für die 10-jährigen Anleihen Mexikos und Argentiniens erzielst du derzeit Renditen, die mehr als acht beziehungsweise vier Prozentpunkte höher sind als die Renditen deutscher Staatsanleihen mit gleicher Laufzeit.

Tatsächlich gibt es einige gute Gründe, die für Investments in Fremdwährungsanleihen sprechen. Da sind einmal die höheren Zinsen. Zudem kann der Kauf von Anleihen in verschiedenen Währungen dazu führen, dass du die Risiken in deinem Anleiheportfolio breiter streust. Mit Fremdwährungsanleihen kannst du zudem Währungsgewinne erzielen. Aber Vorsicht: Investierst du dein Kapital in Fremdwährungsanleihen, dann solltest du dir stets bewusst sein, dass du damit oftmals hohe Währungsrisiken eingehst. Die meisten Anleger investieren in Anleihen, da sie sich erhoffen, dass regelmäßig feste Erträge auf ihrem Depotkonto eingehen. Erklärt man ihnen die Währungsrisiken, die mit Investments in Fremdwährungsanleihen einhergehen, ehrlich und transparent, dann winken sie oftmals dankend ab.

Kaufkraftparität: Über- oder Unterbewertung von Währungen

Zunächst möchte ich dich mit einigen grundlegenden Definitionen und Erkenntnissen zu Währungen vertraut machen, damit du das Währungsrisiko von Fremdwährungsanleihen besser einschätzen kannst. Gern erinnere ich mich an eine Vorlesung an einer US-Universität, die von einem durchaus liebenswürdigen Professor gehalten wurde. Sobald ein Student aber anmerkte, dass eine Währung „steige“ oder „falle“, wurde er schroff darauf hingewiesen, dass sich eine Währung nur „**aufwerten**“ oder „**abwerten**“ kann.

Tatsächlich ist es ungenau und missverständlich zu sagen, eine Währung „steige“ oder „falle“. Denn eine Währung besitzt keinen absoluten, sondern nur einen relativen Wert gegenüber einer anderen Währung. Wechselkurse geben an, wie viel eine Einheit einer Währung in einer anderen wert ist. So lag der USD/EUR-Kurs[111] beispielsweise im Spätsommer bei 1,12 Dollar pro Euro 2024 und Anfang Januar 2025 bei 1,03 Dollar pro Euro. Das bedeutet: Für einen Euro erhieltest du Anfang 2025 nach der Aufwertung des Dollars nur noch 1,03 statt 1,12 Dollar, da der Dollar im Verhältnis zum Euro an Wert gewonnen hatte.

Ob Währungen über kurze Zeiträume relativ zueinander auf- oder abwerten, kann niemand verlässlich vorhersagen. Aber es gibt einige Zusammenhänge, die du kennen solltest. Beginnen wir mit dem **Gesetz des einheitlichen Preises und der Kaufkraftparität**: Ein identisches Gut kann an zwei unterschiedlichen Orten – von Transportkosten abgesehen – zum gleichen Zeitpunkt nicht unterschiedliche Preise aufweisen, da es sonst stets zum niedrigeren Preis nachgefragt würde.[112] Dieser fundamentale Grundsatz lässt sich auf den internationalen Handel übertragen. Kaufkraftparität liegt vor, wenn du bei einem gegebenen Wechselkurs zum gleichen Geldbetrag denselben Warenkorb in zwei unterschiedlichen Währungsräumen kaufen kannst. Die Annahme dabei ist, dass ein homogenes Gut oder ein einheitlicher Warenkorb auch international nur einen Preis aufweisen kann und der Wechselkurs unterschiedliche Preisniveaus in Einklang bringt.[113]

Gut lässt sich die Kaufkraftparität am **Big-Mac-Index** erklären, den die britische Zeitschrift *The Economist* seit 1986 regelmäßig publiziert. Im Januar 2025 kostete ein Big Mac in den Vereinigten Staaten 5,79 Dollar und in der Eurozone 5,67 Euro. Ein Euro war damit nach der anhand der Big-Mac-Preise in den beiden Ländern berechneten Kaufkraftparität im Januar 2025 5,79 Dollar durch 5,67 Euro oder 1,02 Dollar pro Euro wert.[114]

The Economist veröffentlicht den Big-Mac-Index nicht, um dir zu helfen, weltweit den billigsten Big Mac zu finden. Er berechnet den Index, um festzustellen, ob eine Währung unter- oder überbewertet ist. Den Grad der Über- oder Unterbewertung einer bestimmten Währung relativ zum Dollar kannst du bestimmen, indem du den Preis eines Big Macs in einem bestimmten Währungsraum in Dollar zum aktuellen Wechselkurs mit dem Preis eines Big Macs in den USA in

Dollar vergleichst. Ist ein Big Mac in einem Währungsraum in Dollar teurer als in den USA, dann ist die Währung relativ zum Dollar überbewertet. Oder mit einer wohltuenden Prise Humor: Eine Währung ist fair bewertet, wenn wir uns im Ausland genauso wenig leisten können wie daheim.

Der Big-Mac-Index ist ein einfach zu berechnender Index, an dem man gut zeigen kann, wie Wechselkurse unterschiedliche Preisniveaus zum Ausgleich bringen. Kaufkraftparität ist gegeben, wenn identische Güter – wie Big Macs – in verschiedenen Ländern gleich viel kosten und die Währungskurse damit fair sind. Aber natürlich kaufen wir nicht nur Big Macs. Regelmäßig veröffentlichen die Organisation für wirtschaftliche Zusammenarbeit und Entwicklung (OECD), die Weltbank, der Internationale Währungsfonds (IWF) und zahlreiche andere internationale Organisationen Studien zur Kaufkraftparität für breitere Warenkörbe, die sie nach unterschiedlichen statistischen Verfahren berechnen.

Nach diesen Studien war der Dollar gegenüber dem Euro Anfang 2025 deutlich überbewertet.[115] Liegt die Kaufkraftparität – je nach Warenkorb und Berechnungsmethode – derzeit tatsächlich bei über 1,40 Dollar pro Euro, dann wäre es bei einem Wechselkurs von derzeit 1,03 Dollar pro Euro für einen Investor hierzulande riskant, in US-Staatsanleihen zu investieren, nur weil sie eine um zwei Prozentpunkte höhere Rendite als deutsche Staatsanleihen aufweisen. Denn der Zinsvorsprung kann rasend schnell aufgezehrt werden, wenn der Dollar zum Euro abwertet, um sich der angenommenen Kaufkraftparität im Zeitablauf anzunähern.

Investierst du in eine US-Staatsanleihe zu einem Zinssatz von rund vier Prozent pro Jahr bei einem USD/EUR-Kurs von 1,03 Dollar pro Euro und der Dollar wertet über ein Jahr auf 1,10 Dollar pro Euro ab, dann erzielst du mit der US-Staatsanleihe nicht eine um zwei Prozentpunkte höhere Rendite als mit einer deutschen Staatsanleihe über eine Halteperiode von einem Jahr, sondern erleidest einen Verlust in Euro.

Über sehr lange, mehrjährige Zeiträume schwanken Wechselkurse um ihre Kaufkraftparität. Die Kaufkraftparität ist daher ein wichtiges Konzept, um zu verstehen, wie sich Wechselkurse über lange Zeiträume verändern. Wechselkurse können jedoch über mehrere Jahre von ihrer Kaufkraftparität abweichen. Genau deshalb ist es so schwer, zukünftige Wechselkurse anhand ihrer Kaufkraftparität vorherzusagen.

Zinsparität

Neben der Kaufkraftparität solltest du auch die Zinsparität kennen. Die Zinsparität zeigt dir, wie Wechselkursänderungen und Zinsdifferenzen zwischen zwei Währungsräumen miteinander verbunden sind. In ihrer einfachsten Form besagt die Zinsparität, dass der Renditevorsprung einer Fremdwährungsanleihe durch die erwartete Wechselkursveränderung genau ausgeglichen wird.[116] Vielleicht kommst du auf die – auf den ersten Blick klug anmutende – Idee, dass du dein Kapital in eine Fremdwährungsanleihe mit einer höheren Rendite investierst und das Währungsrisiko über ein Termingeschäft – dessen Funktionsweise ich dir gleich erkläre – absicherst, um einen risikolosen Zusatzgewinn zu erzielen. Lass mich dir kurz an einem Beispiel zeigen, warum du auf diese Weise *keine* risikolosen Zusatzgewinne erzielen kannst.

Nimm an, dass du mit in Dollar notierten Staatsanleihen eine Rendite von vier Prozent und mit in Euro notierten deutschen Staatsanleihen zwei Prozent über den gleichen Anlagezeitraum von einem Jahr erzielen kannst. Nimm ferner an, dass der USD/EUR-Kurs heute bei 1,03 Dollar pro Euro liegt. Du hast jetzt zwei Möglichkeiten, wenn du über einen Betrag von 10.000 Euro verfügst. Option 1: Du kannst diesen Betrag in deutschen Staatsanleihen anlegen und erhältst zwei Prozent Zinsen pro Jahr. Am Ende des Jahres bist du um 200 Euro reicher und besitzt 10.200 Euro. Option 2: Du tauschst deine 10.000 Euro zum Wechselkurs von 1,03 Dollar pro Euro heute in Dollar und verfügst so über 10.300 Dollar. Diese legst du nun zu vier Prozent

Zinsen über ein Jahr in amerikanischen Staatsanleihen an. Am Ende des Jahres verfügst du über 10.712 Dollar.

Der Wert der 10.712 Dollar ist jedoch in Euro unsicher, da der USD/EUR-Wechselkurs in der Zukunft schwanken kann. Du kannst dich gegen das Währungsrisiko absichern, indem du 10.712 Dollar heute zu einem fest vereinbarten in einem Jahr geltenden Kurs an eine Gegenpartei verkaufst. Ein solches Geschäft wird als **Termingeschäft** bezeichnet, da du die Währung heute zu einem festgelegten Termin in der Zukunft handelst. Der Kurs, zu dem du eine Währung in der Zukunft mit einer Gegenpartei handeln kannst, wird als **Forward-Kurs** bezeichnet. Die Gegenpartei, mit der du Währungen in der Zukunft handelst, ist aber nicht dumm und hat nichts zu verschenken.

Möchtest du den fairen Forward-Kurs in einem Jahr bestimmen, dann musst du den Wert des Investments in Höhe von 10.712 Dollar durch den Wert des Investments in Höhe von 10.200 Euro in einem Jahr teilen. Der faire Forward-Kurs in einem Jahr liegt in unserem Beispiel also bei 1,05 Dollar pro Euro. Keine rationale Gegenpartei wird dir einen besseren Kurs anbieten, da es ja ansonsten klüger für die Gegenpartei wäre, selbst in Fremdwährung zu investieren und den Betrag selbst zum Forward-Kurs in Euro umzutauschen. Für dich bedeutet dies: Deine 10.712 Dollar sind bei einem Forward-Kurs von etwas über 1,05 Dollar pro Euro in einem Jahr genau 10.200 Euro wert.

Merke: Am Währungsmarkt wird dir nichts geschenkt!

Option 1: Anlage in EUR bei einer EUR-Verzinsung von 2 Prozent p. a.:

10.000 EUR x 1,02 = 10.200 EUR am Jahresende

Option 2: Anlage in USD bei einer USD-Verzinsung von 4 Prozent p. a., einem aktuellen USD/EUR-Kurs von 1,03 und einem Forward-Kurs (1 Jahr) von rund 1,05 USD/EUR:

10.000 EUR x 1,03 USD / EUR = 10.300 USD

10.300 USD x 1,04 = 10.712 USD

10.712 USD/1,05 USD/EUR (Forward) = 10.200 EUR am Jahresende

Du siehst: Option 1, eine Anlage in deutsche Staatsanleihen mit einer Rendite in Höhe von zwei Prozent pro Jahr, und Option 2, ein Investment in US-Staatsanleihen mit einer Rendite von vier Prozent, sind identisch, wenn du das Währungsrisiko heute zum aktuellen Forward-Kurs absicherst. Beide Male erzielst du eine Rendite von genau zwei Prozent in Euro über ein Jahr. Leider gilt auch bei Fremdwährungsanleihen: Eine höhere Rendite als den risikolosen Zins kannst du nur erzielen, wenn du Risiken – in unserem Beispiel Währungsrisiken – eingehst.

Einige professionelle Händler gehen bewusst **erhebliche Währungsrisiken** ein, indem sie sich Geld in einer Währung mit sehr niedrigen Zinsen leihen – zum Beispiel in Japanischen Yen – und das Geld in höher verzinste Anlagen in einem anderen Land (zum Beispiel Dollar-Anleihen) investieren, um von der Zinsdifferenz zwischen den beiden Ländern zu profitieren. Solche Trades werden als **„Carry Trades"** bezeichnet. Sie sind jedoch nicht risikolos: Wertet die Währung mit den niedrigen Zinsen, in der sich die Händler verschuldet haben, auf, dann erleiden sie erhebliche Verluste, da der Wert ihrer Schulden steigt. Du siehst: Am Finanzmarkt – und erst recht am Währungsmarkt – wird dir nichts geschenkt.

Ich hoffe, du hast nun verstanden, wie du die Renditen von Anleihen sachkundig analysieren kannst. Vergiss nie, dass sich die Gesamtrendite einer Anleihe stets aus dem **Kuponzins** und der **Wertveränderungsrendite** zusammensetzt und du drei zentrale Risiken sorgsam analysieren solltest: das **Zinsänderungsrisiko**, das **Kredit- und Bonitätsrisiko** sowie das **Währungsrisiko**. Mit zunehmender Erfahrung wirst du die zentralen Faktoren, die den Wert einer Anleihe bestimmen, immer besser verstehen. Die Anlage in Anleihen ist leicht, wenn du dich auf die zentralen Einflussfaktoren konzentrierst, die den Wert einer jeden Anleihe bestimmen.

TEIL

4

RISIKOSTEUERUNG EINES AUS AKTIEN UND ANLEIHEN BESTEHENDEN PORTFOLIOS

KAPITEL 14

Grundsätze der Risikosteuerung

Sicherlich kennst du das Sprichwort, dass du nicht alle Eier in einen Korb legen sollst. Einer der wichtigsten Ratschläge für Investoren lautet: Streue dein Vermögen und investiere niemals nur in einen oder einige wenige möglicherweise hochriskante Einzelwerte. Du kannst dein Vermögen jedoch nicht nur über unterschiedliche Aktien, sondern auch über verschiedene Anlageklassen – wie Aktien und Anleihen – streuen. Mit der Aufteilung deines Vermögens auf Aktien und Anleihen kannst du, wie ich dir gleich zeige, das Risiko deines Portfolios[117] einfach steuern.

Diversifikation

Willst du dein Kapital optimal streuen, dann kommt es nicht allein auf die Anzahl der Einzelwerte in deinem Portfolio an. Entscheidend für das Risiko und die erwartete Rendite deines Portfolios ist, wie du dein Vermögen auf einzelne Branchen, Länder und Anlageklassen verteilst. Wenige Publikationen haben die Finanzindustrie so stark beeinflusst wie Harry Markowitz' Artikel „Portfolio Selection" aus dem Jahr 1952.[118] Markowitz gilt als Vater des **Grundsatzes der Risikostreuung**, die auch als **Diversifikation** bezeichnet wird. Er hat uns gezeigt, dass wir neben der Höhe der erwarteten Rendite auch den Grad der Abhängigkeit der Investments untereinander berücksichtigen sollten, wenn wir ein wohldiversifiziertes Portfolio bilden wollen. Er schreibt: „Die Angemessenheit der Diversifizierung hängt [...] nicht allein von der Anzahl der gehaltenen Wertpapiere ab. Ein Portfolio mit sechzig verschiedenen Eisenbahnwertpapieren wäre beispielsweise nicht so gut diversifiziert wie ein gleich großes Portfolio mit einigen Eisenbahnwerten, einigen öffentlichen Versorgungsbetrieben, Bergbauwerten, verschiedenen Arten von Industriewerten usw. Der Grund dafür ist, dass es im Allgemeinen wahrscheinlicher ist, dass Unternehmen innerhalb derselben Branche zur gleichen Zeit schlecht abschneiden als Unternehmen in unterschiedlichen Branchen."[119]

Markowitz hat Anlegern erstmals gezeigt, wie sie das Risiko bei Investmententscheidungen angemessen berücksichtigen können. Dafür hat er 1990 mit William Sharpe und Merton Miller den Alfred-Nobel-Gedächtnispreis für Wirtschaftswissenschaften erhalten. Während bei Harry Markowitz die **Streuung über verschiedene amerikanische Einzelwerte und Branchen** im Mittelpunkt stand, hat Bruno Solnik im Jahr 1974 Anlegern geraten, die Risken in einem Portfolio **auch international über verschiedene Länder zu streuen.**[120]

Streust du dein Kapital über verschiedene Sektoren und Länder, dann reduzierst du das Risiko deines Portfolios. Eine zentrale Rolle spielt dabei die **Korrelation** zwischen den Renditen der Wertpapiere, in die du investierst. Anhand der Korrelation kannst du den statistischen Zusammenhang zwischen zwei Renditeverläufen messen. Die Korrelation liegt zwischen +1 und −1. Ein Wert von +1 bedeutet, dass sich die Renditen zweier Anlagen stets im Gleichschritt bewegen, während −1 für eine perfekte Gegenbewegung steht. Eine Korrelation von 0 zeigt, dass kein linearer Zusammenhang besteht.

Als Anleger solltest du gezielt in Vermögenswerte investieren, deren Renditen möglichst schwach oder sogar negativ korreliert sind. So reduzierst du das Risiko, dass alle deine Anlagen zur gleichen Zeit stark einbrechen. Eine breite Diversifikation wirkt wie ein Stoßdämpfer und macht dein Portfolio gerade in Stressphasen an den Märkten robuster – also genau dann, wenn du auf ein gutes Risikomanagement besonders angewiesen bist.

Ein Portfolio ist „optimal", wenn es das geringste Risiko bei einer vorgegebenen erwarteten Zielrendite oder die höchste erwartete Rendite bei einem vorgegebenen Risikoniveau aufweist. Ich werde dich jetzt nicht mit theoretischen Modellen langweilen, wie du die optimalen Gewichte der Einzelwerte in deinem Portfolio anhand von quantitativen Methoden bestimmen kannst.[121] Mein Rat lautet vielmehr: **Willst du als Privatinvestor die Aktien in deinem Portfolio optimal gewichten, dann solltest du dich an den aktuellen Sektor- und Ländergewichten marktgewichteter Indizes orientieren und von diesen nur dann abweichen, wenn du die Abweichungen gut begründen kannst.** Marktgewichtete Indizes sind ein guter Orientierungspunkt, da sie zumindest tendenziell optimale Rendite- und Risikoeigenschaften aufweisen.[122]

Vor zwei gravierenden Fehlern bei der Gewichtung von Einzelwerten, die ich immer wieder beobachte, möchte ich dich warnen. Der erste Fehler wird als „**Home Bias**" bezeichnet. Damit meint man die Tendenz von Anlegern, überproportional stark in Wertpapiere des eigenen Landes oder der eigenen Region zu investieren. Investierst du als deutscher Privatanleger ausschließlich in deutsche Aktien, dann verzichtest du auf den Vorteil der internationalen Diversifikation und lässt Chancen in anderen Märkten ungenutzt.[123]

Ein zweiter Fehler, den ich häufig beobachte: Nach besonders starken Kursanstiegen in einem bestimmten Sektor oder Land neigen viele Anleger dazu, genau dort überproportional zu investieren und diese Aktien besonders hoch zu gewichten. Warren Buffett hat recht: „Der dümmste Grund in der Welt, eine Aktie zu kaufen, ist, weil sie steigt."[124] Wenn du die Aktien eines bestimmten Sektors oder Landes überdurchschnittlich stark gewichtest, dann setzt du dein Portfolio einem unverhältnismäßig hohen Sektor- oder Länderrisiko aus.

In diesem Kapitel hast du zwei zentrale Dinge zur Risikosteuerung von Portfolios gelernt. Erstens: Investiere dein Kapital niemals in nur ein einziges Wertpapier, sondern streue es breit über unterschiedliche Anlageklassen, Länder, Sektoren und Einzelwerte. Vermeide extreme Konzentrationen in einzelnen Sektoren und Ländern, da die Wertpapiere in einzelnen Sektoren und Ländern oftmals zur gleichen Zeit stark einbrechen. Diversifikation hilft dir, das Risiko deines Portfolios zu verringern. Zweitens: Orientiere dich an marktgewichteten Indizes, wenn du dein Vermögen auf unterschiedliche Länder und Sektoren aufteilst. Weichst du von deiner „Benchmark" ab, dann solltest du in der Lage sein, die Abweichungen gut zu begründen.

Risikosteuerung anhand der Aktienquote und des Betas

Die wohl wichtigste Risikoentscheidung für Anleger ist die Aufteilung ihres Kapitals zwischen Aktien und Anleihen. Mit den Begriffen **Aktienquote** und **Anleihequote** meint man den Anteil deines Portfolios, den du in Aktien beziehungsweise in Anleihen investierst. Da Aktien typischerweise weitaus stärker schwanken als Anleihen, kommt der Höhe der Aktienquote eine besondere Rolle bei der Risikosteuerung zu. Wichtig ist, dass du verstehst, dass es keine optimale Aktienquote gibt, die für alle Anleger ideal ist. Die richtige Höhe der Aktienquote hängt von der **individuellen Risikopräferenz** der einzelnen Anleger ab.

Das möchte ich dir an einem konkreten Beispiel erläutern: Friedrich und Pauline, beide 60 Jahre alt und ehemalige Anwälte, sind nach San Francisco gezogen und haben dort ein Haus gekauft. Sie überlegen, wie viel von ihrem liquiden Vermögen in Höhe von zwei Millionen Dollar sie in Aktien investieren sollen. Ihr Interesse an Finanzmärkten ist gering, sie interessieren sich für Kunst und Kultur und wollen ihr Kapital mit möglichst wenig Aufwand verwalten. Da sie ihr Kapital für den Lebensabend benötigen, ist ihre Risikobereitschaft gering. Friedrich ist besonders vorsichtig und möchte in keinem Kalenderjahr mehr als 20 Prozent Verlust erleiden, während Pauline etwas risikofreudiger ist.

Ihr 24-jähriger Sohn Philipp studiert in Berkeley Maschinenbau. Durch verschiedene Nebenjobs hat er Rücklagen von 20.000 Dollar angespart, die er nun erstmals investieren möchte. Da er sein gesamtes Berufsleben noch vor sich hat, verfolgt er das Ziel, langfristig ein Vermögen aufzubauen, und ist bereit, dafür hohe Risiken einzugehen. Besonders Technologie-Aktien haben es ihm angetan.

Alle drei streben eine möglichst attraktive risikoadjustierte Rendite in Dollar an. Sie sehen sich dazu zwei ETFs an: einen US-Staatsanleihen-ETF mit einer Laufzeit von zwei Jahren, der aktuell eine Rendite von vier Prozent verspricht, und einen ETF, der den MSCI World Index in Dollar abbildet. Investments in die beiden ETFs sind kostengünstig: Die Kosten für den Staatsanleihen-ETF belaufen sich auf 0,05 Prozent und die für den MSCI-World-ETF auf 0,20 Prozent pro Jahr.

Um sich einen Überblick über die erwartete Rendite und das Risiko unterschiedlich risikobehafteter Portfolios zu verschaffen, betrachten sie drei Szenarien:

1. **Eine 100-prozentige Anlage in den US-Staatsanleihen-ETF.** Die erwartete Rendite eines solchen Investments beträgt vier Prozent (= 100 % x 4 %). Das Risiko einer solchen Anlage erscheint den Familienmitgliedern gering, da sie davon ausgehen, dass die USA wie in der Vergangenheit mit hoher Sicherheit ihre Schulden tilgen und die versprochenen Zinsen an ihre Gläubiger zahlen werden.

2. **Eine Anlage von jeweils 50 Prozent in den US-Staatsanleihen-ETF und den MSCI World ETF.** Die Familienmitglieder

orientieren sich an der langfristigen Rendite des MSCI World, der in den letzten 55 Jahren eine durchschnittliche Rendite (Mittelwert) von rund zehn Prozent erwirtschaftet hat. Sie erwarten, dass sie mit einer solchen Anlage sieben Prozent (= 50 % x 4 % + 50 % x 10 %) Rendite erzielen werden. Sie sind sich bewusst, dass sie mit einem 50-prozentigen Aktienanteil ein höheres Verlustrisiko als mit einem reinen Anleiheportfolio eingehen. Im Jahr 2008, als der Aktienmarkt gemessen am MSCI World um 41 Prozent eingebrochen ist, hätten Anleger mit einer Anlage von jeweils 50 Prozent in den US-Staatsanleihen-ETF und den MSCI World ETF rund 17 Prozent verloren.

3. **Eine Anlage zu 100 Prozent in den MSCI World ETF.** Die drei Familienmitglieder erwarten, dass ein solches Investment auf lange Sicht eine durchschnittliche Rendite von zehn Prozent aufweisen wird. Sie verstehen die Risiken von Aktien und sind sich bewusst, dass Aktien in der Vergangenheit erhebliche Schwankungen aufgewiesen haben, da sie sich die Renditeverteilung und die Standardabweichung des MSCI World genau angesehen haben.

Die Familie geht weitsichtig vor, da sie unterschiedliche Szenarien in ihre Überlegungen einbezieht. Sie fragen ihren Bankberater, wie hoch das Risiko ist, wenn sie null Prozent, 50 Prozent oder 100 Prozent ihres Vermögens in Aktien investieren. Der Bankberater nutzt das **Capital Asset Pricing Model (CAPM)**, um ihnen das zentrale Risiko der drei Portfolios zu erläutern. Nach diesem Modell besteht ein linearer Zusammenhang zwischen dem Beta und der erwarteten Rendite eines Portfolios.[125]

Jetzt wird es Zeit, dass ich dich mit dieser wichtigen Risikokennzahl – dem Beta – vertraut mache. **Das Beta einer Aktie zeigt dir auf, wie sensitiv Aktien auf Veränderungen des Gesamtmarkts** – ge-

messen an einem bestimmten Aktienindex wie dem S&P 500 Index – reagieren:

- Weist eine Aktie ein **Beta von 1,0** auf, dann bedeutet dies: Fällt der Aktienmarkt um fünf Prozent an einem Tag, dann kannst du erwarten, dass die Aktie ebenfalls um fünf Prozent (= 1,0 x – 5 %) einbricht.
- Ein **Beta von 0,5** bedeutet: Die Aktie wird nach dem CAPM 2,5 Prozent (= 0,5 x –5 %) an Wert verlieren, wenn der Aktienmarkt an einem Tag um fünf Prozent fällt.
- Ein **Beta von 2,0** besagt: Die von dir gehaltene Aktie wird nach dem CAPM um zehn Prozent (= 2,0 x – 5 %) einbrechen, wenn der Aktienmarkt an einem Tag fünf Prozent an Wert verlieren sollte.

Das Beta ist eine wichtige Risikokennzahl, da sie das Marktrisiko einer Aktie oder eines Aktienportfolios relativ zu einem vorgegebenen Aktienindex quantifiziert.

Nach dem CAPM entspricht die erwartete Rendite eines Investments dem risikolosen Zinssatz + dem Beta x der Aktienrisikoprämie.[126]

Der Bankberater nutzt das Capital Asset Pricing Model, um den drei Familienmitgliedern zu zeigen, dass mit einer Erhöhung der Aktienquote das Marktrisiko (Beta) und die erwartete Rendite gleichermaßen steigen. Der Unterschied zwischen der erwarteten Rendite des Aktienmarkts und kurzlaufenden, risikolosen Anleihen wird als Aktienrisikoprämie bezeichnet. Die Aktienrisikoprämie beträgt in unserem Beispiel sechs Prozent (= 10 % – 4 %) bei einer erwarteten Rendite des Aktienmarkts von zehn Prozent und einem risikolosen Zinssatz von vier Prozent. Die folgende Grafik verdeutlicht den drei Familienmitgliedern, mit welchen erwarteten Renditen (E[R]) und welchem Marktrisiko (Beta) sie bei den drei Szenarien rechnen können:

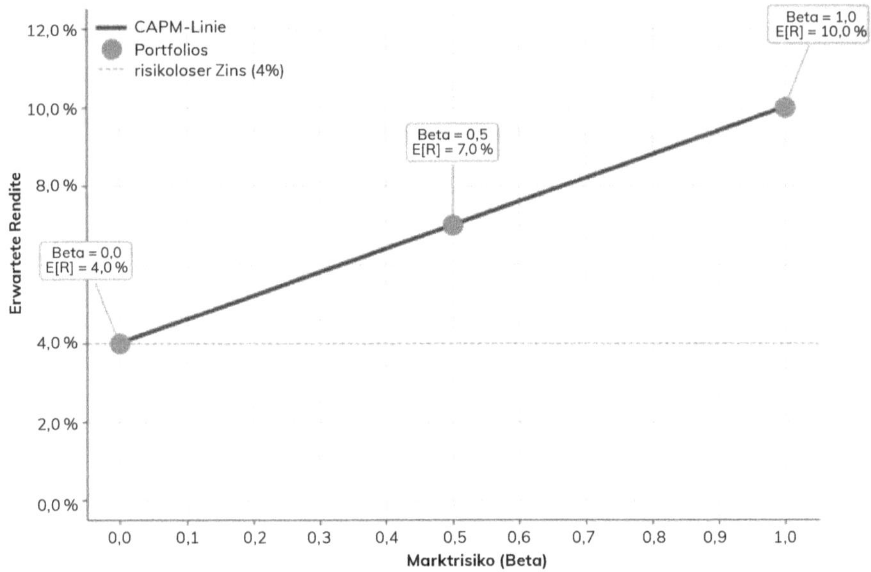

Abbildung 17: Erwartete Rendite und Marktrisiko (Beta) von drei unterschiedlichen Portfolios.

Anhand der CAPM-Formel können die drei Familienmitglieder die erwartete Rendite ihres Portfolios über ein Jahr leicht selbst bestimmen, wenn sie null Prozent, 50 Prozent oder 100 Prozent ihres Portfolios in einen marktbreiten Aktienindex wie den MSCI World mit einem Beta von 1 investieren:[127]

Szenarioanalyse: Erwartete Renditen nach dem CAPM bei unterschiedlichem Marktrisiko („Beta“)

Szenario 1:	4 %	+	0	x	6 %	=	4 %
Szenario 2:	4 %	+	0,5	x	6 %	=	7 %
Szenario 3:	4 %	+	1	x	6 %	=	10 %

Das CAPM verdeutlicht, dass der Anstieg der erwarteten Renditen auf das gestiegene Marktrisiko („Beta") des Portfolios zurückzuführen ist. Denn das Portfolio-Beta steigt von null (0 % x 1) auf 0,5 (50 % x 1) und dann auf 1 (100 % x 1), wenn die Aktienquote schrittweise um 50 Prozentpunkte erhöht wird.

Friedrich und Pauline entscheiden sich, 50 Prozent ihres Vermögens in den MSCI World ETF zu investieren und 50 Prozent in den US-Staatsanleihen-ETF. Pauline freut sich, da sie nach dem CAPM mit einer erwarteten Rendite von sieben Prozent rechnen darf. Sie erwartet, dass sie so langfristig eine Rendite oberhalb der Inflationsrate erzielen werden. Friedrich erscheint das Risiko des Portfolios etwas zu hoch. Er gibt zu bedenken, dass selbst bei einer 50-prozentigen Investition in den MSCI World ETF – bei einem Beta von 0,5 – kurzfristig auch Verluste von mehr als 20 Prozent im Gesamtportfolio möglich sind. Pauline beruhigt ihn jedoch mit dem Hinweis, dass ihr Anlagehorizont deutlich länger als ein Jahr ist und dass das Verlustrisiko mit zunehmender Anlagedauer abnimmt. Gemeinsam beschließen sie, die Aktien-Anleihen-Allokation ihres Portfolios einmal pro Jahr zu überprüfen. Mit zunehmendem Alter wollen sie schrittweise die Anleihequote erhöhen und den Aktienanteil reduzieren, um ihr Marktrisiko sukzessive zu verringern. Die beiden freuen sich, dass die Anlage in die beiden breit gestreuten ETFs kostengünstig und flexibel ist. Sie sind begeistert, dass man mit nur zwei ETFs ein breit gestreutes Portfolio mit wenig Aufwand bilden kann, das ihren individuellen Risikopräferenzen entspricht.

Die Risikopräferenzen innerhalb der Familie unterscheiden sich jedoch deutlich. Philipp, der 24-jährige Sohn, steht am Beginn seines Berufslebens und ist bereit, höhere Risiken einzugehen als seine Eltern. Er strebt eine langfristige erwartete Rendite von mindestens zehn Prozent pro Jahr an und bevorzugt daher eine 100-prozentige Aktienanlage. Besonders interessieren ihn Technologieunternehmen – allen voran Nvidia. Statt ausschließlich in den MSCI World ETF zu investieren, entscheidet er sich, 90 Prozent seines Kapitals in diesen Aktien-ETF und zehn Prozent direkt in ausgewählte Technologie-Aktien zu investieren. Anders als seine Eltern hat er Freude daran, sich mit Geschäftsmodellen und Unternehmensbewertungen zu befassen. Da er jedoch noch wenig Erfahrung als Investor besitzt, legt er bewusst den Großteil seines derzeit noch kleinen Vermögens breit gestreut im MSCI World ETF an und nur einen kleinen Teil in Einzelwerten. Ihm ist klar, dass er mit diesem Portfolio nicht nur ein zusätzliches Branchenrisiko eingeht, sondern auch ein insgesamt deutlich höheres Marktrisiko trägt als seine Eltern. Aufgrund seines jungen Alters verfügt er jedoch über einen deutlich längeren Anlagehorizont, sodass er vorübergehende Rückschläge im Zeitverlauf wesentlich besser ausgleichen kann.

Zu dem Zeitpunkt, zu dem ich diese Zeilen schreibe, weist die Aktie von Nvidia gegenüber dem S&P 500 ein Beta von knapp 2,0 auf, während Coca-Cola nach Berechnungen von Bloomberg lediglich ein Beta von 0,5 hat. Investierst du überwiegend in hochriskante Einzelwerte mit hohem Beta wie Nvidia, dann ist deine erwartete Rendite, aber auch das Marktrisiko deines Portfolios deutlich höher, als wenn du dein Kapital vorwiegend in defensivere Werte mit niedrigem Beta wie Coca-Cola anlegst, die wesentlich weniger sensitiv auf Schwankungen des Aktienmarkts reagieren.

Stell dir vor, du investierst dein gesamtes Vermögen in ein Aktienportfolio mit einem Beta von 1. Bricht der Aktienmarkt – wie im Jahr 2008 – um 41 Prozent ein und liegt der risikolose Zinssatz bei vier Prozent pro Jahr, dann verlierst du ebenfalls rund 41 Prozent deines Kapitals.

Erwarteter Verlust eines Portfolios mit Beta = 1 nach dem CAPM, wenn der Aktienmarkt – wie 2008 – um 41 % fällt und der risikolose Zinssatz 4 % beträgt:

4 % + 1 x (-41 % – 4 %) = -41 %

Investierst du hingegen dein gesamtes Kapital in ein hochriskantes Aktienportfolio mit einem Beta von 1,5, dann würdest du nach dem

CAPM im Falle eines Markteinbruchs von 41 % innerhalb eines Jahres rund 63,5 Prozent deines Vermögens verlieren.

> ***Erwarteter Verlust eines Portfolios mit Beta = 1,5 nach dem CAPM, wenn der Aktienmarkt – wie 2008 – um 41 % fällt und der risikolose Zinssatz 4 % beträgt:***
>
> 4 % + 1,5 x (-41 % – 4 %) = -63,5 %

Das Beta eines aus verschiedenen Einzelwerten bestehenden Portfolios kannst du bestimmen, indem du die Betas der Einzelwerte deines Portfolios zunächst mit den Gewichten, mit denen du die Einzelwerte in deinem Portfolio hältst, multiplizierst und die gewichteten Betas dann summierst.[128] Ist dir die Berechnung des Portfolio-Betas zu aufwendig, dann schaue dir zumindest die Betas der Einzelwerte deines Portfolios genau an. Diese Informationen kannst du heute auf zahlreichen Internetplattformen – beispielsweise bei Yahoo Finance – kostenlos einsehen. So erhältst du einen ersten Überblick darüber, ob du überwiegend in riskantere Einzelwerte mit einem Beta größer als 1 oder in defensivere Werte mit einem Beta kleiner als 1 investierst.

Mein Rat: Analysiere stets anhand verschiedener Szenarien, welche Gewinne und Verluste dein Portfolio erzielen könnte. Erscheinen dir die möglichen Verluste im Verhältnis zu deiner persönlichen Risikotoleranz zu hoch, dann reduziere das Marktrisiko deines Portfolios – etwa indem du den Anleiheanteil erhöhst oder stärker in defensivere Einzelwerte investierst.

Das CAPM kannst du auch verwenden, um die Eigenkapitalkosten eines Unternehmens zu schätzen. Diese setzen sich aus dem risikolosen Zinssatz und einer risikoadjustierten Prämie zusammen. Anders als die Fremdkapitalkosten findest du die Eigenkapitalkosten nicht im Jahresabschluss – sie müssen über ein Modell wie das CAPM ermittelt werden.

Beispiel: Liegt der risikolose Zinssatz bei 4 %, das Beta einer Aktie bei 1,2 und die erwartete Aktienmarktrendite bei 10 %, dann betragen die Eigenkapitalkosten nach dem CAPM 11,2 % p. a.:[129]

4 % + 1,2 x (10 % – 4 %) = 11,2 %

Wie du die Eigenkapitalkosten eines Unternehmens bestimmen kannst, war ich dir bisher schuldig geblieben.

In diesem Kapitel hast du gelernt, dass das Beta dir zeigt, wie viel Marktrisiko du relativ zu einer vorgegebenen Benchmark eingehst. Das Beta misst die Sensitivität von Investments in Bezug auf eine vorgegebene Benchmark. Anhand des Betas kannst du das Marktrisiko deines Portfolios steuern. Ökonomen haben in einer Fülle von Studien dargelegt, dass neben dem Beta eines Portfolios auch noch andere Faktoren das Risiko einer Anlage beeinflussen. Sie haben etwa gezeigt, dass das Risiko eines Portfolios auch davon beeinflusst wird, ob Anleger vornehmlich in Aktien mit niedrigen relativen Bewertungskennzahlen („Value Stocks“) oder hohen relativen Bewertungskennzahlen („Growth Stocks“) investieren. Zudem haben sie gezeigt, dass das Risiko von Aktien auch von der Höhe der Marktkapitalisierung beeinflusst wird, da Aktien von Unternehmen mit einer hohen Marktkapitalisierung („Large Caps“) andere Risikoeigenschaften als Aktien von Unternehmen mit einer geringen Marktkapitalisierung („Small Caps“) aufweisen.[130]

Wenn du das Risiko deines Portfolios analysierst und steuerst, vergiss bitte nie, dass die Sensitivität eines Portfolios (Beta) zu einem breiten Marktindex ein zentraler, aber nicht der alleinige Faktor ist, der die Renditen und das Risiko von Portfolios bestimmt.

KAPITEL 15

Sei gierig, wenn andere ängstlich sind

Einer der besten Ratschläge, die ich dir in diesem Buch gegeben habe, lautet: Kaufe Aktien frühzeitig und halte sie lange. An dieser Stelle möchte ich dich eindringlich vor vermeintlichen Experten warnen, die dir weismachen, sie wüssten genau, ob Aktien, Anleihen oder andere Vermögensgegenstände kurzfristig steigen oder fallen werden.

Das bedeutet aber nicht, dass du dir keine Gedanken machen solltest, wie du Aktien, Anleihen und andere Vermögensgegenstände im Zeitablauf gewichten solltest. Bist du jung und risikobereit, dann solltest du dein Kapital zu einem hohen Anteil breit gestreut in Aktien anlegen, um von der hohen Aktienrisikoprämie und dem Zinseszinseffekt langfristig zu profitieren. Bei einer hohen Aktienquote musst du aber bereit und in der Lage sein, große Verluste aushalten zu können. Weiter oben habe ich dir gezeigt, dass du als langfristiger Investor erwarten solltest, dass du mit einem breit gestreuten internationalen Aktienportfolio auch einmal 40 Prozent oder mehr in einem Kalenderjahr verlieren kannst. Zuletzt haben Investoren mit einem globalen Aktienportfolio im Kalenderjahr 2008 einen derart hohen Verlust hinnehmen müssen.

Benötigst du einen Teil deines Vermögens kurz- oder mittelfristig für deinen Lebensunterhalt, dann solltest du es niemals hohen Risiken am Kapitalmarkt aussetzen.[131] Bevor du in Aktien investierst, solltest du stets überprüfen, welche Aktienquote du in Stressphasen aushalten kannst. Einer der größten Feinde von Investoren ist die eigene Angst. Viele, selbst sehr wohlhabende Investoren verkaufen Aktien oftmals panikartig, wenn sie am Kapitalmarkt hohe Verluste erleiden. Brichst du in Stressphasen an den Kapitalmärkten regelmäßig in Panik aus, dann solltest du nur einen geringen Teil deines Vermögens in Aktien und andere risikobehaftete Vermögensgegenstände investieren. Eine niedrige Aktienquote sorgt für einen ruhigeren Schlaf und schützt dich vor Fehlentscheidungen in turbulenten Marktphasen. Es bekümmert mich, wenn Investoren nach einer scharfen Korrektur wie nach der Dotcom-Blase (2000–2002), der Finanzkrise (2007–2009) oder der Covid-Krise (2020) Aktien panikartig verkaufen. Ich kann dir wenig versprechen. Aber eines erscheint mir sicher: Früher oder später werden auch in der Zukunft wieder schwere Krisen an den Finanzmärkten auftreten – aus Gründen, die wir heute bestenfalls erahnen und erst später mit einem Blick in den Rückspiegel klug erklären können. Deshalb: Investiere nur dann Kapital in risikobehaftete Vermögensgegenstände, wenn du Verluste ökonomisch tragen und psychologisch aushalten kannst.

Warren Buffett: Sei gierig, wenn andere ängstlich sind

Angst und Gier sind zwei beständige Einflussfaktoren, die immer wieder zu Übertreibungen an den Finanzmärkten führen. Warren Buffett argumentiert, dass er nicht versucht, von Angst und Gier geprägte Stimmungen an den Finanzmärkten vorherzusagen: „Unser Ziel ist bescheidener: Wir versuchen einfach, ängstlich zu sein, wenn andere gierig sind, und nur dann gierig zu sein, wenn andere ängstlich sind.“[132]

Buffetts Vorschlag, antizyklisch zu agieren, macht viel Sinn: Führen panikartige Verkaufsexzesse dazu, dass sich die Bewertungen ihren historischen Tiefstständen annähern, dann solltest du als langfristiger Investor etwas mutiger und nicht ängstlicher werden und Aktien, High-Yield-Anleihen und andere risikobehaftete Vermögensgegenstände kaufen und nicht verkaufen. Nehmen die Gier und die Euphorie an den Finanzmärkten exzessive Züge an, dann solltest du etwas vorsichtiger werden und das Risiko in deinem Portfolio zumindest nicht weiter erhöhen.

Bedenke dabei aber immer, dass Übertreibungen oftmals weitaus länger anhalten können, als es selbst die klügsten Köpfe vorhersagen. Alan Greenspan, der frühere Chef der amerikanischen Zentralbank, wies am 5. Dezember 1996 auf eine „irrationale Übertreibung" am Aktienmarkt hin, nachdem er sich mit dem späteren Nobelpreisträger Robert Shiller – den du in diesem Buch bereits kennengelernt hast – über eine potenzielle Überbewertung am Aktienmarkt ausgetauscht hatte.[133] Obwohl die Märkte damals bereits stark gestiegen und hoch bewertet waren, stiegen sie noch drei Jahre lang weiter, bis der Aktienmarkt dann mit dem Platzen der Dotcom-Blase in den Jahren 2000 bis 2002 deutlich korrigierte. Du siehst, es ist selbst für die klügsten Köpfe schwierig, das Ende einer Übertreibungsphase punktgenau vorherzusagen.

Clifford Asness: Langfristige Renditen sind bei niedrigen Shiller-KGVs höher

Obwohl es schwer ist, Übertreibungen richtig zu erkennen, kann ein antizyklisches Verhalten am Kapitalmarkt langfristig zu höheren Renditen führen. In diesem Buch habe ich bewusst auf langatmige Diskussionen empirischer Analysen verzichtet. Aber eine Analyse möchte ich dir nicht vorenthalten. Sie wurde von Clifford Asness erstellt. Er ist der Gründer von AQR Capital Management und gilt als einer der erfolgreichsten Hedgefonds-Manager weltweit. Nebenbei hat er zahlreiche Artikel in führenden akademischen Journalen publiziert. Laut einem Bericht des *Wall Street Journal* hat er aufgrund seiner leichten Reizbarkeit mehrfach seinen PC-Bildschirm aus Wut zerstört. Als ich ihm vor ein paar Jahren bei einer Konferenz zuhörte, hat er sich trotz seines schillernden Rufs zivil, umsichtig und wenig aufgeregt gezeigt. Das ist die einzige Enttäuschung, die ich mit ihm verbinde.[134]

Asness hat in seiner Analyse über einen langen Zeitraum Shiller-KGVs für den S&P 500 Index berechnet. Bei der Berechnung des Shiller-KGVs wird – anders als bei herkömmlichen Kurs-Gewinn-Verhältnissen – der Kurs nicht durch den Gewinn des letzten Jahres geteilt, sondern durch den durchschnittlichen, preisbereinigten Gewinn der letzten zehn Jahre. Auf diese Weise werden Gewinnsprünge im Zeitablauf geglättet. Asness zeigt in seiner Studie, wie hoch die Renditen nach Inflation über die nächsten zehn Jahre im Durchschnitt waren, wenn die Bewertung von Aktien gemessen am Shiller-KGV zum Anfang einer Periode besonders hoch oder niedrig war.

Die nachfolgende Abbildung 18 zeigt dir, dass die annualisierte reale Rendite von Aktien über die nächsten zehn Jahre überdurchschnittlich hoch war, wenn Aktien am Anfang einer Periode gemessen am Shiller-KGV niedrig bewertet waren. Lag das Shiller-KGV am Anfang einer Periode etwa zwischen 5,2 und 9,6, dann war die durchschnittliche annualisierte reale Rendite mit 10,3 Prozent pro Jahr in den nächsten zehn Jahren besonders hoch.

War der Aktienmarkt hingegen nach dem Shiller-KGV besonders teuer bewertet, dann realisierten Aktionäre mit US-Aktien über die nächsten zehn Jahre ungewöhnlich niedrige durchschnittliche Renditen. In dem von Asness analysierten Zeitraum zwischen 1926 und 2012 lag die annualisierte reale Rendite von US-Aktien im Durchschnitt bei mageren 0,5 Prozent pro Jahr über die nächsten zehn Jahre, wenn das Shiller-KGV zwischen 25,1 und 46,1 lag und damit ungewöhnlich hoch war.

	Shiller-KGV am Anfang einer Periode		durchschnittliche, jährliche, reale Rendite über die nächsten 10 Jahre
Regime	von	bis	in Prozent
1	5,2	9,6	10,3
2	9,6	10,8	10,4
3	10,8	11,9	10,4
4	11,9	13,8	9,1
5	13,8	15,7	8,0
6	15,7	17,3	5,6
7	17,3	18,9	5,3
8	18,9	21,1	3,9
9	21,1	25,1	0,9
10	25,1	46,1	0,5

Abbildung 18: Zusammenhang zwischen der Bewertung von Aktien nach dem Shiller-KGV und der durchschnittlichen, annualisierten Rendite nach Inflation über die nächsten zehn Jahre laut einer Studie von Clifford Asness.[135] Aktuelle Daten zum Shiller-KGV findest du auf der Webseite zu diesem Buch www.jvinvest.ai.

Die Analyse von Asness zeigt, dass ein Zusammenhang zwischen der Bewertung von Aktien nach dem Shiller-KGV und den durchschnittlichen *langfristigen* Renditen von Aktien über die nächsten zehn Jahre existiert. Diese Erkenntnis ist wichtig für langfristige Anleger. Wissenschaftler haben gezeigt, dass zwischen der Bewertung von Aktien und den zukünftigen Renditen über *kurze* Zeiträume bis zu einem Jahr *kein* Zusammenhang besteht. Aktien, die hoch bewertet sind, können über kurze Zeiträume weiter steigen. Und genauso können Aktien, die bereits stark gefallen sind und niedrig bewertet sind, über kurze Zeiträume weiter fallen. Rät dir ein Finanzberater, dass du Aktien für die nächsten drei Monate kaufen sollst, da die Bewertung am Aktienmarkt gemessen anhand von relativen Bewertungskennzahlen gerade niedrig ist, dann sag ihm, dass ein solcher Zusammenhang auf kurze Sicht von wenigen Monaten nicht existiert. Empirische Analysen zeigen uns aber, dass ein *langfristiger* Zusammenhang zwischen der Bewertung und den Renditen von Aktien über die nächsten fünf oder zehn Jahre besteht.[136]

Genau deshalb solltest du als langfristiger Investor etwas mutiger werden, wenn die Bewertung am Aktienmarkt aufgrund einer trüben Börsenstimmung gerade besonders niedrig ist. Du siehst in der obigen Tabelle, dass die langfristigen Renditen von Aktien über die nächsten zehn Jahre, wenn die Bewertung von Aktien zum Anfang der Periode besonders niedrig war, deutlich höher waren als in Zeiträumen, in denen die Bewertung von Aktien zunächst ungewöhnlich hoch war.

In Stressphasen solltest du Aktien nicht verkaufen, sondern kaufen

Gehst du wie ich davon aus, dass Warren Buffett und Clifford Asness das Geschehen an den Kapitalmärkten gut beschreiben, dann empfehle ich dir die folgende Vorgehensweise:

Erstens: Frage dich zunächst, welche Aktienquote du ökonomisch und psychologisch in Stressphasen an den Märkten ertragen kannst. Orientiere dich dabei an den langfristigen Gewinnen und Verlusten, die Anleger mit Aktien in der Vergangenheit über mehrere Dekaden erwirtschaftet haben. Investiere das Vermögen, das du für deinen Lebensunterhalt in der naheliegenden Zukunft zwingend benötigst, niemals in riskante Investments.[137]

Zweitens: Die Aktienquote, die du ökonomisch und psychologisch ertragen kannst, solltest du in Stressphasen an den Finanzmärkten unbedingt durchhalten. Begehe nicht den Fehler und verkaufe als langfristiger Investor Aktien, wenn die Stimmung am Kapitalmarkt gerade besonders trist und die Bewertungen ungewöhnlich niedrig sind. Es schmerzt mich enorm, wenn an sich kluge Menschen bei historisch niedrigen Bewertungen aus Angst oder Frust infolge hoher

Verluste Aktien zum ungünstigsten Zeitpunkt verkaufen. Empirische Analysen – so wie sie beispielsweise in Abbildung 18 wiedergegeben werden – zeigen: Wenn die Angst am größten und die Bewertungen nach einem deutlichen Kursrückgang am niedrigsten sind, dann sind die erwarteten Renditen über die nächsten fünf oder zehn Jahre höher als im langfristigen Durchschnitt. Angst und Frust sind an den Aktienmärkten regelmäßig teure Ratgeber. Als Aktionär solltest du dir stets einen Funken Optimismus bewahren. Verkaufst du Aktien während der bittersten Krise nach einem großen Kurssturz an den Kapitalmärkten, dann nimmst du dir jede Chance einer Wertaufholung. Unser erster Bundespräsident Theodor Heuss soll einmal gesagt haben: „Der einzige Mist, auf dem nichts wächst, ist der Pessimist."[138] Für den Aktienmarkt stimmt dieser Satz: Optimisten sind gerade in Krisenzeiten auf lange Sicht die besseren Anleger.

Drittens: Hältst du hohe Kassenbestände, dann solltest du dich gerade in Zeiten von großem Stress und historisch niedrigen Bewertungen an den Finanzmärkten fragen, ob du als langfristiger Investor deine Aktienquote nicht erhöhen solltest. Das Shiller-KGV ist ein leicht zu berechnender Maßstab, um Über- und Unterbewertungen am Aktienmarkt zu identifizieren. Eine zweite Kennzahl, die ich mir gern ansehe, ist der sogenannte „Buffett-Indikator", bei dem die Marktkapitalisierung eines marktbreiten Länderindex wie beispielsweise des S&P 500 Index ins Verhältnis zum Bruttoinlandsprodukt des jeweiligen Landes, hier der USA, gesetzt wird. Solche einfachen Kennzahlen verraten dir, ob Aktienmärkte derzeit ungewöhnlich hoch oder tief bewertet sind. Eine antizyklische Vorgehensweise ist für langfristige Investoren allemal klüger als ein prozyklisches Verhalten: Wer Aktien nach einer Finanzmarktkrise zu extrem niedrigen Bewertungen kauft, erzielt langfristig höhere Renditen als Anleger, die in Phasen übertriebener Euphorie zu extrem hohen Bewertungen investieren.

Ich hoffe, dass ich dich überzeugt habe, dass du Aktien langfristig halten und in Krisenphasen Aktien auf einem niedrigeren Niveau eher kaufen als verkaufen solltest. Anleihen kannst du deinem Portfolio beimischen, um das Risiko deines Portfolios wie oben beschrieben zu steuern. Möchtest du das Risikoniveau deines Portfolios senken, dann solltest du den Anteil an Aktien reduzieren und den Anteil an vermeintlich sichereren Anleihen erhöhen. Der Anteil an Aktien und Anleihen sollte deiner individuellen langfristigen Risikotoleranz entsprechen. Senke den Anteil an Aktien aber bitte niemals allein aufgrund kurzfristiger Panikattacken oder aus Frust über gerade erlittene Verluste.

Aus meiner Sicht solltest du dich zunächst auf Aktien und Anleihen konzentrieren, die liquide an den Börsen gehandelt werden, wenn du langfristig ein kleines Vermögen aufbauen möchtest. Das Universum an Aktien und Anleihen ist groß und bietet dir vielfältige Anlagemöglichkeiten. Mit Aktien und Anleihen kannst du ein diversifiziertes Portfolio konstruieren, das dir attraktive Renditen bei unterschiedlichen Risikoniveaus bietet.

Aber irgendwann wird dir jemand einflüstern, dass du dein Kapital auch in Gold, Private Equity, Hedgefonds und andere alternative Anlageklassen anlegen kannst, um dein Kapital noch breiter zu streuen. Meine Grundregel – die vermutlich nicht alle teilen – lautet: Solange du über ein Vermögen unter einer Million Euro verfügst, bist du mit einem Portfolio, das aus Aktien, Anleihen und möglicherweise einem kleinen Anteil an Gold besteht, bestens aufgehoben. Im nächsten Abschnitt werde ich kurz auf alternative Anlageklassen eingehen, mit denen du dich nach meinem Dafürhalten jedoch erst dann intensiv beschäftigen solltest, wenn du bereits über ein stattliches Vermögen verfügst.

TEIL

5

ALTERNATIVE ANLAGEKLASSEN

KAPITEL 16

Ein kurzer Überblick über alternative Anlageklassen

Unter dem Begriff „alternative Anlageklassen“ versteht man Investitionen, die nicht zu den beiden traditionellen Anlageklassen – Aktien und Anleihen – zählen. Zu den alternativen Anlageklassen gehören insbesondere Hedgefonds, Private Equity und Gold, die ich dir in diesem Kapitel kurz vorstellen werde. Aber auch Rohstoffe, Kryptowährungen, Immobilien, Infrastrukturinvestments und Sammlerstücke wie Uhren, Kunstwerke und Oldtimer werden zu den alternativen Anlageklassen gezählt.

Die Renditen und Risiken von alternativen Anlageklassen unterscheiden sich oftmals deutlich von denen von Aktien und Anleihen. Deshalb behaupten einige Fachleute, dass sie sich gut zur Diversifikation eignen. Und tatsächlich kann es Sinn machen, wenn du dein Vermögen nicht nur über Aktien und Anleihen streust, sondern auch alternative Anlageklassen in dein Portfolio mit einbeziehst. Durch eine breitere Streuung deines Vermögens über mehrere Anlageklassen kann sich das Rendite-Risiko-Verhältnis deines Portfolios verbessern.

Drei Ratschläge zu alternativen Investments

Bevor ich auf einzelne alternative Anlageklassen eingehe, möchte ich dir drei grundlegende Ratschläge zu alternativen Investments geben.

Erstens: Investiere niemals in irgendwelche Vermögensgegenstände, die du nicht genau verstehst. Das gilt für alle Investments, aber insbesondere für alternative Anlageklassen. Sehr wohlhabende Kunden werden meist von Fachleuten beraten, die über ein gutes Fachwissen zu alternativen Anlageklassen verfügen. Für diese sind alternative Investments eher geeignet als für Privatinvestoren, die keinen Zugang zu Wissen verfügen, um alternative Investments fachkundig beurteilen zu können. Also: Hände weg von jedem Investment, das du nicht wirklich gut verstehst!

Zweitens: Auch bei alternativen Investments gilt, dass hohe Renditen stets mit hohen Risiken einhergehen. Alternative Anlagen sind oftmals intransparent und ihre Risken nicht leicht verständlich. Am Beispiel von Hedgefonds werde ich dir aufzeigen, dass ihre Risiken von der Strategie abhängen, die ein Hedgefonds-Manager verfolgt. Möchtest du in Hedgefonds investieren, dann solltest du die strategiespezifischen Risiken von Hedgefonds gut verstehen. Hedgefonds, Private Equity und andere alternative Anlageklassen weisen besondere Risken auf, die du genau kennen solltest, bevor du dein Geld in sie investierst.

Drittens: Alternative Investments sind oftmals illiquide. Investierst du in Aktien oder Anleihen, dann kannst du diese jederzeit während der Börsenöffnungszeiten verkaufen. Mit dem Begriff „Private Equity" werden Beteiligungen an Unternehmen bezeichnet, die nicht an der Börse notiert sind. Investierst du dein Kapital in Private Equity, dann bindest du es oftmals über viele Jahre. Auch bei Hedgefonds ist die Liquidität typischerweise eingeschränkt. Nur wenige Hedgefonds sind täglich handelbar.[139] In illiquide Anlagen solltest du grundsätzlich nur dann investieren, wenn du höhere risikoadjustierte Renditen als mit Aktien erwarten kannst, da dein Kapital langfristig über mehrere Jahre gebunden ist. Erzielst du mit illiquiden Investments bei vergleichbarem Risiko tatsächlich deutlich höhere Renditen als mit börsennotierten Anlagen, die du jederzeit während der Börsenöffnungszeiten kaufen und verkaufen kannst, dann kann ein solches Investment attraktiv sein.

Nachfolgend werde ich dir einen kurzen Überblick über die aus meiner Sicht wichtigsten alternativen Anlageklassen geben: Hedgefonds, Private Equity und Gold. Verfügst du bereits über ein größeres Vermögen, das du breiter streuen möchtest, dann solltest du dich mit diesen alternativen Anlageklassen intensiver auseinandersetzen.

KAPITEL 17

Hedgefonds

Der Begriff „hedge fund" wurde erstmals im Jahr 1966 von Carol Loomis im Magazin *Fortune* verwendet, um den erfolgreichen Anlagestil von Alfred Winslow Jones zu beschreiben. Laut Loomis erzielte Jones über fünf Jahre eine Rendite von 325 Prozent und über zehn Jahre eine Rendite von 670 Prozent und war damit erfolgreicher als jeder Publikumsfonds.[140] Alfred Winslow Jones wird oftmals als Erfinder der Hedgefonds bezeichnet, da er Leerverkäufe tätigte („Short-Positionen"), Risikopositionen teilweise mit Fremdkapital finanzierte („Leverage") und hohe gewinnabhängige Gebühren („Performance Fees") einbehielt.[141]

Bei einem Leerverkauf leiht sich ein Investor Aktien, die er nicht besitzt, und verkauft diese. Einen Gewinn erzielt er, wenn die Kurse der Aktien fallen und er sie später zu einem niedrigeren Kurs am Markt zurückkaufen kann. Steigen die Kurse der leerverkauften Aktien hingegen, dann wird der Leerverkäufer hohe Verluste erleiden. Stell dir vor, du leihst dir eine Aktie und verkaufst sie zu 100 Euro an der Börse. Fällt die Aktie auf 70 Euro, dann kannst du sie für 70 Euro zurückkaufen und streichst einen Gewinn von 30 Euro ein. Steigt die leerverkaufte Aktie, die du zu 100 verkauft hast, aber auf 150 Euro, dann erleidest du mit dem Leerverkauf einen Verlust von 50 Euro, wenn du die leerverkaufte Aktie zu 150 Euro zurückkaufen musst, um sie dem Eigentümer, von dem du die Aktie geliehen hast, zurückgeben zu können. Short-Positionen sind gefährlich, da sie zu unbegrenzten Verlusten führen können. Bei einem normalen Kauf einer Aktie („Long-Position“) kannst du maximal 100 Prozent deines Kapitals verlieren, wenn die Aktie auf null fällt. Leihst du dir hingegen eine Aktie und verkaufst sie leer („Short-Position“), dann ist der Verlust unbegrenzt, da der Aktienkurs unbegrenzt steigen kann.

Die teilweise Finanzierung von Risikopositionen durch Fremdkapital wird als „Leverage“ bezeichnet und ermöglicht es Hedgefonds-Managern, ihre Gewinne zu steigern. Leverage führt aber auch dazu, dass das Verlustrisiko steigt, wie dir das folgende Beispiel verdeutlicht: Kaufst du eine Aktie mit deinem ersparten Kapital und diese steigt um zehn Prozent, dann erzielst du eine Rendite von zehn Prozent auf dein investiertes Eigenkapital. Kaufst du hingegen zwei Aktien, die du zur Hälfte mit deinem Eigenkapital und zur Hälfte mit Fremdkapital finanzierst, dann erzielst du eine Rendite von 20 Prozent auf dein Eigenkapital abzüglich der Zins- und Transaktionskosten, wenn die Aktie um zehn Prozent steigt. Fallen die Aktien aber um zehn Prozent, dann beträgt dein Verlust der zur Hälfte mit Fremdkapital finanzierten Risikoposition 20 Prozent auf dein Eigenkapital zuzüglich der Zins- und Transaktionskosten. Du siehst: Die Finanzierung von Risikopositionen durch Fremdkapital führt dazu, dass nicht nur die Gewinne steigen, sondern auch die Verluste zunehmen.

Eine weitere Besonderheit von Alfred Winslow Jones bestand darin, dass er sich mit seinem eigenen Kapital an der von ihm gegründeten Gesellschaft, einer sogenannten „Partnership“, beteiligte. Diese Partnership unterlag nicht dem Investment Company Act von 1940 und der Aufsicht durch die Securities and Exchange Commission (SEC). Jones wählte eine private Partnership als rechtliche Struktur, da sie ihm einen hohen Freiheitsgrad bei der Verwaltung der Gelder seiner Partner und Kunden ließ. Da die Gesellschaft nicht reguliert war, durfte sie Kapital von höchstens 99 externen Investoren verwalten. Hedgefonds werden heute meist in Form von privaten Partnerships und oftmals „offshore" aufgelegt, das heißt in Ländern wie den Cayman Islands, die ihnen flexiblere regulatorische Rahmenbedingungen und ein hohes Maß an Vertraulichkeit gewähren. Hedgefonds dürfen in den meisten Staaten nur privat und nicht öffentlich vertrieben werden.

Heutzutage wird der Begriff „Hedgefonds" für sehr unterschiedliche Investmentstrategien verwendet, die bei der Umsetzung nur geringen rechtlichen Restriktionen unterliegen und meist mehrere der folgenden Charakteristika aufweisen: Leerverkäufe, Leverage, hohe gewinnabhängige Gebühren, Kapitalbeteiligung des Fondsmanagers und eingeschränkte Liquidität. Während man traditionelle Investmentfonds nach den Anlageklassen, in die sie vorwiegend investieren, in Aktienfonds und Rentenfonds unterteilt, werden Hedgefonds nach den von ihnen verfolgten Strategien klassifiziert.[142]

Die von Alfred Winslow Jones verfolgte Hedgefonds-Strategie wird heute als „Long/Short-Equity"-Strategie bezeichnet, da Jones gleichzeitig Aktien kaufte („Long-Positionen") und leerverkaufte („Short-Positionen"). Der Name „Hedgefonds" suggeriert ein risikoloses Investment. Tatsächlich aber sind Long/Short-Equity-Hedgefonds nicht frei von Risiken. Investoren erleiden mit ihnen Verluste, wenn die Hedgefonds-Manager die falschen Werte auf der Long- und Short-Seite selektieren. Von „marktneutralen" Hedgefonds spricht man, wenn das Netto-Exposure – die Differenz zwischen dem Gewicht der Long-Positionen und dem Gewicht der Short-Positionen – nahe null liegt. „Opportunistische" Hedgefonds hingegen sichern Long-Positionen nur teilweise durch Short-Positionen ab und gehen damit direktionale Marktrisiken ein: Je höher das Netto-Exposure eines Long/Short-Equity-Hedgefonds ist, desto mehr verliert er, wenn der Aktienmarkt einbricht. Zudem gehen Long/Short-Equity-Hedgefonds Branchenrisiken, Länderrisiken und

Währungsrisiken ein, wenn sie Aktien aus unterschiedlichen Sektoren, Regionen und Währungsräumen kaufen und leerverkaufen.[143]

Die Erfolge von Alfred Winslow Jones und die hohen gewinnabhängigen Gebühren führten dazu, dass in den 1960er-Jahren zahlreiche Nachahmer eigene Long/Short-Equity-Hedgefonds auflegten. Da die Märkte in den 1960er-Jahren – die John Brooks treffenderweise als „Go-Go Years" bezeichnete[144] – beständig stiegen, verzichteten einige Hedgefonds zunehmend auf die Absicherung des ihnen anvertrauten Vermögens. Als die Börsen dann Ende der 1960er-Jahre einbrachen, verzeichneten viele Hedgefonds enorme Verluste. Carol Loomis, die den Begriff „Hedgefonds" erfunden hatte, schrieb 1969 einen weiteren Artikel, diesmal mit dem Titel „Hard Times Come to the Hedge Funds".[145] Der Titel war gut gewählt: Zahlreiche Hedgefonds stellten Anfang der 1970er-Jahre aufgrund hoher Verluste ihre Geschäfte ein. Der erste Hedgefonds-Boom war vorbei.

Zur Renaissance von Hedgefonds trugen in den 1980er-/1990er-Jahren erfolgreiche Hedgefonds-Manager wie Julian Robertson[146] und George Soros bei, die „Global-Macro"-Strategien verfolgten. Global-Macro-Hedgefonds gehen oftmals massive Risikopositionen in einzelnen Märkten oder Währungen aufgrund von politischen und volkswirtschaftlichen Analysen ein: Im September 1992 spekulierten George Soros und Stanley Druckenmiller, der Soros' Quantum Fonds damals leitete, erfolgreich auf eine Abwertung des Pfund Sterling. Die Spekulation war gut begründet: Großbritannien war dem Europäischen Währungssystem (EWS) 1990 zu einem hohen Pfund-Kurs beigetreten. Die britische Regierung unter John Major und ihr Schatzkanzler Norman Lamont versuchten aus politischen Motiven, eine Abwertung des Pfunds zu vermeiden, obwohl Großbritannien Anfang der 1990er-Jahre in einer Rezession steckte. Gleichzeitig verfolgte die Deutsche Bundesbank angesichts der Inflationsgefahren infolge des hohen Wachstums nach der deutschen Wiedervereinigung eine restriktive Geldpolitik. Soros erkannte, dass diese makroökonomische Situation irgendwann zu einer Abwertung des Pfunds führen musste und baute massive Short-Positionen in Pfund Sterling auf. Als Großbritannien am „Black Wednesday", dem 16. September 1992, aus dem EWS ausschied und das Pfund schlagartig abwertete, erzielte Soros einen sagenhaften Gewinn von rund einer Milliarde Dollar und wurde fortan als „The man who broke the Bank of England" bezeichnet.[147]

Eine dritte bekannte Hedgefonds-Strategie wird als **„Fixed Income Arbitrage"** bezeichnet, die insbesondere von dem Hedgefonds Long-Term Capital Management (LTCM) verfolgt wurde. Die Expertise von LTCM war unbestritten: Zum Direktorium von LTCM zählten neben dem Fixed-Income-Experten John Meriwether mit Myron Scholes und Robert Merton zwei Nobelpreisträger. Fixed-Income-Arbitrage-Fonds versuchen, geringe Differenzen zwischen den Renditen von Anleihen gewinnbringend auszunutzen, indem sie leicht unterbewerte Anleihen kaufen und leicht überbewertete Anleihen leerverkaufen. Sie spekulieren dabei darauf, dass sich Renditedifferenzen von vergleichbaren Anleihen im Zeitablauf angleichen. Da die Renditedifferenzen von Anleihen typischerweise gering sind, setzten sie in erheblichem Maße Leverage ein, um ihre Gewinne durch den Einsatz von Fremdkapital zu steigern. Als Russland am 17. August 1998 ein Schuldenmoratorium ankündigte und sich die Renditedifferenzen ausdehnten, verzeichnete LTCM hohe Verluste, die sein ohnehin geringes Eigenkapital weiter aufzehrten. Da sich LTCMs Zugang zu Fremdkapital verschlechterte – niemand wollte dem hoch verschuldeten Hedgefonds mehr Kapital leihen, als er Verluste erlitt –, drohte ihm die Insolvenz. Ein von der Federal Reserve of New York initiiertes Bankenkonsortium übernahm den Hedgefonds und löste ihn auf. Die ehemals erfolgsverwöhnten Anleger von LTCM erlitten gewaltige Verluste.[148]

Die Hedgefonds-Industrie ist sehr innovativ. Beständig denken sich Fondsmanager neue Strategien aus, um möglichst hohe risikoadjustierte Renditen zu erzielen. Mit dem rasanten Wachstum der Hedgefonds-Industrie und der steigenden Zahl an immer neuen Strategien hat auch das Interesse von Finanzökonomen an Hedgefonds zugenommen. Die Forscher William Fung und David Hsieh haben 1997 erstmals die strategiespezifischen Risiken von Hedgefonds systematisch untersucht und gezeigt, dass Commodity Trading Advisors (CTAs) und andere Hedgefonds komplexe, nichtlineare Zahlungsprofile aufweisen. CTAs setzen dabei vor allem auf Trendfolgestrategien – also Anlagestrategien, bei denen Investoren versuchen, Aufwärts- und Abwärtstrends an den Finanzmärkten zu erkennen und auszunutzen. Solche Strategien sind insbesondere dann erfolgreich, wenn sich klare und anhaltende Markttrends herausbilden. Verluste erleiden sie, wenn keine Trends an den Märkten zu verzeichnen sind. CTAs eignen sich damit gut zur Diversifikation, da sie hohe positive Renditen aufweisen, wenn sich Abwärtstrends an den Märkten ausbilden und Anleger in Krisenzeiten wie in den Jahren 2000 und 2008 mit Aktien hohe Verluste erleiden.[149]

Ganz andere Diversifikationseffekte erzielst du, wenn du in einen Merger-Arbitrage-Fonds investierst. Diese kaufen nach der Ankündigung eines Übernahmeangebots eines Unternehmens die Aktien des Übernahmeziels, wenn dessen Aktienkurs unterhalb des Übernahmepreises notiert. Auf diese Weise erhoffen sie sich, die Differenz zwischen dem angekündigten höheren Übernahmepreis und dem aktuellen niedrigeren Aktienkurs des Übernahmeziels zu vereinnahmen, wenn der angekündigte Unternehmenszusammenschluss tatsächlich zustande kommt. Da angekündigte Übernahmen aber oftmals verschoben werden, wenn der Aktienmarkt stark einbricht, erleiden Investoren mit Merger-Arbitrage-Strategien und Aktien regelmäßig zur gleichen Zeit hohe Verluste. Merger-Arbitrage-Strategien sind daher anders als CTAs ungeeignet, um Verlustrisiken von Aktien in Phasen von Stress an den Finanzmärkten zu diversifizieren. Wer den von Mitchell und Pulvino erstmals beschriebenen Zusammenhang zwischen Merger-Arbitrage-Strategien und Aktien kannte, war nicht überrascht, als Merger-Arbitrage-Hedgefonds während der Finanzkrise 2008 zur gleichen Zeit wie Aktien hohe Verluste verzeichneten.[150]

Zu Hedgefonds gäbe es noch sehr viel mehr zu erzählen.[151] Bitte merke dir aber unbedingt: Hedgefonds zeichnen sich dadurch aus, dass sie Leerverkäufe tätigen, Leverage aufbauen und hohe erfolgsabhängige Gebühren einbehalten. Die Bezeichnung „Hedgefonds" wird heute für verschiedene Strategien verwendet, deren Rendite- und Risikoeigenschaften strategiebedingt völlig unterschiedlich sind. Ob sich Hedgefonds gut zur Diversifikation von Aktienrisiken eignen, hängt von der jeweils verfolgten Anlagestrategie ab. Wenn du bereits ein stattliches Vermögen aufgebaut hast, dann kannst du dir überlegen, welche der zahlreichen Hedgefonds-Strategien für dich aus Rendite- oder Diversifikationsüberlegungen interessant sein könnten. Einige wichtige Hedgefonds-Strategien wie Long/Short Equity, Global Macro, Fixed Income Arbitrage, CTAs und Merger Arbitrage kennst du nun.[152] Bevor du in diese oder andere Hedgefonds-Strategien investierst, solltest du dich stets gut, unabhängig und fachkundig beraten lassen.

KAPITEL 18

Private Equity

Um den Begriff „Private Equity" besser zu verstehen, macht es Sinn, zwischen „Public Equity" und „Private Equity" zu unterscheiden. Mit Ersterem meint man die Beteiligung an börsennotierten Unternehmen durch den Kauf von Aktien, die du jederzeit während der Börsenöffnungszeiten handeln kannst.

Mit **„Private Equity"** hingegen bezeichnet man langfristige Beteiligungen an Unternehmen, die nicht an der Börse notiert sind. Private-Equity-Investitionen erfolgen üblicherweise über Private-Equity-Fonds, die von Investmentgesellschaften verwaltet werden. In den vergangenen Dekaden haben Private-Equity-Fonds enorme Summen an Kapital von Investoren eingesammelt. Mit dem ihnen anvertrauten Kapital erwerben Private-Equity-Fonds große Beteiligungen, oftmals Mehrheitsbeteiligungen, an nicht börsengelisteten Unternehmen. Eine Besonderheit von Private Equity besteht darin, dass die Verwalter der Private-Equity-Fonds versuchen, den Wert der Unternehmen zu steigern, an denen sie sich beteiligt haben, indem sie eine aktive Rolle im Management des Unternehmens einnehmen. Zwischen dem Kauf eines Unternehmens durch einen Private-Equity-Fonds und dem späteren

Verkauf des Unternehmens vergehen meist mehrere Jahre. Der Verkauf des ganz oder teilweise erworbenen Unternehmens kann in Form eines Börsengangs oder durch den Verkauf des Unternehmens an einen anderen Private-Equity-Fonds, an ein anderes Unternehmen oder an das Management des Unternehmens erfolgen.[153]

Die Struktur eines Private-Equity-Fonds hat meist die Form einer sogenannten „Limited Partnership“, die aus zwei Parteien besteht: den Limited Partners (Investoren) und den General Partners. Die Investoren – bei denen es sich meist um Pensionsfonds, Versicherungen und andere institutionelle Anleger sowie vermögende Privatkunden handelt – stellen dem Private-Equity-Fonds Kapital zur Verfügung. Das Management des Private-Equity-Fonds obliegt den General Partners. Ihre Aufgabe besteht darin, den Wert der Beteiligung zu steigern. Die General Partners wollen dafür in Form einer Managementgebühr und einer Gewinnbeteiligung gut bezahlt werden: Die Managementgebühr kann ein bis drei Prozent des Fondsvolumens betragen. Die Gewinnbeteiligung der General Partners wird als „Carried Interest“ bezeichnet und fällt je nach Fonds unterschiedlich hoch aus. Typischerweise beträgt sie 20 Prozent des Gewinns oberhalb einer festgelegten Gewinnschwelle („Hurdle Rate“) von fünf bis acht Prozent. Die hohen Gebühren eines Private-Equity-Fonds mindern deinen Ertrag, wenn du dich als Limited Partner an einem Private-Equity-Fonds beteiligst. Die Gewinnbeteiligung sorgt aber gleichzeitig dafür, dass die General Partners einen hohen Anreiz haben, den Unternehmenswert zu steigern.[154]

Nachdem die General Partners eine Fondsstrategie festgelegt, ein Zielvolumen bestimmt und eine rechtliche Fondsstruktur aufgesetzt haben, versuchen sie, den neu aufgelegten Private-Equity-Fonds an Investoren zu vermarkten. Diese Periode wird als Fundraising-Periode bezeichnet. Sie endet, wenn ein bestimmtes Zielvolumen erreicht wird oder die festgelegte Ausgabeperiode endet. Oftmals wird zwischen einem Hard Closing, nach dem die Ausgabe von Fondsanteilen eingestellt wird, und einem Soft Closing, nach dem nur noch bestehende

Investoren Fondsanteile zeichnen dürfen, unterschieden. Investoren von Private-Equity-Fonds unterschreiben Kapitalzusagen, mit denen sie sich verpflichten, einen bestimmten Betrag zu investieren. Das Kapital wird nicht sofort eingezahlt, sondern in mehreren Tranchen abgerufen. Nachdem das Kapital eingesammelt ist, beginnt die Investitionsphase. Private-Equity-Fonds beteiligen sich – je nach Strategie und Fondsgröße – typischerweise an 5 bis 20 Unternehmen. Nachdem sich ein Private-Equity-Fonds an einem Unternehmen beteiligt hat, versuchen seine General Partners den Wert des Unternehmens zu steigern.

Zu den Maßnahmen in der Wertsteigerungsphase zählen Veränderungen der Unternehmensprozesse, Maßnahmen zur Förderung des Wachstums und die Optimierung von Kostenstrukturen. Die General Partners versuchen oftmals, den Wert der Unternehmen zu steigern, indem sie das Management austauschen, nicht notwendige Vermögensgegenstände verkaufen, Ineffizienzen beseitigen, Kostenstrukturen flexibilisieren, das Wachstum beschleunigen und die Wettbewerbsfähigkeit steigern. Die General Partners greifen häufig auf ein breites Netzwerk zurück, wenn sie das Management der Unternehmen, an denen sie sich beteiligt haben, kontrollieren, beraten und bei der Finanzierung unterstützen. Die Steigerung des Wertes von Unternehmen geht oftmals mit unpopulären Entscheidungen wie etwa der Entlassung von Mitarbeitern oder der Verlagerung von Produktionsstandorten ins kostengünstigere Ausland einher. Private-Equity-Fonds setzen oftmals Fremdkapital („Leverage") ein, um die Eigenkapitalrenditen zu steigern.

Indem sie übernommene Unternehmen effizienter und wachstumsstärker machen, sorgen die General Partners dafür, dass diese Unternehmen attraktiver für potenzielle Käufer werden. Einen erheblichen Mehrwert können die General Partners für ihre Investoren schaffen, indem sie Unternehmen zu niedrigen Bewertungsmultiplikatoren kaufen, die Profitabilität der Unternehmen steigern und sie dann zu höheren Bewertungsmultiplikatoren wieder verkaufen. Dies gilt insbesondere bei **Leveraged Buy-outs (LBOs)**. Darunter versteht man den Kauf eines Unternehmens, der überwiegend durch Fremdkapital finanziert wird.

Das nachfolgende Beispiel hilft dir zu verstehen, wie die General Partners eines LBO-Fonds Wertsteigerungen für ihre Investoren erzielen können.[155] Nimm an, dass ein Private-Equity-Fonds für 20 Milliarden Euro ein Unternehmen kauft, das 2,5 Milliarden Euro an Gewinn vor Zinsen, Steuern und Abschreibungen (EBITDA) generiert hat. Der EBITDA-Bewertungsmultiplikator beim Kauf beträgt damit 8 (20 Milliarden Euro/2,5 Milliarden Euro). Nimm ferner an, dass der Kauf zu sechs Milliarden Euro mit Eigenkapital und zu 14 Milliarden Euro mit Fremdkapital, das Banken bereitstellen, finanziert wird und das Unternehmen in den nächsten vier Jahren jeweils eine Milliarde Euro an Zahlungsmitteln generiert, die es einsetzt, um die Schuldenlast von 14 Milliarden in vier Jahren auf zehn Milliarden Euro zu reduzieren.

Aufgrund wertsteigernder Maßnahmen erhöht sich das EBITDA des Unternehmens in unserem Beispiel von 2,5 Milliarden über die folgenden vier Jahre auf vier Milliarden Euro. Am Ende des vierten Jahres verkauft der Private-Equity-Fonds das Unternehmen zu einem EBITDA-Bewertungsmultiplikator von 10 im Rahmen eines Börsengangs und nimmt 40 Milliarden Euro (10 x 4 Milliarden Euro) ein. Nach Abzug des Fremdkapitals in Höhe von zehn Milliarden Euro beträgt das Eigenkapital nach dem Börsengang 30 Milliarden Euro. Das Eigenkapital hat sich damit von sechs Milliarden Euro beim Unternehmenskauf auf 30 Milliarden Euro beim Unternehmensverkauf in vier Jahren verfünffacht. Das entspricht einem beeindruckenden internen Zinsfuß (IRR) von 49,5 % (6 Milliarden Euro × $1{,}495^4$ = 30 Milliarden Euro). Der interne Zinsfuß (Internal Rate of Return, IRR) ist bei Private-Equity-Investments das entscheidende Performancemaß, da er die durchschnittliche jährliche Rendite auf das eingesetzte Kapital misst und dabei sowohl die Höhe als auch den Zeitpunkt der Zahlungsströme berücksichtigt.

Das obige Beispiel verdeutlicht, dass die Wertsteigerung bei Leveraged Buy-outs erheblich sein kann – insbesondere dann, wenn es den General Partners gelingt, erstens ein Unternehmen zu einem attraktiven EBITDA-Multiplikator zu erwerben und den Kauf größtenteils mit Fremdkapital zu finanzieren, zweitens das EBITDA im Zeitverlauf deutlich zu steigern und drittens das Unternehmen schließlich zu einem höheren EBITDA-Multiplikator zu veräußern.

Bitte vergiss aber nicht, dass der hohe Grad an Fremdfinanzierung dazu führt, dass die übernommenen Unternehmen mit hohen Schulden belastet werden. Bleiben die erwarteten Gewinne aus, dann können sie schnell in finanzielle Schwierigkeiten geraten – bis hin zur Insolvenz. Wenn du in LBO-Fonds investieren möchtest, dann solltest du bedenken, dass diese Fonds unter Druck geraten können, falls Banken ihre Kreditvergabe einschränken, die Kosten der Fremdfinanzierung steigen oder ein intensiverer Wettbewerb um attraktive Übernahmeziele die Übernahmepreise in die Höhe treibt.[156] Die durchschnittliche Rentabilität von LBO-Transaktionen ist zuletzt gesunken, unter anderem aufgrund höherer Einstiegsmultiples beim Unternehmenskauf und längerer Haltedauern.[157]

Venture-Capital-(VC)-Investments zählen aus meiner Sicht zu den spannendsten Private-Equity-Strategien. Denn Venture-Capital-Fonds stellen jungen, innovativen und wachstumsstarken Unternehmen – häufig aus dem Technologiesektor –, die oft keinen Zugang zu Bankkrediten oder anderen traditionellen Finanzierungsquellen haben, Eigenkapital zur Verfügung. Im Gegenzug für das bereitgestellte Kapital erhalten die VC-Fonds Unternehmensanteile.[158]

VC-Fonds stellen jungen Unternehmen aber nicht nur Eigenkapital zur Verfügung, sondern unterstützen die Gründerteams aktiv – etwa durch die Vermittlung erfahrener Führungskräfte, geeigneter Dienstleister, potenzieller Kunden und weiterer Investoren. Durch ihre Mitwirkung im Aufsichtsrat tragen sie zu einer professionellen Unternehmensführung bei. Zudem unterstützen sie junge Unternehmen bei der

Finanzierung und einem möglichen späteren Verkauf des Unternehmens. Kommt es zu einem erfolgreichen Exit, etwa durch einen Börsengang, dann erzielen VC-Investoren häufig hohe Gewinne.

Vielleicht hast du schon einmal etwas über eine Investition eines Venture-Capital-Fonds in der Zeitung gelesen. Zu den erfolgreichsten und bekanntesten Venture-Capital-Investitionen zählen die Beteiligungen von Sequoia Capital an Apple, Google und WhatsApp und von Andreessen Horowitz an Airbnb und Instagram. Ein weiteres Beispiel für eine besonders profitable VC-Beteiligung ist die Investition von Kleiner Perkins in Amazon: Das Venture-Capital-Unternehmen aus dem Silicon Valley stellte Amazon 1995 Eigenkapital zur Verfügung und unterstützte Jeff Bezos und sein Team bei der Vorbereitung des Börsengangs im Jahr 1997.[159]

Sebastian Mallaby schildert den Fall des bekannten Venture-Capital-Investors Vinod Khosla, der während seiner Zeit bei Kleiner Perkins fünf Millionen Dollar in Juniper Networks investierte und beim späteren Exit sieben Milliarden Dollar erzielte – eine Vermehrung des eingesetzten Kapitals um den Faktor 1.400 der ursprünglichen Investition.[160] Eine Besonderheit von Venture Capital ist, dass eine Vielzahl der jungen Unternehmen, in die Venture-Capital-Investoren investieren, scheitern, aber einige wenige Investments außergewöhnlich hohe Renditen generieren. Die Bewertung von Start-ups ist aufgrund der kurzen Unternehmenshistorie und des hohen Maßes an Unsicherheit schwierig. Basieren die Annahmen der VC-Investoren auf übermäßig optimistischen Wachstumsprognosen, dann drohen erhebliche Verluste. Start-ups sind häufig stark vom Gründerteam abhängig – Managementfehler, interne Konflikte oder mangelnde Erfahrung im Umgang mit rechtlichen und regulatorischen Anforderungen können zum Scheitern eines Unternehmens führen. Das Beispiel von Venture-Capital-Investments zeigt dir einmal mehr: Hohe Renditechancen sind untrennbar mit großen Risiken verbunden.

Während Venture-Capital-Fonds in Unternehmen investieren, die sich in einer frühen Entwicklungsphase befinden, stellen **Growth-Capital-Fonds** bereits etablierten Unternehmen mit einem hohen Wachstumspotenzial privates Eigenkapital, in der Regel als Minderheitsbeteiligung, zur Verfügung. Ein bekanntes Beispiel eines Growth-Capital-Investments war die Beteiligung von Elevation Partners an Facebook rund zwei Jahre vor Facebooks Börsengang im Mai 2012.[161] Solche Investments werden auch als Late-Stage Growth Investments oder Pre-IPO-Investments bezeichnet. Wachstumsinvestoren wollen vom hohen Wertsteigerungspotenzial von Unternehmen profitieren, die nach der Venture-Capital-Finanzierung bereits etabliert sind, aber noch etwas Zeit für einen späteren Börsengang oder Buy-out benötigen.

Distressed-Private-Equity-Fonds versuchen, von der Sanierung finanziell angeschlagener oder notleidender Unternehmen zu profitieren. Sie investieren gezielt in Firmen mit hoher Verschuldung oder akuter Zahlungsunfähigkeit und übernehmen häufig Unternehmen, die kurz vor der Insolvenz stehen und daher zu günstigen Bewertungen erworben werden können. Du liegst nicht falsch, wenn du denkst, dass diese Fonds finanziellen Profit aus der Notlage eines Unternehmens ziehen wollen. Gleichzeitig aber leisten sie den betroffenen Unternehmen oftmals auch wertvolle Hilfe: Ihr Ziel ist es, die übernommenen Firmen zu sanieren und deren finanzielle und operative Leistungsfähigkeit zu verbessern – um sie anschließend gewinnbringend zu veräußern. Gelingt es ihnen, Schulden erfolgreich zu restrukturieren, Kosten zu senken und das Geschäft nachhaltig zu stabilisieren, dann erzielen Distressed-Private-Equity-Fonds nach einem Turnaround häufig attraktive Renditen, wenn sie das sanierte Unternehmen zu einem höheren Preis weiterverkaufen können.

Beachte bitte, dass Distressed-Private-Equity-Investments nicht immer erfolgreich verlaufen, wie die Beteiligung von Cerberus Capital Management an der Chrysler Group im Jahr 2007 zeigt. Aufgrund hoher Verluste und schwacher Absatzmärkte konnte Cerberus unter der Führung von Steve Feinberg eine Mehrheitsbeteiligung an dem angeschlagenen Automobilkonzern zu einem niedrigen Kaufpreis erwerben. Ziel war es, Chrysler durch Restrukturierungsmaßnahmen, umfangreiche Stellenstreichungen und eine Fokussierung auf das Kerngeschäft wieder auf Erfolgskurs zu bringen. Diese Sanierungsbemühungen scheiterten jedoch, als die Finanzkrise 2008/2009 die Automobilindustrie schwer erschütterte.[162] Möchtest du Kapital in einen Distressed-Private-Equity-Fonds anlegen, dann solltest du dir stets bewusst sein, dass solche Fonds häufig erhebliche Risiken eingehen, um überdurchschnittliche Renditen für ihre Investoren zu erzielen.

Du kennst nun mit Leveraged Buy-outs, Venture Capital, Growth Capital und Distressed Private Equity die bedeutendsten Private-Equity-Strategien. Bevor du in solche oder andere Private-Equity-Strategien investierst, solltest du jedoch unbedingt unabhängigen Rat von Fachleuten einholen.

KAPITEL 19

Gold

Erfahrene Investoren legen oftmals einen Teil ihres Kapitals in Gold an. Nicht weil es so schön glänzt, sondern weil es sich gut zur Diversifikation eignet und sich langfristig als solider Schutz vor Inflation erwiesen hat.

Gold eignet sich gut zur Diversifikation, weil die Korrelation zwischen den Renditen von Aktien und denen von Gold typischerweise niedrig ist. Daher kannst du erwarten, dass sie nicht zur gleichen Zeit stark einbrechen. Wie hoch der optimale Anteil von Gold in einem Portfolio sein soll, ist strittig und hängt vom Betrachtungszeitraum ab. Empirische Untersuchungen deuten aber darauf hin, dass der Goldanteil in deinem Portfolio optimal ist, wenn du ungefähr ein Zehntel der Anlagen, die du in Aktien investierst, in Gold anlegst.[163] Investierst du etwa 50 Prozent deines Vermögens in Aktien, dann solltest du nach dieser Faustformel ungefähr fünf Prozent deines Vermögens in Gold halten.

Oftmals werde ich gefragt, ob Anleger aus Diversifikationsgründen besser in physisches Gold oder in Aktien von Unternehmen, die Gold fördern, investieren sollten. Die Antwort ist einfach: Da die Korrelation zwischen der Wertentwicklung von physischem Gold und dem Aktienmarkt geringer ist als zwischen der Wertentwicklung von Gold-Aktien und dem Aktienmarkt, macht es aus Diversifikationsgründen mehr Sinn, in physisches Gold als in Gold-Aktien zu investieren.

Aufgrund des Diebstahlrisikos und des meist unzureichenden Versicherungsschutzes solltest du niemals physisches Gold kaufen und daheim aufbewahren. Wohlhabende Investoren können physisches Gold in einem Banktresor, etwa in der Schweiz, lagern. Steht dir diese Möglichkeit nicht offen, dann kannst du als Privatanleger in Gold-ETFs investieren, deren Anteile du genauso mühelos über dein Depot kaufen und verkaufen kannst wie Aktien und Anleihen. Der psychologische Stress ist viel geringer, wenn du in Gold-ETFs investierst, da du dich dann nicht sorgen musst, dass dein zu Hause gelagertes Gold verschwunden sein könnte, wenn du aus einem längeren Urlaub zurückkommst.

Gold hat sich historisch zudem als guter Schutz vor Inflation erwiesen. In zahlreichen Quellen wird behauptet, dass man mit einer Unze Gold im antiken Rom eine Tunika kaufen konnte und heute einen hochwertigen Anzug. Der Vergleich verdeutlicht schön, dass Gold über viele Jahrhunderte seine Kaufkraft bewahrt hat. Zwei Forscher, Claude Erb und Campbell Harvey, haben gezeigt, dass es tatsächlich klug ist, von der Hypothese auszugehen, dass Gold langfristig seine Kaufkraft erhält. Der reale Wert von Gold schwankt langfristig mit großen Ausschlägen um seinen durchschnittlichen realen Wert. Die beiden Autoren zeigen, dass zu Beginn der 1980er-Jahre und im Jahr 2012 der reale Wert von Gold um ein Vielfaches über seinem durchschnittlichen realen Wert lag.[164]

Der am Markt gehandelte Preis von Gold kann sehr stark steigen, wenn sich Anleger vor hoher Inflation, wie zu Beginn der 1980er-Jahre, oder vor dem Zusammenbruch des Papiergeldsystems – wie während der Eurokrise, die ihren Höhepunkt im Jahr 2012 erreichte – fürchten. Auch heute handelt der reale Goldpreis wieder deutlich über seinem durchschnittlichen realen Wert. Dies liegt unter anderem daran, dass die Staatsschulden in vielen Ländern – wie etwa in den USA, Italien und Frankreich – ein bedrohliches Niveau angenommen haben. Die Staatsschulden der USA liegen heute mit über 120 Prozent des Bruttoinlandsprodukts so hoch wie zuletzt nach dem Zweiten Weltkrieg. Viele Investoren fürchten, dass einige hochverschuldete Staaten ihre Schulden nicht mehr bedienen können oder wollen – und flüchten in Gold.

Dies hat zu einem gewaltigen Anstieg des Goldpreises geführt, wie bereits Anfang der 1980er-Jahre und im Jahr 2012. Wie das Schuldenexperiment diesmal ausgehen wird, wissen wir alle nicht. Aber auch heute gilt: Aus Diversifikationsgründen macht es Sinn, dass du einen kleinen Anteil deines Portfolios langfristig in Gold hältst. Nochmals: Besteht dein Portfolio zu 50 Prozent aus Aktien, dann solltest du als langfristig orientierter Anleger ungefähr fünf Prozent deines Kapitals in Gold investieren. Diese Faustformel hat sich aus meiner Sicht in der Vergangenheit recht gut bewährt.

Nachwort

Nun wird es Zeit, dass ich mich von dir verabschiede. Mein Ziel war es, dir zu erklären, wie du als langfristiger Investor selbstbestimmt Schritt für Schritt ein kleines Vermögen aufbauen kannst. Hoffentlich hast du unsere kurze gemeinsame Reise etwas genossen und gespürt, wie interessant und spannend das Geschehen an den Finanzmärkten sein kann, wenn du die Logik der Finanzmärkte verstehst. Mich fasziniert es jeden Tag erneut. Du bist nun Teil dieses Abenteuers, das sich jeden Tag während der Börsenöffnungszeiten neu entfaltet.

Bitte vergiss nie die beiden Grundsätze, mit denen wir begonnen haben: Beachte, dass hohe Renditen stets untrennbar mit hohen Risiken verbunden sind. Und denke immer daran, dass du die Kosten deines Depots und deiner Transaktionen niedrig halten sollst, da sie deine Rendite schmälern. Wenn du ein Depot eröffnet hast, dann begib dich auf die Suche nach Aktien von „wundervollen" Unternehmen. Solche Unternehmen zeichnen sich durch klare Wettbewerbsvorteile, hohe Kapitalrenditen, attraktive Gewinnmargen, ein gesundes Wachstum und eine maßvolle Verschuldung aus. „Wundervolle" Unternehmen schaffen langfristig Werte für ihre Anteilseigner, wenn ihre Kapitalrenditen größer sind als ihre Kapitalkosten.

Der Kauf einer Aktie eines „wundervollen" Unternehmens ist nicht automatisch eine gute Investition. Achte darauf, keine Aktien zu kaufen, die deutlich über ihrem fairen Wert gehandelt werden. In diesem Buch hast du gelernt, wie sich der faire Wert eines Unternehmens anhand seiner Cashflows bestimmen lässt. Beginne bei der Bewertung stets damit, zu prüfen, welche Annahmen bereits im aktuellen Aktienkurs eingepreist sind.

Liegt der Marktpreis deutlich unter seinem fairen Wert, dann entsteht eine „Margin of Safety" – ein Sicherheitsabschlag, der dich schützt, falls sich deine Annahmen bei der Bewertung eines Unternehmens als zu optimistisch erweisen oder sich das wirtschaftliche Umfeld verändert. Gute Investoren weisen ein hohes Maß an Geduld und Disziplin auf. Manchmal besteht kluges Investieren schlicht darin, abzuwarten, bis eine derzeit hoch bewertete Aktie eines „wundervollen" Unternehmens wieder zu einem angemessenen Preis am Markt handelt. Nach der Lektüre dieses Buches verfügst du nun über das notwendige Wissen, um Aktien von „wundervollen Unternehmen" erkennen und ihren Wert einzuschätzen zu können. Als jungem Investor fehlt dir vermutlich noch Erfahrung. Je öfter du dein Wissen jedoch anwendest, desto sicherer wirst du deine Investmententscheidungen mit der Zeit treffen.

Investierst du langfristig in ein breit diversifiziertes, globales Aktienportfolio, dann kannst du über die kommenden Jahrzehnte mit einer attraktiven Wertsteigerung rechnen. Aktien bieten nicht nur hohe Renditechancen, sondern auch einen wirksamen Schutz vor Inflation. Lege dein Kapital deshalb immer mit langem Atem an – nur so profitierst du optimal vom Zinseszinseffekt, den Einstein als „achtes Weltwunder" bezeichnet haben soll. Als junger Mensch hast du einen entscheidenden Vorteil: Zeit. Je früher du investierst und je länger du investiert bleibst, desto stärker wirkt der Zinseszinseffekt. Zeit ist ein wertvoller Anlagefaktor, und ein junger Mensch hat einfach mehr davon. Als langfristig orientierter Investor kommt dir zudem zugute, dass das Verlustrisiko mit zunehmender Haltedauer tendenziell sinkt. Starte früh, investiere langfristig und vermeide den Fehler, in Phasen starker Marktschwankungen in Panik zu verkaufen.

In ein Buch wie dieses gehört nicht alles hinein – einige Themen habe ich bewusst ausgespart. Optionen, Futures und andere Derivate sind aufgrund ihrer Komplexität nach meiner Überzeugung gerade für junge und noch unerfahrene Privatanleger nicht geeignet. Ebenso bin ich nicht auf Kryptowährungen und zahlreiche andere Anlageformen eingegangen, deren Wert sich nicht mit Bewertungsmodellen bestimmen lässt. Da ihr fairer Wert nicht einschätzbar ist, eignen sie sich nach meiner Meinung nicht für den langfristigen Vermögensaufbau. Auch Steuersparmodelle habe ich bewusst außen vor gelassen, da es weder mein Ziel noch mein Anliegen ist, dir Steuertricks zu vermitteln. Steuern dienen unter anderem dazu, Menschen zu unterstützen, denen es nicht so gut geht wie uns. Wer ehrlich seine Steuern bezahlt, tut unserem Gemeinwesen etwas Gutes.

Investiere niemals Kapital, das du kurz- oder mittelfristig für deinen Lebensunterhalt benötigst, in risikobehaftete Wertpapiere. Einer der klügsten Ratschläge zur Risikosteuerung von Investments lautet: Streue dein Kapital breit über unterschiedliche Anlageklassen, Länder, Branchen und Einzelwerte. Durch eine umsichtige Diversifikation kannst du das Risiko deines Portfolios senken, da Verluste einzelner Anlagen durch Gewinne anderer ausgeglichen werden können – dadurch wird dein Portfolio stabiler und langfristig robuster. Das Gesamtrisiko eines Portfolios hängt vor allem von der Aufteilung zwischen Aktien und Anleihen sowie von deren Sensitivität gegenüber Marktschwankungen ab. Über die Aktienquote und das Beta kannst du das Marktrisiko deines Portfolios gezielt steuern. Jungen Investoren, die langsam ein kleines Vermögen aufbauen wollen, rate ich, langfristig in Aktien zu investieren und nur einen kleinen Anteil ihres Vermögens in Anleihen zu halten. Als junger Anleger kannst du mehr Risiko eingehen als ältere Investoren, weil du genug Zeit hast, vorübergehende Rückschläge wieder auszugleichen.

Betrachte stets unterschiedliche Szenarien und achte darauf, dass das Risiko deines Portfolios deiner individuellen Risikopräferenz entspricht. Wenn du nachts aufgrund der hohen Schwankungen deines Portfolios nicht mehr ruhig schlafen kannst, dann solltest du den Anteil deines Kapitals in Aktien verringern und stärker in Anleihen oder weniger riskante Aktien investieren.

Vergiss dabei jedoch nie, dass auch Anleihen Risiken bergen – etwa infolge von Zins- und Währungsschwankungen oder möglicher Zahlungsausfälle der Schuldner. Du hast gesehen, dass der Wert einer Anleihe sinkt, wenn die Zinsen steigen, und dass der Wert einer Anleihe steigt, wenn die Zinsen sinken. Das Zinsänderungsrisiko kannst du nun anhand der Duration bestimmen. Mit etwas Übung wirst du bei der Einschätzung der Risiken von Anleihen immer sicherer werden.

In diesem Buch habe ich mich auf die beiden zentralen Anlageklassen konzentriert – Aktien und Anleihen –, die dir bereits vielfältige Möglichkeiten zur Geldanlage bieten. Verfügst du bereits über ein gewisses Vermögen, dann kann es sinnvoll sein, dein Portfolio nicht nur über Aktien und Anleihen zu streuen, sondern auch einen Teil in alternative Anlageklassen wie Gold, Hedgefonds oder Private Equity zu investieren, um die Risiken in deinem Portfolio noch breiter zu streuen.

Das war's. Du kennst nun die wichtigsten Begriffe und Konzepte und bist gut auf das Geschehen an den Kapitalmärkten vorbereitet. Was bleibt mir jetzt noch übrig? Ich wünsche dir hohe risikoadjustierte Renditen. Pass gut auf deine Investments auf – und noch besser auf dich selbst. Viel Glück da draußen.

Anlage: Ausgewählte Formeln für Anleger

Nachfolgend findest du eine Auswahl an hoffentlich nützlichen Formeln zur Bewertung von Aktien. Die Berechnung von relativen Bewertungskennzahlen ist leicht: Bei der Berechnung setzt du einfach den aktuellen Aktienkurs in Relation zu einer fundamentalen Größe – wie etwa dem Gewinn pro Aktie bei der Berechnung des Kurs-Gewinn-Verhältnisses. Die nachfolgende Übersicht gibt dir einen Überblick, welche relativen Bewertungskennzahlen sich Investoren typischerweise ansehen und wie sie berechnet werden. Mit diesen bist du fürs Erste formelmäßig bestens gerüstet.

I. Zentrale Kennzahlen zur Bewertung von Aktien

Bewertungs-kennzahl	Berechnung	Interpretation
Historisches Kurs-Gewinn-Verhältnis (KGV)	*Aktueller Aktienkurs / Historischer Gewinn je Aktie der letzten 12 Monate*	Hohe KGVs deuten darauf hin, dass Aktien am Markt als teuer gelten, während niedrige KGVs suggerieren, dass Aktien günstig bewertet sein könnten. Ein KGV von 15 bedeutet beispielsweise, dass du als Aktionär – bei konstanten Gewinnen – 15 Jahre benötigst, um den Aktienkurs über die erwirtschafteten Gewinne „zurückzuverdienen". Bei Unternehmen mit wachsenden Gewinnen ist das KGV typischerweise höher, da du bei steigenden Gewinnen den Kaufpreis schneller wieder „verdienst". Am aussagekräftigsten ist ein KGV-Vergleich im Zeitverlauf derselben Aktie oder im Vergleich mit ähnlichen Unternehmen aus dem gleichen Land und Sektor mit vergleichbarem Risikoprofil.
Erwartetes Kurs-Gewinn-Verhältnis (KGV)	*Aktueller Aktienkurs / Erwarteter Gewinn je Aktie der nächsten 12 Monate*	Hier wird das KGV auf Basis der erwarteten Gewinne der nächsten zwölf Monate berechnet – entweder auf Grundlage von Analystenschätzungen oder eigener Prognosen. KGVs solltest du nie isoliert betrachten, sondern stets im Zusammenhang mit dem erwarteten Wachstum der Gewinne pro Aktie. Ein hohes KGV kann gerechtfertigt sein, wenn ein Unternehmen stark wächst.
Kurs-Cashflow-Verhältnis (KCV)	*Aktueller Aktienkurs / Operativer Cashflow je Aktie der letzten 12 Monate*	Die Interpretation des Kurs-Cashflow-Verhältnisses erfolgt analog zum KGV: Niedrige Werte deuten auf eine potenziell attraktive Bewertung hin. Der Vorteil des Kurs-Cashflow-Verhältnisses liegt darin, dass Cashflows schwerer bilanztechnisch zu manipulieren sind als ausgewiesene Gewinne. Wichtiger als die bloße Berechnung von KGV und KCV ist jedoch der Vergleich von Nettogewinn und operativem Cashflow.

Bewertungs-kennzahl	Berechnung	Interpretation
Shiller-Kurs-Gewinn-Verhältnis (CAPE)	*Aktueller Aktienkurs* / *Durchschnittlicher realer Gewinn pro Aktie der letzten 10 Jahre*	Da Unternehmensgewinne in einzelnen Jahren stark schwanken können, hat Robert Shiller vorgeschlagen, das Kurs-Gewinn-Verhältnis auf Basis der durchschnittlichen realen (inflationsbereinigten) Gewinne der letzten zehn Jahre zu berechnen. Dieses sogenannte Shiller-KGV wird meist für Aktienindizes berechnet und auch als *Cyclically Adjusted Price-to-Earnings Ratio* (CAPE) bezeichnet, da es kurzfristige Gewinnschwankungen – etwa infolge konjunktureller Zyklen – glättet.
Gewinn-rendite	*Gewinn je Aktie* / *Aktueller Aktienkurs*	Bei der Gewinnrendite kehrst du die Berechnungslogik des KGV um: Nicht der Kurs wird durch den Gewinn geteilt, sondern der Gewinn durch den Kurs. Eine niedrige Gewinnrendite deutet darauf hin, dass eine Aktie hoch bewertet ist. Analysten vergleichen die Gewinnrendite häufig mit der Rendite langfristiger Staatsanleihen.
Kurs-Buchwert-Verhältnis (KBV)	*Aktueller Aktienkurs* / *Buchwert je Aktie*	Liegt das KBV über 1, dann wird eine Aktie über ihrem Buchwert gehandelt. Ein deutlich höheres KBV kann auf eine Überbewertung hindeuten, während ein KBV unter 1 auf eine mögliche Unterbewertung schließen lässt. Allerdings solltest du das KBV immer im Zusammenhang mit der Eigenkapitalrendite (ROE) betrachten: Liegt die Eigenkapitalrendite unter den Eigenkapitalkosten, dann zerstört das Unternehmen langfristig Werte – in solchen Fällen wäre ein KBV unter 1 gerechtfertigt.

Bewertungs-kennzahl	Berechnung	Interpretation
Dividendenrendite	*Dividende je Aktie* / *Aktueller Aktienkurs*	Die Dividendenrendite verrät dir, wie viel Dividende pro Aktie ein Anleger im Verhältnis zum aktuellen Aktienkurs erhält. Hohe Dividendenrenditen sind attraktiv für Anleger, die sich regelmäßige Erträge wünschen, die auf ihrem Depotkonto eingehen. Eine hohe Dividendenrendite weist oftmals auf ein stabiles Geschäftsmodell mit regelmäßigen Gewinnen hin. Neben der Höhe der Dividendenrendite solltest du immer auch auf die Stabilität und Nachhaltigkeit der Dividenden im Zeitablauf achten.
Freie Cashflow-(FCF)-Rendite	*Freier Cashflow* / *Marktkapitalisierung*	Die freie Cashflow-Rendite berechnest du, indem du den freien Cashflow durch die Marktkapitalisierung des Unternehmens teilst. Den freien Cashflow bestimmst du, indem du vom operativen Cashflow die Investitionsausgaben (Capex) abziehst.
Free-Cash-Flow-to-the-Firm-(FCFF)-Rendite	*Free Cash Flow to the Firm* / *Unternehmenswert*	Die FCFF-Rendite wird ähnlich berechnet wie die FCF-Rendite. Die Berechnung erfolgt allerdings nicht aus Sicht der Eigenkapitalgeber, sondern aus der Sicht des mit Fremd- und Eigenkapital finanzierten Unternehmens. Den FCFF teilst du durch den mit Fremd- und Eigenkapital finanzierten Unternehmenswert (Enterprise Value).

II. Wichtige Kennzahlen zur Analyse der Wertschöpfung und Bewertung von Unternehmen

Ein Unternehmen schafft aus Sicht der Eigenkapitalgeber Werte, wenn die Eigenkapitalrenditen größer sind als die Eigenkapitalkosten (ROE > COE) – und aus Unternehmenssicht, wenn ROIC > WACC – und die Umsätze und damit das investierte Kapital wachsen. Wie du ROE, COE, ROIC, WACC und das Umsatzwachstum berechnest, zeigt dir die nachfolgende Tabelle. Hinweis: Setzt du stichtagsbezogene Bilanzdaten zu Informationen aus der GuV in Beziehung, dann solltest du durchschnittliche Bilanzwerte verwenden, da du sie mit periodenbezogenen GuV-Größen vergleichst.

Kennzahl	Berechnung	Interpretation
Eigenkapitalrendite (ROE)	$\frac{\text{Nettogewinn}}{\text{Durchschnittliches in der Periode gebundenes Eigenkapital}}$	Die Eigenkapitalrendite wird im Englischen als *Return on Equity* (ROE) bezeichnet. Du berechnest sie, indem du den Nettogewinn durch das durchschnittliche in der Periode gebundene Eigenkapital teilst.
Eigenkapitalkosten (COE) r_i nach dem CAPM	$r_i = r_f + \beta_i (r_m - r_f)$	Anders als die Fremdkapitalkosten werden die Eigenkapitalkosten nicht im Jahresabschluss eines Unternehmens ausgewiesen. Du musst sie anhand eines Modells wie dem *Capital Asset Pricing Model* (CAPM) bestimmen. Nach dem CAPM entspricht die erwartete Rendite eines Portfolios oder einer Aktie dem risikolosen Zinssatz r^f plus dem Beta β_i mal der Aktienrisikoprämie, also der Marktrendite r_m minus dem risikolosen Zinssatz r_f.
Return on Invested Capital (ROIC)	$\frac{\text{EBIT (1 – Steuersatz)}}{\text{Durchschnittliches investiertes Kapital}}$	Den ROIC bestimmst du, indem du das EBIT nach Steuern durch das durchschnittlich investierte Kapital teilst. EBIT steht für *Earnings Before Interest and Taxes.*

Kennzahl	Berechnung	Interpretation
Durchschnittliche gewichtete Kapitalkosten (WACC)	$\frac{E}{E+D} r_E + \frac{D}{E+D} r_D (1-t)$	Die durchschnittlichen gewichteten Kapitalkosten eines Unternehmens kannst du berechnen, indem du die Eigenkapitalkosten r_E und die Fremdkapitalkosten r_D mit dem Gewicht des Eigenkapitals *E* bzw. des Fremdkapitals *D* am langfristigen Gesamtkapital (E + D) gewichtest. Bevor du die gewichteten Fremd- und Eigenkapitalkosten summierst, musst du die steuerlich abzugsfähigen Fremdkapitalkosten mit 1 minus dem Steuersatz t multiplizieren. Die durchschnittlichen gewichteten Kapitalkosten eines Unternehmens werden im Englischen als *Weighted Average Cost of Capital* (WACC) bezeichnet.
Umsatzwachstum pro Jahr	$\frac{\textit{Umsatz in einem Jahr}}{\textit{Umsatz im Vorjahr}} - 1$	Das Umsatzwachstum ist ein zentraler Werttreiber und spielt eine entscheidende Rolle bei der Unternehmensbewertung.
Durchschnittliches jährliches Umsatzwachstum (CAGR)	$\left(\frac{\textit{Umsatz im letzten Jahr}}{\textit{Umsatz im ersten Jahr}}\right)^{\frac{1}{n}}$	In vielen Geschäftsberichten wird die sogenannte *Compound Annual Growth Rate* (CAGR) ausgewiesen. Sie gibt das durchschnittliche jährliche Umsatzwachstum über einen Zeitraum von *n* Jahren an – vom ersten bis zum letzten Jahr der betrachteten Periode.

Ein Unternehmen kann seine Eigenkapitalrendite steigern, indem es die Nettogewinnmarge, den Vermögensumschlag und/oder den Verschuldungsgrad (Leverage) steigert. Die Zerlegung der Eigenkapitalrendite in diese drei Faktoren wird als „DuPont-Kennzahlensystem" bezeichnet. Die nachfolgende Tabelle zeigt dir, wie diese Kennzahlen sowie der Zinsdeckungsgrad und die EBIT-Marge berechnet werden.

Kennzahl	Berechnung	Interpretation
Nettogewinn-marge	$\frac{\text{Nettogewinn}}{\text{Umsatz}}$	Die Nettogewinnmarge ist eine zentrale Kennzahl zur Beurteilung der Profitabilität eines Unternehmens. Du berechnest sie, indem du den Nettogewinn durch den Umsatz teilst.
Vermögens-umschlag	$\frac{\text{Umsatz}}{\text{Durchschnittliches Gesamtvermögen}}$	Der Vermögensumschlag zeigt, wie effizient ein Unternehmen seine Vermögenswerte nutzt, um Umsätze zu erzielen. Ein Vermögensumschlag von 3 bedeutet, dass mit einem Euro an Vermögen drei Euro Umsatz erwirtschaftet werden.
Verschul-dungsgrad (Leverage)	$\frac{\text{Fremdkapital}}{\text{Eigenkapital}}$	Der Verschuldungsgrad eines Unternehmens wird häufig als Verhältnis von Fremdkapital zu Eigenkapital gemessen.
	$\frac{\text{Durchschnittliches Gesamtvermögen}}{\text{Durchschnittliches Eigenkapital}}$	Zerlegt man aber die Eigenkapitalrendite (ROE) nach der sogenannten „DuPont-Formel" in Nettogewinnmarge × Vermögensumschlag × Verschuldungsgrad, dann wird der Verschuldungsgrad als Verhältnis von durchschnittlichem Gesamtvermögen zum durchschnittlichem Eigenkapital bestimmt.
Zinsdeckungs-grad (Interest Coverage Ratio)	$\frac{\text{EBIT}}{\text{Zinsaufwand}}$	Der Zinsdeckungsgrad (*Interest Coverage Ratio*) zeigt dir, wie leicht es einem Unternehmen fällt, seinen Zinsaufwand aus dem operativen Gewinn (EBIT) zu bezahlen. Ein Zinsdeckungsgrad von über 3 deutet darauf hin, dass ein Unternehmen seine Zinsen derzeit leicht bedienen kann.
EBIT-Marge	$\frac{\text{EBIT}}{\text{Umsatz}}$	Die EBIT-Marge misst, wie viel operativen Gewinn (EBIT) ein Unternehmen relativ zum Umsatz erwirtschaftet. Die EBIT-Marge ist die zentrale Profitabilitätskennzahl bei der Bewertung von Unternehmen.

Ein Unternehmen muss in Sachanlagen und in sein Netto-Umlaufvermögen investieren, wenn es seine Umsätze nachhaltig steigern will. Frage daher stets kritisch, wie viel Liquidität ein Unternehmen aufwenden muss, um weiteres Umsatzwachstum zu erzielen. Die nachfolgende Tabelle zeigt dir, wie du die Reinvestitionen, die Reinvestitionsquote und das Netto-Umlaufvermögen bestimmen kannst.

Kennzahl	Berechnung	Interpretation
Reinvestitionen	*Investitionen in Sachanlagen + Zahlungen für Akquisitionen + Veränderung des Netto-Umlaufvermögens (NWC) – Abschreibungen – nicht zahlungswirksame Gewinne und andere Adjustierungen*	Unter „Reinvestitionen" versteht man die von einem Unternehmen erwirtschafteten Mittel, die es über die Abschreibungen hinaus in das eigene Geschäft reinvestiert, um seine Kapazitäten auszubauen und langfristiges Wachstum zu sichern. Die langfristigen Reinvestitionen bestehen aus den Investitionen in Sachanlagen (*Capital Expenditures, Capex*) und den Zahlungen für Akquisitionen (*Cash Acquisitions*). Die Veränderung des Netto-Umlaufvermögens (*Change in Net Working Capital, NWC*) quantifiziert die kurzfristigen zahlungswirksamen Investitionen eines Unternehmens. Bei der Bestimmung der zahlungswirksamen Reinvestitionen werden neben den Abschreibungen oftmals auch die nicht zahlungswirksamen Gewinne (*Non-Cash Gains*) subtrahiert.
Reinvestitionsquote	$\frac{\text{Umsatz – Umsatz im Vorjahr}}{\text{Reinvestitionen}}$	Die angenommene Reinvestitionsquote von Microsoft in Höhe von 2,0 bedeutet beispielsweise, dass Microsoft im Geschäftsjahr 2025 nur rund 21 Milliarden Dollar an langfristigen Reinvestitionen vornehmen muss, um seine Umsätze von 282 Milliarden Dollar auf 324 Milliarden Dollar zu steigern ((324-282) / 21 = 2,0).

Kennzahl	Berechnung	Interpretation
Netto-Umlaufvermögen	*Umlaufvermögen – kurzfristige Verbindlichkeiten*	Das Netto-Umlaufvermögen wird im Englischen als *Net Working Capital* (NWC) bezeichnet. Du kannst es als Differenz zwischen den kurzfristigen Vermögenswerten (Umlaufvermögen) und den kurzfristigen Verbindlichkeiten berechnen. Die kurzfristigen Vermögenswerte umfassen Zahlungsmittel, kurzfristige Investitionen, Forderungen aus Lieferungen und Leistungen, Vorräte sowie sonstige kurzfristige Vermögenswerte. Die kurzfristigen Verbindlichkeiten setzen sich aus Verbindlichkeiten aus Lieferungen und Leistungen, kurzfristigen Finanzverbindlichkeiten, Rückstellungen und sonstigen kurzfristigen Verbindlichkeiten zusammen.

Die nachfolgende Tabelle gibt dir die wichtigsten Formeln wieder, die ich bei der Bestimmung des Wertes von Microsoft anhand des FCFF-Modells verwendet habe. Analysten verwenden FCFF-Modelle, um den Wert von Unternehmen und Aktien zu bestimmen.

Kennzahl	Berechnung	Interpretation
Free Cash Flow to the Firm (FCFF)	*EBIT (1 – t) + D&A – Capex – Δ NWC ± Adjustierungen* *= EBIT(1 – t) – Reinvestitionen*	Den operativen Gewinn (EBIT) kannst du in den FCFF überführen, indem du - den operativen Gewinn mit 1 minus den zahlungswirksamen Steuersatz t multiplizierst und somit die Steuern berücksichtigst, die ein Unternehmen bezahlt, - die Abschreibungen auf Sachanlagen und immaterielle Vermögensgegenstände (*Depreciation & Amortization*, D&A) addierst, da sie nicht zahlungswirksam sind, und - die Investitionen in das Sachanlagevermögen (Capex) und die Veränderung des Netto-Umlaufvermögens (Δ NWC) subtrahierst, da sie mit Zahlungsabflüssen verbunden sind. Die Differenz aus Capex und Δ NWC einerseits und D&A andererseits wird als Reinvestition bezeichnet.
EBIT	*Umsatz – operative Kosten*	Den operativen Gewinn (*Earnings before Interest and Taxes*, EBIT) ermittelst du, indem du von den Umsätzen die Herstellungskosten, die Verwaltungs- und Vertriebskosten, die Forschungs- und Entwicklungskosten sowie sonstige operative Kosten abziehst.

Kennzahl	Berechnung	Interpretation
Summe der Barwerte der FCFF während des expliziten Vorhersagezeitraums	$\sum_{i=1}^{n} \frac{FCFF_i}{(1+WACC)^i}$	Der fundamentale Wert eines Unternehmens entspricht dem Barwert der zukünftigen FCFF. Den Barwert kannst du berechnen, indem du die FCFF mit 1 + den durchschnittlichen gewichteten Kapitalkosten (WACC) des Unternehmens abzinst.
Terminal Value	$\frac{FCFF_{n+1}}{k-g}$	Den Wert der FCFF, die ein Unternehmen nach dem expliziten Vorhersagezeitraum von typischerweise $n=10$ Jahren erwirtschaftet, kannst du anhand einer „Terminal-Value-Formel" bestimmen. Gilt ROIC = WACC, dann kannst du den Terminal Value bestimmen, indem du die FCFF in der Periode n+1 durch die Differenz aus den gewichteten Kapitalkosten minus die konstante Wachstumsrate g in der Terminal-Value-Periode teilst. Vergiss bitte nicht, dass du den Terminal Value dann noch abzinsen musst, um den Barwert des Terminal Values zu bestimmen.
Reinvestitionen in der Terminal-Value-Periode	$\frac{g_{TV}}{ROIC_{TV}} EBIT_{TV} (1-t)$	Die Reinvestitionen in der Terminal-Value-Periode berechnet man üblicherweise, indem man die angenommene Wachstumsrate in der Terminal-Value-Periode (g_{TV}) durch die Kapitalrendite in der Terminal-Value-Periode (ROI_{TV}) teilt und mit den erwarteten operativen Gewinnen nach Steuern in der Terminal-Value-Periode $EBIT_{TV} (1-t)$ multipliziert. Anhand dieser Formel habe ich bei der Bewertung von Microsoft die rund 61 Milliarden Dollar an Reinvestitionen in der Terminal-Value-Periode berechnet.

Ausgewählte Kennzahlen zur Rendite und zum Risiko von Investments

Die nachfolgende Tabelle zeigt dir, wie du Renditen, Mittelwerte, Standardabweichungen und das geometrische Mittel von Renditen berechnen kannst. Zudem stelle ich dir das wichtigste risikoadjustierte Performancemaß vor: die Sharpe Ratio.

Kennzahl	Berechnung	Interpretation
Diskrete Rendite	$\frac{\text{Endwert} - \text{Anfangswert}}{\text{Anfangswert}}$ $= \frac{\text{Endwert}}{\text{Anfangswert}} - 1$	Steigt ein Investment von 1.000 Euro über ein Jahr auf 1.080 Euro, dann beträgt die Rendite (1.080 Euro – 1.000 Euro) / 1.000 Euro = 8 % in dem Jahr. Alternativ ergibt sich derselbe Wert, wenn du 1.080 Euro durch 1.000 Euro teilst und 1 abziehst. Diese Art der Berechnung wird als „diskrete Rendite" bezeichnet.
Mittelwert der Renditen ($\bar{r}$)	$\frac{1}{n}\sum_{i=1}^{n} r_i$	Den Mittelwert von n Renditen berechnest du, indem du die Renditen summierst und dann durch die Anzahl *n* der Beobachtungen teilst.
Standardabweichung der Renditen (σ)	$\sqrt{\frac{1}{n-1}\sum_{i=1}^{n}(r_i - \bar{r})^2}$	Die Standardabweichung misst, wie stark die einzelnen Renditen im Durchschnitt vom Mittelwert $\bar{r}$ abweichen. Je größer die Standardabweichung, desto stärker schwanken die Renditen – und desto höher ist das Risiko, dass Anleger Verluste erleiden.
Geometrischer Durchschnitt der Renditen	$\left(\prod_{i=1}^{n}(1 - r_i)\right)^{\frac{1}{n}} - 1$	Den geometrischen Durchschnitt einer Zeitreihe von *n* Renditen berechnest du, indem du die n-te Wurzel des Produkts der um 1 erweiterten Renditen ziehst und anschließend 1 subtrahierst.

Kennzahl	Berechnung	Interpretation
Sharpe Ratio	$\frac{\bar{r}_p - r_f}{\sigma_p}$	Die Sharpe Ratio, benannt nach dem Ökonomen William F. Sharpe, setzt die durchschnittliche Überschussrendite eines Investments – also die durchschnittliche Rendite eines Portfolios $\bar{r}_p$ oberhalb des risikolosen Zinses r_f – ins Verhältnis zur Volatilität des Investments σ_p.

In der nachfolgenden Tabelle zeige ich dir zentrale Kennzahlen, die du bei der Risikosteuerung berücksichtigen solltest: Kovarianz, Korrelation, Beta einer Aktie und das Portfolio-Beta.

Kennzahl	Berechnung	Interpretation
Kovarianz der Renditen (cov (r_1, r_1))	$\frac{1}{n-1}\sum_{i=1}^{n}(r_{1i} - \bar{r}_1)(r_{2i} - \bar{r}_2)$	Anhand der Korrelation kannst du den linearen Zusammenhang zwischen zwei Renditeverläufen r_1 und r_2 messen. Dazu berechnest du zunächst die Kovarianz der Renditen.
Korrelation	$\frac{\text{cov}(r_1, r_2)}{\sigma_1 \; \sigma_2}$	Die Korrelation bestimmst du, indem du die Kovarianz durch das Produkt der Standardabweichungen der Renditen der beiden von dir betrachteten Wertpapiere teilst.
Beta einer Aktie i (β_i)	$\frac{\text{cov}(r_i, r_M)}{\text{var}(r_M)}$	Das Beta einer Aktie berechnest du, indem du zunächst die Kovarianz der Renditen der Aktie mit den Renditen des Gesamtmarkts r_M bestimmst und diese anschließend durch die Varianz der Marktrenditen *var* (r_M) teilst.
Beta eines Portfolios p (β_p)	$\sum_{i=1}^{n} w_i \, \beta_i$	Das Beta eines Portfolios misst, wie sensitiv ein Portfolio auf Bewegungen des Gesamtmarkts reagiert. Zur Berechnung des Portfolio-Betas multiplizierst du die Betas β_i der Einzelwerte deines Portfolios mit den Gewichten w_i, mit denen du diese in deinem Portfolio hältst, und summierst dann die gewichteten Betas.

Nützliche Formeln zu Renten

Investierst du in eine Anleihe, dann solltest du den Wert der Anleihe und ihren Effektivzins (*Yield-to-Maturity*) kennen. Nachfolgend zeige ich dir, wie du diese beiden wichtigen Kennzahlen berechnen kannst.

Kennzahl	Berechnung	Interpretation
Wert einer Anleihe (P)	$p = \sum_{i=1}^{n} \frac{C}{(1+y)^i} + \frac{F}{(1+y)^n}$	Der Wert einer Anleihe entspricht dem Barwert der zukünftigen Kuponzahlungen C zuzüglich des Barwerts des Rückzahlungsbetrags F der Anleihe. Der konkrete Wert hängt dabei von mehreren Faktoren ab: - dem Abrechnungstag - dem Rückzahlungstermin - dem Nominalzins (Kupon) - der Marktrendite (YTM oder y) - dem Nennwert der Anleihe - der Anzahl der Kuponzahlungen pro Jahr sowie - der verwendeten Zinsberechnungsmethode. Beispiel: Zur Bewertung einer 4-jährigen Anleihe mit - einem Kuponzins von drei Prozent - bei einem Effektivzins von vier Prozent - einem Nennwert von 100 sowie - einer jährlichen Kuponzahlung verwendest du in Excel die Formel: ***= PRICE („31.1.2025"; „31.01.2029"; 0,03; 0,04; 100; 1; 1)*** Das Ergebnis der Excel-Funktion führt in unserem Beispiel zu einem Wert der Anleihe in Höhe von 96,37. Die letzten beiden Parameter bedeuten: 1: eine Kuponzahlung pro Jahr 1: Zinsberechnungsmethode Actual/Actual. Hinweis für deutsche Excel-Versionen: Statt = *PRICE()* musst du die Funktion = *Kurs()* verwenden.

Kennzahl	Berechnung	Interpretation
Yield-to-Maturity (YTM) (y)	$p = \sum_{i=1}^{n} \frac{C}{(1+y)^i} + \frac{F}{(1+y)^n}$ $y = ?$	Wenn du in eine Anleihe investierst, dann erhältst du während der Laufzeit regelmäßige Kuponzahlungen C sowie am Ende der Laufzeit den Nennwert F der Anleihe zurück. Die Yield-to-Maturity (YTM) ist die effektive jährliche Rendite, die du erzielst, wenn du die Anleihe bis zur Endfälligkeit hältst und alle Kupons zum gleichen Zinssatz wieder anlegst. Sie entspricht dem internen Zinsfuß der Anleihe. Da sich die zugrunde liegende Gleichung nicht direkt nach dem Zinssatz y auflösen lässt, muss sie iterativ gelöst werden. Beispiel: Betrachtest du eine 4-jährige Anleihe mit einem Kuponzins von drei Prozent, einem aktuellen Preis von 96,37 und einem Nennwert von 100, dann kannst du die Yield-to-Maturity in Excel bestimmen: **= YIELD („31.1.2025"; „31.01.2029"; 0,03; 96,37; 100; 1; 1)** Die letzten beiden Parameter bedeuten: 1: eine Kuponzahlung pro Jahr 1: Zinsberechnungsmethode Actual/Actual. Das Ergebnis dieser Berechnung ist eine Yield-to-Maturity von vier Prozent. Hinweis für deutsche Excel-Versionen: Statt = *YIELD()* musst du die Funktion = Rendite() verwenden.

Investierst du in Anleihen, dann setzt du dein Kapital sowohl Zins- als auch Bonitätsrisiken aus. Legst du dein Kapital in Fremdwährung an, dann gehst du zudem auch Währungsrisiken ein. Das Bonitätsrisiko beschreibt die Gefahr, dass der Emittent einer Anleihe zahlungsunfähig wird – etwa infolge einer Verschlechterung seiner wirtschaftlichen Lage oder der allgemeinen Bedingungen im jeweiligen Land. Das

Zinsrisiko ergibt sich aus möglichen Veränderungen des Marktzinses: Steigen die Zinsen, dann sinkt der Kurs einer Anleihe, fallen die Zinsen, dann steigt ihr Kurs. Das Zinsänderungsrisiko lässt sich mit der Duration quantifizieren: Die modifizierte Duration zeigt dir, wie stark der Kurs einer Anleihe auf eine Zinsänderung reagiert.

Kennzahl	Berechnung	Interpretation
Macaulay-Duration (D)	$\dfrac{\sum_{i=1}^{n} i \dfrac{C}{(1+y)^i} + n \dfrac{F}{(1+y)^n}}{P}$	Die Duration ist das zentrale Maß für das Zinsänderungsrisiko von Anleihen. Sie misst die durchschnittliche, barwertgewichtete Laufzeit aller Zahlungen einer Anleihe. Sie wird in der Regel als Macaulay-Duration bestimmt, aus der die modifizierte Duration abgeleitet werden kann. Die modifizierte Duration bestimmst du, indem du die Macaulay-Duration durch 1 plus den Effektivzins teilst. Beispiel: Möchtest du die modifizierte Duration einer 4-jährigen Anleihe mit - einem Kuponzins von drei Prozent - einem Effektivzins von drei Prozent - einem Nennwert von 100 sowie - einer jährlichen Kuponzahlung berechnen, dann kannst du die folgende Formel in Excel anwenden: ***= MDURATION („31.1.2025"; „31.1.2029"; 0,03; 0,03; 1; 1)*** Das Ergebnis der Formel ergibt eine modifizierte Duration von 3,72. Die durchschnittliche, barwertgewichtete Laufzeit der Anleihe beträgt also 3,72 Jahre. Das bedeutet: Steigt der Zins um einen Prozentpunkt, dann solltest du aufgrund der Berechnung der modifizierten Duration mit einem Kursverlust von −3,72 Prozent rechnen. Sinkt der Marktzins hingegen um einen Prozentpunkt, dann kannst du mit einem Kursgewinn von +3,72 Prozent rechnen.
Modifizierte Duration	$\dfrac{D}{1+y}$	

Kennzahl	Berechnung	Interpretation
Konvexität (Näherungsformel)	$\frac{P_+ + P_- - 2P_0}{P_0 \, (\Delta y)^2}$	Wenn du das Zinsänderungsrisiko einer Anleihe bei größeren Zinsänderungen genauer abschätzen willst, dann solltest du eine Konvexitätsanpassung vornehmen. Die Konvexität kannst du näherungsweise anhand der Konvexitätsformel bestimmen. Da der Wert der Anleihe in unserem Beispiel bei einer Zinssenkung um einen Prozentpunkt von P_0 = 100 auf P_+ = 103,81 steigt und bei einer Zinssenkung um einen Prozentpunkt auf P_- = 96,37 fällt, ergibt sich nach der näherungsweisen Konvexitätsformel eine Konvexität von 17,78. Die Konvexität kannst du verwenden, um die Konvexitätsanpassung in Höhe von 0,09 % zu berechnen: ½ 17,78 $(0,01)^2$ = 0,09 % Berücksichtigst du sowohl die Duration als auch die Konvexitätsanpassung, dann: - ergibt sich bei einem Zinsanstieg um einen Prozentpunkt: ein erwarteter Kursverlust = −3,72 % + 0,09 % = −3,63 % - und bei einem Zinsrückgang um einen Prozentpunkt: ein erwarteter Kursgewinn = +3,72 % + 0,09 % = +3,81 %.
Konvexitätsanpassung	$\frac{1}{2}$ *Konvexität* $(\Delta y)^2$	

Empfehlenswerte Finanzportale

Professionelle Investoren nutzen kostenpflichtige Datenquellen wie etwa das Bloomberg Terminal, FactSet und Alphasense, um Daten zu analysieren. Als Privatinvestor findest du heute im Internet zahlreiche kostenlose oder zumindest preisgünstige Datenquellen. Nachfolgend nenne ich dir ausgewählte Finanzportale, die ich dir zum Einstieg in die Welt der Finanzen empfehlen kann. Beständig aktualisierte Links findest du auf der Webseite zu diesem Buch **www.jvinvest.ai.**

Name	Link	Beschreibung
Bloomberg.com	*www.bloomberg.com*	Auf der Webseite des Anbieters des professionellen Bloomberg Terminals findest du zahlreiche kostenfreie Informationen zu Finanzmärkten, Volkswirtschaft, ausgewählten Investmentthemen und Politik. Vielleicht möchtest du auch *Bloomberg TV* oder die Zeitschrift *Bloomberg Businessweek* als Informationsquelle nutzen.
Morningstar	*www.morningstar.com* *www.morningstar.de*	Morningstar stellt privaten und professionellen Investoren zahlreiche Finanzdaten zur Verfügung. Wenn du Fonds und ETFs auf Basis aktueller Daten vergleichen möchtest, dann ist diese Plattform ein guter Ausgangspunkt. Für deutsche Anleger stellt Morningstar länderspezifische Informationen auf einer eigenen Webseite bereit.
Yahoo Finance	*https://finance.yahoo.com* *https://de.finance.yahoo.com*	Yahoo Finance bietet nicht nur aktuelle Finanzinformationen, sondern ermöglicht es dir auch, ein Wertpapierportfolio anzulegen. Verfügst du über Programmierkenntnisse, dann kannst du die Daten zudem direkt von Yahoo Finance in Python oder andere Programmierumgebungen laden und analysieren.

Name	Link	Beschreibung
EDGAR und Webseiten der Unternehmen	*www.sec.gov/edgar*	Auf dieser Seite stellt die U.S. Securities and Exchange Commission (SEC) Jahresberichte, Quartalsergebnisse und zahlreiche weitere Dokumente für in den USA börsennotierte Unternehmen zur Verfügung. Geschäftsberichte findest du in der Regel auch im Bereich „Investor Relations" auf den Webseiten der jeweiligen Unternehmen. Lies dir die Jahres- und Quartalsabschlüsse von Unternehmen immer sorgfältig durch, bevor du größere Summen in einzelne Aktien investierst.
Auswahl weiterer Finanzportale im deutschsprachigen Raum	*www.onvista.de* *www.finanzen.net* *www.wallstreet-online.de* *www.dasinvestment.com* *www.deraktionaer.de* *www.boerse-online.de* *www.fondsprofessionell.de* *www.themarket.ch* *www.cash.ch*	Neben den oben genannten Portalen, die für ihre hohe Datenqualität bekannt sind, stellen dir zahlreiche weitere Finanzseiten wertvolle Informationen zur Verfügung. Dort findest du nicht nur aktuelle Finanzdaten, sondern auch fundierte Analysen und Berichte zu Investment- und Wirtschaftsthemen sowie Interviews mit Finanzexperten.
Weitere Finanzportale im englischsprachigen Raum	*www.reuters.com* *www.cnbc.com* *www.marketwatch.com* *www.fool.com* *www.seekingalpha.com*	Besonders hochwertige Informationen findest du auf einigen englischsprachigen Webseiten. Viele Inhalte – etwa bei The Motley Fool – sind jedoch nur gegen Bezahlung zugänglich.
Empfehlenswerte Zeitungen für Finanzinteressierte in deutscher Sprache	*www.handelsblatt.de* *www.boersen-zeitung.de* *www.faz.net* *www.nzz.ch* *www.thepioneer.de* *www.capital.de* *www.deraktionaer.de* *www.boerse-online.de*	Zeitungen ordnen politische und wirtschaftliche Entwicklungen ein, liefern verlässliche Informationen und helfen dir dabei, dir eine fundierte Meinung zu bilden. Gerade in Zeiten von Social Media, Fake News und einer zunehmenden Polarisierung ist unabhängiger Journalismus unverzichtbar. Als Investor solltest du mindestens eine seriöse Zeitung regelmäßig lesen, um die Zusammenhänge zwischen Finanzmärkten und Politik besser zu verstehen.

Name	Link	Beschreibung
Empfehlenswerte Zeitungen für Finanzinteressierte in englischer Sprache	www.ft.com www.wsj.com www.barrons.com	Wenn du über den Tellerrand schauen willst: Internationale Qualitätszeitungen wie die *Financial Times* und das *Wall Street Journal* sind für viele Investoren unverzichtbar.

ENDNOTEN

Die in diesem Buch enthaltenen Inhalte stellen ausschließlich die privaten Positionen und Ansichten des Autors dar und spiegeln nicht notwendigerweise die Auffassungen oder Geschäftspolitik der gegenwärtigen oder ehemaligen Arbeitgeber des Autors wider, welche die Inhalte des Buches weder autorisiert noch beeinflusst haben.

Auf der Internetseite www.jvinvest.ai *stelle ich dir aktuelle Informationen zu diesem Buch bereit.*

1 Buffett, Warren, Berkshire Hathaway, Letters to Shareholders, 1965-2014. Seine aktuellen Briefe an seine Aktionäre findest du im Internet unter: https://www.berkshirehathaway.com/letters/letters.html.

2 Modigliani, Franco/Miller, Merton H., „The Cost of Capital, Corporation Finance and the Theory of Investment", *The American Economic Review*, 48(3), 1958, S. 261-297; Miller, Merton H./Modigliani, Franco, „Dividend Policy, Growth, and the Valuation of Shares", *The Journal of Business*, 34(4), 1961, S. 411-433; Miller, Merton H., „The Modigliani-Miller Propositions After Thirty Years", *The Journal of Economic Perspectives*, 2(4), 1988, S. 99-120.

[3] Warren Buffett in: Berkshire Hathaway, Letters to Shareholders 1965-2014, To the Shareholders of Berkshire Hathaway Inc., 1989 (Übersetzung aus dem Englischen).

[4] Stirling Corporation, Prospectus, 19. Februar 1970.

[5] Harvard Business School, Stirling Homex (A), Case Study, 1977.

[6] Stirling Homex Corporation, 1971 Annual Report, Consolidated Statement of Income Year ended July 31,1971 with comparative figures for 1970.

[7] Viebig, Jan et al., Equity Valuation: Models from Leading Investment Banks, John Wiley & Sons, 2008, S. 21-26.

[8] Umsätze darf ein Unternehmen ausweisen, wenn erstens ein Vertrag mit einem Kunden zustande gekommen ist, das Unternehmen sich zweitens mit dem Kunden auf einen Preis geeinigt hat, es drittens die Leistung für den Kunden erbracht hat und es viertens sicher ist, dass der Kunde das Unternehmen zu einem späteren Zeitpunkt für diese Leistung auch tatsächlich bezahlt. Die Regeln, nach denen Umsätze ausgewiesen werden dürfen, werden vom International Accounting Standards Board (IASB), dem Financial Accounting Standards Board (FASB) und anderen Organisationen, die mit der Rechnungslegung in unterschiedlichen Jurisdiktionen betraut werden, festgelegt.

[9] Stirling Homex Corporation, 1971 Annual Report, Notes to Consolidated Financial Statements July 31, 1971, Fußnote 3 („Receivables“).

[10] Harvard Business School, Stirling Homex (C), Case Study 1977.

[11] Committee of Sponsoring Organizations of the Treadway Commission, Fraudulent Financial Reporting: 1998-2007. An Analysis of U.S. Public Companies, 2010, S. 1. Einen Überblick zu Rechnungslegungstricks von Unternehmen geben: Schilit, Howard, Financial Shenanigans, 2nd Edition, Mc Graw-Hill, 2002; Mulford, Charles W./Comiskey, Eugene E., The Financial Numbers Game, John Wiley & Sons, 2002.

[12] *New York Times*, „U.S. Says Stirling Homex Reported Phantom Sales“, von Robert J. Cole, 3. Juli 1975.

[13] Fama hat ursprünglich zwischen drei Arten von Tests unterschieden, um die Effizienzmarkthypothese zu überprüfen. Anhand von Tests auf

schwach effiziente Märkte wird untersucht, ob alle historischen Kurse in den aktuellen Kursen reflektiert sind. Anhand von Tests auf *mittelstarke Effizienz* wird überprüft, ob alle öffentlich verfügbaren Daten vollständig in den aktuellen Kursen widergespiegelt werden. Anhand von Tests auf *starke Effizienz* wird hinterfragt, ob alle öffentlichen und nicht-öffentlichen Informationen vollständig in den aktuellen Kursen berücksichtigt sind. Fama, Eugene F., „Efficient Capital Markets: A Review of Theoretical and Empirical Work", *The Journal of Finance*, 25(2), 1970, S. 383-417. In diesem Buch wird die Unterteilung der Tests in der abgewandelten Form verwendet, die Fama im Jahr 1991 eingeführt hat: Fama, Eugene F., „Efficient Capital Markets: II", *The Journal of Finance*, 46(5), 1991, S. 1575-1617.

14 Fama, Eugene F., „Efficient Capital Markets: A Review of Theoretical and Empirical Work", *The Journal of Finance*, 25(2), 1970, S. 383-417; Fama, Eugene F., „Efficient Capital Markets: II", *The Journal of Finance*, 46(5), 1991, S. 1575-1617.

15 Malkiel, Burton G., A Random Walk Down Wall Street, W. W. Norton & Company, 1991, S. 24 (Übersetzung aus dem Englischen).

16 Fama, Eugene F./French, Kenneth R., „Luck versus Skill in the Cross-Section of Mutual Fund Returns", *The Journal of Finance*, 65(5), 2010, S. 1915-1947; Harvey, Campbell R./Liu, Yan, „Luck versus Skill in the Cross Section of Mutual Fund Returns: Reexamining the Evidence", *The Journal of Finance*, 77(3), 2022, S. 1921-1966.

17 Cochrane, John H./Moskowitz, Tobias J., „Efficient Markets and Empirical Finance", in: The Fama Portfolio: Selected Papers of Eugene F. Fama, The University of Chicago Press, 2017.

18 Die Tulpenmanie gilt als Inbegriff einer spekulativen Blase. Anfangs wurden Tulpenzwiebeln in den 1630er-Jahren von wohlhabenden holländischen Geschäftsleuten, die sich an der Pracht der Pflanzen erfreuten und sie als Statussymbol schätzten, zu hohen Preisen gekauft. Als die Zwiebeln dann von Händlern zu Spekulationszwecken erworben wurden, vervielfachten sich die Preise in kurzer Zeit. Nachdem die abstrus hohen Preise 1637 zusammengebrochen waren, erlitten die stolzen Besitzer der seltenen Zwiebeln enorme Verluste. MacKay, Charles, Extraordinary Popular Delusions and the Madness of

Crowds, erstmals veröffentlicht 1841, Wordsworth Reference, 1995, S. 89-97.

[19] MacKay, Charles, Extraordinary Popular Delusions and the Madness of Crowds, erstmals veröffentlicht 1841, Wordsworth Reference, 1995; Viebig, Jan, „Exuberance in Financial Markets: Evidence from Machine Learning Algorithms", *Journal of Behavioral Finance*, 21(2), S. 128-135.

[20] Dieses Zitat wird oftmals Markt Twain zugeschrieben. Eine glaubhafte Quelle dafür ist mir nicht bekannt.

[21] Baker, Malcolm/Wurgler, Jeffrey, „Investor Sentiment in the Stock Market", *Journal of Economic Perspectives*, 21(2), 2007, S. 129-151. Hirshleifer, David, „Investor Sentiment and Asset Pricing", *The Journal of Finance*, 56(4), 2001, S. 1533-1597.

[22] *Frankfurter Allgemeine Zeitung*, „Der Markt weiß alles", von Patrick Bernau, aktualisiert am 9.8.2014.

[23] Shiller, Robert, „The Use of Volatility Measures in Assessing Market Efficiency", *The Journal of Finance*, 36(2), 1981, S. 291-301; Shiller, Robert, „Do Stock Prices Move Too Much to be Justified by Subsequent Changes in Dividends?", *American Economic Review*, 71(3), 1981, S. 421-436; Shiller, Robert, „The Volatility Debate", *American Journal of Agricultural Economics*, 70(5), 1988, S. 1057-1063; Shiller, Robert, „Comovements in Stock Prices and Comovements in Dividends", *The Journal of Finance*, 44(3), 1989, S. 719-729.

[24] Shiller, Robert, Irrational Exuberance, Princeton University Press, 2000.

[25] Campbell John Y./Shiller, Robert, „Cointegration and Tests of Present Value Models", *Journal of Political Economy*, 95(5), 1987, S. 1062-1088; Campbell, John Y./Shiller, Robert, „Stock Prices, Earnings, and Expected Dividends", *The Journal of Finance*, 43(3), 1988, S. 661-676; Campbell, John Y./Shiller, Robert, „The Dividend-Price Ratio and Expectations of Future Dividends and Discount Factors", *The Review of Financial Studies*, 1(3), 1989, S. 195-228.

[26] Shiller, Robert, Narrative Economics, Princeton University Press, 2019.

[27] Hirshleifer, David/Teoh, Siew Hong, „Herd Behaviour and Cascading in Capital Markets: A Review and Synthesis", *European Financial Management*, 9(1), 2003, S. 25-66.

[28] Buffett, Warren, To the Shareholders of Berkshire Hathaway, 2016.

[29] Das Zitat wird Einstein zugeschrieben: *„Compound interest is the eighth wonder of the world. He who understands it, earns it ... he who doesn't ... pays it."* Für dieses Zitat gibt es jedoch keine verlässliche Quelle.

[30] Zweig, Stefan, Die Welt von Gestern, Anaconda Verlag, S. 391f.

[31] Zweig, Stefan, Die Welt von Gestern, Anaconda Verlag, S. 388.

[32] Dimson, Elroy/Marsh, Paul/Staunton, Mike, Global Investment Returns Yearbook 2025, hrsg. von UBS, S. 25.

[33] Goldman Sachs, Growth and Development: The Path to 2050, 2004; Goldman Sachs, The World and the BRICs Dream, 2006; O'Neill, Jim, The Growth Map, Economic Opportunity in the BRICs and Beyond, Penguin Group, 2011.

[34] Bei der Berechnung des MSCI World Net Total Return Index nimmt MSCI an, dass die Dividendenzahlungen netto nach Steuern reinvestiert werden und damit langfristig zur Wertentwicklung beitragen. MSCI legt die Methodologie der Indexberechnung und Änderungen bei der Zusammensetzung der Indizes im Zeitablauf transparent offen: MSCI, MSCI Index Calculation Methodology, März 2023.

[35] Greene, William H., Econometric Analysis, Fifth Edition, 2003, S. 454f und S. 877-919.

[36] Dimson, Elroy/Marsh, Paul/Staunton, Mike, Global Investment Returns Yearbook 2025, hrsg. von UBS.

[37] Sharpe, William F., „The Sharpe Ratio", *The Journal of Portfolio Management*, 21(1), 1994, S. 49-58.

[38] EDGAR steht für Electronic Data Gathering, Analysis, and Retrieval. https://www.sec.gov/edgar/search/.

[39] Die verwendeten Daten findest du in der Gewinn- und Verlustrechnung (Income Statement) von Microsoft für das Geschäftsjahr 2024.

Microsoft Corporation, Form 10-K, Annual Report for the Fiscal Year Ended June 30, 2024, S. 56f.

40 Microsoft Corporation, Form 10-K, Annual Report for the Fiscal Year Ended June 30, 2024, S. 56f.

41 Bernard, Victor L., Accounting-Based Valuation Methods, Determinants of Market-to-Book Ratios and Implications for Financial Statement Analysis, Working Paper University of Michigan, 1994.

42 Viebig, Jan et al., Equity Valuation: Models from Leading Investment Banks, John Wiley & Sons, 2008, S. 27.

43 Warren Buffett in: Berkshire Hathaway, To the Shareholders of Berkshire Hathaway Inc., 2022 (Übersetzung aus dem Englischen).

44 Die Quelle für dieses Bonmot zu Experten ist mir entfallen. Vermutlich entstammt es einem der vielen Hörbücher, die ich auf Reisen gern höre. Sofern du die Originalquelle kennst, schicke sie mir gern zu.

45 Viebig, Jan et al., Equity Valuation: Models from Leading Investment Banks, John Wiley & Sons, 2008, S. 3.

46 Damodaran, Aswath, Investment Valuation: Tools and Techniques for Determining the Value of Any Asset, University Edition, 2nd Edition, John Wiley & Sons, 2002, S. 11-16.

47 Viebig, Jan et al., Equity Valuation: Models from Leading Investment Banks, John Wiley & Sons, 2008, S. 35-45.

48 Nadella, Satya, Hit Refresh: Wie Microsoft sich neu erfunden hat und die Zukunft verändert, Plassen Verlag, 2018; Gates, Bill, Der Weg nach vorn: Die Zukunft der Informationsgesellschaft, Wilhelm Heyne Verlag, 1996.

49 Rappaport, Alfred/Mauboussin, Michael J., Expectations Investing: Reading Stock Prices for Better Returns, Harvard Business School Press, 2001, S.1-16.

50 Microsoft finanzierte seine Vermögensgegenstände zu 97,1 Prozent mit Eigenkapital und nur zu 2,9 Prozent mit Fremdkapital zum Ende seines Geschäftsjahres 2024. Beachte bitte, dass ich bei der Berechnung der durchschnittlichen gewichteten Kapitalkosten die Kapital-

kosten des Fremd- und Eigenkapitals nicht mit dem Buchwert, sondern mit dem Marktwert des Fremd- und Eigenkapitals gewichtet habe. Damodaran, Aswath, Investment Valuation: Tools and Techniques for Determining the Value of Any Asset, University Edition, 2nd Edition, John Wiley & Sons, 2002, S. 388.

51 Damodaran, Aswath, Investment Valuation: Tools and Techniques for Determining the Value of Any Asset, University Edition, 2nd Edition, John Wiley & Sons, 2002, S. 303-321; Viebig, Jan et al., Equity Valuation: Models from Leading Investment Banks, John Wiley & Sons, 2008, S. 45-48.

52 Rappaport, Alfred/Mauboussin, Michael J., Expectations Investing: Reading Stock Prices for Better Returns, Harvard Business School Press, 2001, S. 1-16.

53 Healy, Paul M./Palepu, Krishna G., „The Fall of Enron", *The Journal of Economic Perspectives*, 17(2), 2003, S. 3-26.

54 Swartz, Mimi/Watkins, Sheron, Power Failure: The Inside Story of the Collapse of Enron, A Currency Book published by Doubleday, 2003.

55 Healy, Paul M./Palepu, Krishna G., „The Fall of Enron", *The Journal of Economic Perspectives*, 17(2), 2003, S. 17f.

56 James Chanos, President, Kynikos Associates, Prepared Statement, U.S. Securities and Exchange Commission, Roundtable on Hedge Funds, Panel Discussion: „Hedge Fund Strategies and Market Participation", 15. Mai 2003 (Übersetzung aus dem Englischen).

57 Der Zeitschrift *Business Insider* vertraute James Chanos an: *„Wir dachten eigentlich nie, dass es ein Betrug war. Der ‚Aha!'-Moment für mich, in dem ich wusste, dass etwas nicht in der Grauzone, sondern in der schwarzen Zone lag, war, als Skilling [am 14. August 2001 als Vorstandsvorsitzender von Enron] zurücktrat …"* James Chanos, zitiert nach *Business Insider*, „Q&A With Jim Chanos Part III: Inside The Fall Of Enron, His Greatest Trade Ever", Interview mit Vince Veneziani vom 15. April 2010 (Übersetzung aus dem Englischen).

58 Lynch, Peter mit Rothchild, John, One Up on Wall Street: How to Use What you Already Know to Make Money in the Market, Erstausgabe 1989, Simon & Schuster Paperbacks, 2000.

[59] Lynch, Peter mit Rothchild, John, Beating the Street, Erstausgabe 1993, Simon & Schuster Paperbacks, 1994.

[60] Apple Inc., Form 10-K, Annual Report for the Fiscal Year Ended September 28, 2024, Item 1 (Business) und Item 7 (Management's Discussion and Analysis of Financial Condition and Results of Operations).

[61] Lynch, Peter mit Rothchild, John, One Up on Wall Street: How to Use What you Already Know to Make Money in the Market, Erstausgabe 1989, Simon & Schuster Paperbacks, 2000, S. 35.

[62] Isaacson, Walter, Steve Jobs. Die autorisierte Biografie des Apple Gründers, C. Bertelsmann Verlag, 2011, S. 217-262 und 357-398.

[63] The Coca-Cola Company, Form 10-K, Annual Report for the Fiscal Year Ended December 31, 2023, Item 1 (Business) und Item 7 (Management's Discussion and Analysis of Financial Condition and Results of Operations).

[64] Lynch, Peter mit Rothchild, John, One Up on Wall Street: How to Use What you Already Know to Make Money in the Market, Erstausgabe 1989, Simon & Schuster Paperbacks, 2000, S. 118.

[65] Peter Lynch zitiert nach: Peter Lynch on Making Money in the U.S. Stock Market, MOI Global, 26. Oktober 2019.

[66] Netflix, Inc., Form 10-K, Annual Report for the Fiscal Year Ended December 31, 2023, Item 1 (Business) und Item 7 (Management's Discussion and Analysis of Financial Condition and Results of Operations).

[67] Microsoft Corporation, Form 10-K, Annual Report for the Fiscal Year ended June 30, 2024, Item 1 (Business) und Item 7 (Management's Discussion and Analysis of Financial Condition and Results of Operations).

[68] Lynch, Peter mit Rothchild, John, One Up on Wall Street: How to Use What you Already Know to Make Money in the Market, Erstausgabe 1989, Simon & Schuster Paperbacks, 2000, S. 11.

[69] Amazon.com, Form 10-K, Annual Report for the Year Ended December 31, 2023, Item 1 (Business) und Item 7 (Management's Discussion and Analysis of Financial Condition and Results of Operations).

[70] MSCI Inc., Form 10-K, Annual Report for the Year Ended December 31, 2023, Item 1 (Business) und Item 7 (Management's Discussion and Analysis of Financial Condition and Results of Operations).

[71] Lynch, Peter mit Rothchild, John, One Up on Wall Street: How to Use What you Already Know to Make Money in the Market, Erstausgabe 1989, Simon & Schuster Paperbacks, 2000, S. 32f.

[72] Lynch, Peter mit Rothchild, John, One Up on Wall Street: How to Use What you Already Know to Make Money in the Market, Erstausgabe 1989, Simon & Schuster Paperbacks, 2000, S. 35 (Übersetzung aus dem Englischen).

[73] Service Corporation International, Form 10-K, Annual Report for the Fiscal Year Ended December 31, 2023, S. 5-10.

[74] Aswath Damodaran veröffentlicht auf seiner Homepage regelmäßig Daten zu den durchschnittlichen gewichteten Kapitalkosten von Unternehmen. Die durchschnittlichen gewichteten Kapitalkosten werden im Englischen als „Weighted Cost of Capital" (WACC) bezeichnet. https://pages.stern.nyu.edu/~adamodar/New_Home_Page/datafile/wacc.html.

[75] Greenblatt, Joel, The Little Book That Still Beats the Market, John Wiley & Sons, 2010, S. 51-60.

[76] In vielen Textbüchern findest du die Formel ROIC = NOPAT / Investiertes Kapital. NOPAT steht für „Net Operating Profits after Taxes" und misst den operativen Gewinn eines Unternehmens nach Steuern. In der Literatur findest du zahlreiche Vorschläge, welche Anpassungen du an den operativen Gewinnen und dem investierten Kapital vornehmen kannst, um aussagekräftigere Kapitalrenditen zu berechnen und die Wertschöpfung eines Unternehmens besser zu quantifizieren. Eine praktische Einführung hierzu findest du bei: Stewart, G. Bennett, The Quest For Value, HarperCollins Publishers, 1991.

[77] EBIT steht für „Earnings Before Interest and Taxes".

[78] Aswath Damodaran hat die „Pre-tax, Pre-stock compensation Operating Margin" für den Sektor Software (System & Application), dem er

Microsoft zuordnet, im Januar 2024 mit rund 34 Prozent berechnet. https://pages.stern.nyu.edu/~adamodar/New_Home_Page/datafile/margin.html.

79 Fama, Eugene F./French, Kenneth R., „The Cross-Section of Expected Stock Returns“, *The Journal of Finance*, 47(2), 1992, S. 427-465; Fama Eugene F./French, Kenneth R., „Common Risk Factors in the Returns of Stocks and Bonds“, *Journal of Financial Economics*, 33, 1993, S. 3-56.

80 Modigliani, Franco/Miller, Merton H., „The Cost of Capital, Corporation Finance and the Theory of Investment“, *The American Economic Review*, 48(3), 1958, S. 261-297; Miller, Merton H./Modigliani, Franco, „Dividend Policy, Growth, and the Valuation of Shares“, *The Journal of Business*, 34(4), 1961, S. 411-433; Miller, Merton H., „The Modigliani-Miller Propositions After Thirty Years“, *The Journal of Economic Perspectives*, 2(4), 1988, S. 99-120.

81 Aswath Damodaran veröffentlicht regelmäßig Daten zur Interest Rate Coverage für US-Unternehmen, anhand deren du das Rating von Unternehmen abschätzen kannst. https://pages.stern.nyu.edu/~adamodar/New_Home_Page/datafile/ratings.html

82 Greenblatt, Joel, The Little Book That Still Beats the Market, John Wiley & Sons, 2010, S. 51-60 und 155.

83 Wilde, Oscar, Das Bildnis des Dorian Gray, Diogenes Verlag, 1986, S. 60.

84 Klarman, Seth, Margin of Safety: Risk-Averse Value Investing Strategies for the Thoughtful Investor, HarperBusiness, 1991.

85 Das Zitat wird John Maynard Keynes zugeschrieben. Siehe auch: Viebig, Jan et al., Equity Valuation: Models from Leading Investment Banks, John Wiley & Sons, 2008, S. 104.

86 Goldman Sachs, Microsoft Corp. (MSFT): Buildout of Gen-AI solutions across stack, coupled with rapid time-to market, supports competitive positioning, Research Report von Kash Rangan et al., 19. November 2024; Goldman Sachs, Microsoft Corp. (MSFT): Narrative likely to shift to the AI revenue opportunity from recent CapEX concerns – F1Q25 Results, Research Report von Kash Rangan

et al., 31. Oktober 2024; Goldman Sachs, Microsoft Corp. (MSFT): First Take on F1Q25 results, Research Report von Kash Rangan et al., 30. Oktober 2024.

87 Morgan Stanley, Microsoft: Risk Reward Update, Research Report von Keith Weiss, 4. November 2024; Morgan Stanley, Microsoft: 1Q25 Results – The Marshmallow Experiment, Research Report von Keith Weiss et al., 31. Oktober 2024.

88 Microsoft Corp. (MSFT): Narrative likely to shift to the AI revenue opportunity from recent CapEX concerns – F1Q25 Results, Research Report von Kash Rangan et al., 31. Oktober 2024; Morgan Stanley, Microsoft: Risk Reward Update, Research Report von Keith Weiss, 4. November 2024; Morgan Stanley, Microsoft: 1Q25 Results – The Marshmallow Experiment, Research Report von Keith Weiss et al., 31. Oktober 2024.

89 Rappaport, Alfred/Mauboussin, Michael J., Expectations Investing: Reading Stock Prices for Better Returns, Harvard Business School Press, 2001, S. 1-16.

90 Auch die „doppelte Buchführung", auf der unsere heutige Finanzberichterstattung basiert, wurde von italienischen Kaufleuten wie Luca Pacioli bereits im 15. Jahrhundert beschrieben.

91 Tuckman, Bruce/Serrat, Angel, Fixed Income Securities: Tools for Today's Markets, Third Edition, John Wiley & Sons, 2012, S. 483-526.

92 Bundesministerium der Finanzen, Bekanntmachung der Emissionsbedingungen für inflationsindexierte Bundesanleihen und inflationsindexierte Bundesobligationen, 2. Juni 2015.

93 Keynes, John Maynard, The General Theory of Employment, Interest and Money, 1936, Prometheus Books, 1997, S. 167.

94 Die „Preferred Habitat Theory" erweitert die Marktsegmentierungstheorie. Modigliani, Franco/Sutch, Richard, „Innovations in Interest Rate Policy", *The American Economic Review*, 56 (1/2), S. 178-197.

95 Die Federal Reserve of St. Louis veröffentlicht diesen wichtigen Indikator regelmäßig: https://fred.stlouisfed.org/series/T10Y2Y.

[96] Reinhart, Carmen M./Rogoff Kenneth S., This Time is Different: Eight Centuries of Financial Folly, Princeton University Press, 2009.

[97] Eurostat, Government Debt at 88,1% of GDP in Euro Zone, Euro Indicators, 22. Oktober 2024.

[98] Es gibt neben iShares eine Vielzahl anderer empfehlenswerter aktiver und passiver Anleihefonds, zwischen denen du wählen kannst. Ich habe einfach den derzeit größten ETF-Anbieter gewählt.

[99] Viebig, Jan et al., Equity Valuation: Models from Leading Investment Banks, John Wiley & Sons, 2008, S. 3.

[100] Tuckman, Bruce/Serrat, Angel, Fixed Income Securities: Tools for Today's Markets, Third Edition, John Wiley & Sons, 2012, S. 99-102; Fabozzi, Frank J., Handbook of Fixed Income Securities, Fifth Edition, McGraw-Hill 1997, S. 59-61.

[101] Aktuelle Informationen zu Zinsberechnungsmethoden wie „Actual/Actual gemäß ICMA" findest du im Internet. Das umfassende Werk „The ICMA Primary Market Handbook" der International Capital Market Association (ICMA) ist leider kostenpflichtig.

[102] Informationen zu Bundeswertpapieren findest du auf der Webseite der Bundesrepublik Deutschland – Finanzagentur GmbH: https://www.deutsche-finanzagentur.de

[103] Dimson, Elroy/Marsh, Paul/Staunton, Mike, Credit Suisse Global Investment Returns Yearbook 2023 Summary Edition, hrsg. von Credit Suisse Research Institute, 2023, S. 13.

[104] Tuckman, Bruce/Serrat, Angel, Fixed Income Securities: Tools for Today's Markets, Third Edition, John Wiley & Sons, 2012, S. 99-102; Fabozzi, Frank J., Handbook of Fixed Income Securities, Fifth Edition, McGraw-Hill 1997, S. 59-61.

[105] Die Höhe des Option-Adjusted Spread (OAS) wird von der Wahl des verwendeten stochastischen Modells und unterschiedlichen Annahmen beeinflusst, die in das Modell eingehen. Tuckman, Bruce/Serrat, Angel, Fixed Income Securities: Tools for Today's Markets, Third Edition, John Wiley & Sons, 2012, S. 207-227 und 585-587; Fabozzi, Frank J., Handbook of Fixed Income Securities, Fifth Edition, McGraw-Hill 1997, S. 693-713.

[106] Die Wertveränderungsrendite kannst du berechnen, indem du zunächst den gegenwärtigen Wert der 4-jährigen Anleihe mit der Price-Funktion in Excel unter der Annahme berechnest, dass der Kuponzins und der Marktzins gegenwärtig beide bei drei Prozent liegen: *=PRICE(„31.1.2025"; „31.01.2029"; 0,03; 0,03; 100; 1; 1)*. Dies ergibt 100. In einem zweiten Schritt berechnest du dann den Wert der Anleihe in einem Jahr unter der Annahme, dass der Marktzins beispielsweise von drei Prozent um 0,75 Prozentpunkte fällt und in einem Jahr bei 2,25 Prozent liegt. Dies ergibt einen Wert der Anleihe mit einer Laufzeit von dann drei Jahren in Höhe von 102,15: *=PRICE(„31.1.2026"; „31.01.2029"; 0,03; 0,0225; 100; 1; 1)*. Die Wertveränderungsrendite beträgt also 2,15 Prozent und die Gesamtrendite inklusive des Kuponzinses in Höhe von drei Prozent damit 5,15 Prozent.

[107] Reinhart, Carmen M./Rogoff Kenneth S., This Time is Different: Eight Centuries of Financial Folly, Princeton University Press, 2009. Wie häufig Bankenkrisen auftreten, kannst du daran ersehen, dass Reinhart und Rogoff die Seiten 348 bis 392 mit der Auflistung der Bankenkrisen zwischen 1800 und 2008 füllen.

[108] Reinhart, Carmen M./Rogoff Kenneth S., This Time is Different: Eight Centuries of Financial Folly, Princeton University Press, 2009, S.125f und S. 235.

[109] Reinhart, Carmen M./Rogoff Kenneth S., This Time is Different: Eight Centuries of Financial Folly, Princeton University Press, 2009 (Übersetzung aus dem Englischen).

[110] Reinhart, Carmen M./Rogoff Kenneth S., This Time is Different: Eight Centuries of Financial Folly, Princeton University Press, 2009, S. 34.

[111] Ich verwende nachfolgend die „Slash Notation" USD/EUR mit dem Schrägstrich, die auch als „Standard Notation" bezeichnet wird, zur Darstellung von Wechselkursen. Die „Slash Notation" USD/EUR entspricht der „Tickernotation" EURUSD (ohne Schrägstrich). Beide drücken aus, wie viel US-Dollar man für einen Euro erhält. Die Tickernotation wird häufig auf Plattformen wie Bloomberg und in Handelssystemen verwendet. Achte bitte immer darauf, ob Währungen in der „Slash Notation" oder der „Tickernotation" ausgewiesen werden.

[112] Dieser Zusammenhang wird nach William Stanley Jevons als Gesetz des einheitlichen Preises („Law of one Price") bezeichnet. Ausnahmen von diesem fundamentalen Grundsatz können sich aufgrund von Transportkosten oder Handelshemmnissen ergeben, die die freie Preisbildung erschweren.

[113] Die Kaufkraftparität wird gut verständlich beschrieben in: Krugman, Paul R./Obstfeld, Maurice, International Economics: Theory and Policy, Fourth Edition, 1997, S. 399-437.

[114] *The Economist*, „Our Big Mac Index Shows how Burger Prices Differ Across Borders", zuletzt aktualisiert am 28. Januar 2025.

[115] Aktuelle Daten zur Kaufkraftparität („Purchasing Power Parity") findest du auf den Webseiten der OECD, der Weltbank und des Internationalen Währungsfonds:
https://www.oecd.org/en/data/indicators/purchasing-power-parities-ppp.html
https://data.worldbank.org/indicator/PA.NUS.PPP
https://www.imf.org/external/datamapper/PPPEX@WEO/OEMDC/ADVEC/WEOWORLD

[116] Die Theorie der Zinsparität basiert auf einer einleuchtenden Annahme: Anleger wollen möglichst hohe Renditen erzielen. Erwarten Anleger im Euroraum etwa, dass sie mit einer Anlage in US-Staatsanleihen höhere Renditen erzielen können als mit deutschen Staatsanleihen, dann werden sie ihr Kapital in amerikanischen Staatsanleihen anlegen. Sie fragen dazu Dollar nach und verkaufen Euro. Der Dollar wertet infolge der Nachfrage nach Dollar gegenüber dem Euro auf, bis die erwarteten Renditen in beiden Währungsräumen wieder identisch sind. Die Gier der Anleger führt also dazu, dass die Renditen in zwei Währungen in gleicher Währung nach der Aufwertung der Fremdwährung identisch sind.

[117] Der Begriff „Portfolio" stammt von dem italienischen Wort „portafoglio", das ursprünglich verwendet wurde, um eine Mappe von Dokumenten („Brieftasche") zu bezeichnen. Im Französischen spricht man von einem „portefeuille de titres" und meint damit ein Wertpapierportfolio.

[118] Markowitz, Harry, „Portfolio Selection", *The Journal of Finance*, 7(1), 1952, S. 77-91; Markowitz, Harry M., Portfolio Selection: Efficient Diversification of Investments, Blackwell Publishers, 1991.

119 Markowitz, Harry, „Portfolio Selection“, *The Journal of Finance*, 7(1), 1952, S. 89 (Übersetzung aus dem Englischen).

120 Solnik, Bruno H., „Why Not Diversify Internationally Rather than Domestically?“, *Financial Analysts Journal*, 30(4), 1974, S. 48-54.

121 Falls du dich für quantitative Optimierungsalgorithmen interessierst, dann rate ich dir, dass du dich zunächst mit dem Black-Litterman-Ansatz auseinandersetzt. Black, Fischer/Litterman, Robert, „Global Portfolio Optimization“, *Financial Analysts Journal*, 48 (5), 1992, S. 28-43; Black, Fischer/Litterman, Robert, „Asset Allocation: Combining Investor Views with Market Equilibrium“, *The Journal of Fixed Income* 1(2), S. 7-18; Viebig, Jan et al., „Das Black/Litterman-Modell: Portfoliosteuerung in der Praxis“, *FinanzBetrieb* 12/2009, S. 727-732.

122 Sharpe, William F./Alexander Gordon J., Investments, Fourth Edition, Prentice Hall, 1990, S. 197-200.

123 Der „Home Bias“ zählt zu den zahlreichen *psychologischen* Verzerrungen, die Anleger davon abhalten, rationale Investmententscheidungen zu treffen. Hirshleifer, David, „Investor Psychology and Asset Pricing“, *The Journal of Finance*, 56(4), 2001, S. 1533-1597.

124 Warren Buffett zitiert nach: *The New York Times Magazine*, „Buffett Takes Stock“,1. April 1990 (Übersetzung aus dem Englischen) https://www.nytimes.com/1990/04/01/magazine/buffet-takes-stock.html

125 Markowitz, Harry, „Portfolio Selection“, *The Journal of Finance*, 7(1), 1952, S. 77-91; Sharpe, William F., „Capital Asset Prices: A Theory of Market Equilibrium under Conditions of Risk“, *The Journal of Finance*, 19(3), S. 425-442.

126 Sharpe, William F./Alexander Gordon J., Investments, Fourth Edition, Prentice Hall, 1990, S. 194-240; Sharpe, William F., „Capital Asset Prices: A Theory of Market Equilibrium under Conditions of Risk“, *The Journal of Finance*, 19(3), S. 425-442.

127 Das Beta eines Investments entspricht der Kovarianz der Renditen eines Investments mit den Renditen des Marktes geteilt durch die Varianz der Renditen des Marktes. Da wir in unserem Beispiel in den MSCI World investieren und das Marktportfolio durch den MSCI

repräsentiert wird, ist das Beta des Aktieninvestments gleich 1. Das Beta von risikolosen Anleihen beträgt null, da die Eigner von Anleihen Zinsen unabhängig davon erhalten, ob der Aktienmarkt steigt oder fällt. Sharpe, William F./Alexander Gordon J., Investments, Fourth Edition, Prentice Hall, 1990, S. 204.

128 Sharpe, William F./Alexander Gordon J., Investments, Fourth Edition, Prentice Hall, 1990, S. 204f.

129 Damodaran rät, bei der Schätzung der Eigenkapitalkosten neben dem Beta auch unternehmensspezifische Charakteristika wie etwa den Verschuldungsgrad („Leverage") eines Unternehmens zu berücksichtigen. Damodaran, Aswath, Investment Valuation: Tools and Techniques for Determining the Value of Any Asset, University Edition, 2nd Edition, John Wiley & Sons, 2002, S. 181-225.

130 Fama, Eugene F./French Kenneth R., „International Tests of a Five-Factor Asset Pricing Model", *Journal of Financial Economic*, 123, 2017, S. 441-463; Fama, Eugene F./French Kenneth R., „Common Risk Factors in the Returns on Stocks and Bonds", *Journal of Financial Economics*, 33, 1993, S. 3-56; Fama, Eugene F./French Kenneth R., „The Cross-Section of Expected Stock Returns", *The Journal of Finance*, 47(2), 1992, S. 427-465.

131 Lynch, Peter mit Rothchild, John, One Up on Wall Street: How to Use What you Already Know to Make Money in the Market, Erstausgabe 1989, Simon & Schuster Paperbacks, 2000, S. 80.

132 Buffett, Warren, To the Shareholders of Berkshire Hathaway, 1986 (Übersetzung aus dem Englischen).

133 https://www.federalreserve.gov/boarddocs/speeches/1996/19961205.htm

134 Asness antwortete auf den Vorwurf im *Wall Street Journal* mit viel Humor: *„In Ihrer ansonsten guten und fairen Darstellung meiner schwierigen letzten ein bis zwei Jahre … schreiben Sie, ich sei gelegentlich so wütend gewesen, dass ich ‚aus Zorn Computerbildschirme zerschlagen' habe – und dass ich diese Geschichte bestätigt hätte. Das stimmt, ist aber irreführend. Es ist nur drei Mal passiert, und jedes Mal hatte der Bildschirm es verdient." Wall Street Journal*, „Hey, Those Screens all Deserved It", 6. Juni 2009 (Übersetzung aus dem Englischen).

[135] Asness, Clifford S., An Old Friend: The Stock Market's Shiller P/E, AQR Capital Management, November 2012.

[136] Viebig, Jan, „Exuberance in Financial Markets: Evidence from Machine Learning Algorithms", *Journal of Behavioral Finance*, 21(2), S. 128-135.

[137] Lynch, Peter mit Rothchild, John, One Up on Wall Street: How to Use What you Already Know to Make Money in the Market, Erstausgabe 1989, Simon & Schuster Paperbacks, 2000, S. 80.

[138] Falls du eine verlässliche Quelle für dieses Zitat kennst, dann lass es mich gern wissen.

[139] Anlagevehikel, die wie Hedgefonds dynamische Handelsstrategien verfolgen, aber täglich in einem regulierten Markt als 40 Act Alternative Mutual Funds in den USA oder als UCITS-Fonds in der EU handelbar sind, werden als „Liquid Alternatives" bezeichnet. Eine Einführung zu Liquid Alternatives gibt: Mains, Norman E., Winning with Liquid Alternatives, McGraw Hill Education, 2014.

[140] Loomis, Carol, „The Jones Nobody Keeps Up With", *Fortune*, April 1966, S. 237-242.

[141] Die nachfolgenden Ausführungen zu Hedgefonds sind eng, manchmal wörtlich, an einen Artikel angelehnt, den ich vor einigen Jahren verfasst habe. Viebig, Jan, „Hedgefonds: Chancen und Risiken", *Global Investor* 04/2018, S. 62-68.

[142] Viebig Jan/Poddig, Thorsten, „Hedgefonds-Strategien und Asset-based Style-Faktoren", *Kredit und Kapital*, 2/2006, S. 281-316.

[143] Viebig, Jan, „What Do We Know About the Risk and Return Characteristics of Hedge Funds?", *Journal of Derivatives & Hedge Funds*, 18(2), S. 167-191.

[144] Brooks, John, The Go-Go Years, John Wiley & Sons, 1998.

[145] Loomis, Carol, „Hard Times Come to The Hedge Funds", *Fortune*, January 1970, S. 100-140.

[146] Rohrer, Julie, „The Red-Hot World of Julian Robertson", *Institutional Investor*, May 1986, S. 86-92.

[147] Soros, George, Soros on Soros: Staying Ahead of the Curve, John Wiley & Sons, 1995, S. 22, 79-85 und S. 297-305.

[148] Lowenstein, Roger, When Genius Failed: The Rise and Fall of Long-Term Capital Management, Random House, 2000; Jorion, Philippe, „Risk Management Lessons from Long-Term Capital Management", *European Financial Management*, 6(3), 2000, S. 277-300.

[149] Fung, William/Hsieh David A., „Empirical Characteristics of Dynamic Trading Strategies: the Case of Hedge Funds", *The Review of Financial Studies*, 10(2), 1997, S. 275-302; Fung, William/Hsieh David A., „The Risk in Hedge Fund Strategies: Theory and Evidence from Trend Followers", *The Review of Financial Studies*, 14(2), 2001, S. 313-341.

[150] Mitchell, Mark/Pulvino, Todd, „Characteristics of Risk and Return in Risk Arbitrage", *The Journal of Finance*, 56(6), S. 2135-2175.

[151] Viebig, Jan, „What Do We Know About the Risk and Return Characteristics of Hedge Funds", *Journal of Derivatives & Hedge Funds*, 18(2), 2012, S. 167-191.

[152] Einzelne Hedgefonds-Manager und ihre Strategien beschreiben: Mallabay, Sebastian, More Money than God, The Penguin Press, 2010; Jaeger, Lars, Managing Risk in Alternative Investment Strategies: Successful Investing in Hedge Funds and Managed Futures, Prentice Hall, 2002; Ahuja, Maneet, The Alpha Masters: Unlocking the Genius of the World's Top Hedge Funds, John Wiley & Sons, 2002.

[153] Demaria, Cyril, „Introduction to Private Equity", Wiley Finance, 2010, S. 1-40.

[154] Leleux, Benoît/van Swaay, Hans/Megally, Esmeralda, Private Equity 4.0: Reinventing Value Creation, John Wiley & Sons, 2015, S. 26-68.

[155] Das nachfolgende Beispiel ist eng angelehnt an: Viebig, Jan/Stillit, Daniel/Poddig, Thorsten, Leverage Buyout (LBO) Models, in: Viebig et al., Equity Valuation: Models from Leading Investment Banks, John Wiley & Sons, 2008, S. 297-300.

[156] Ein immer noch lesenswerter Klassiker ist das Buch „Barbarians at the Gate", das mit der Übernahme von RJR Nabisco im Jahr 1988 die wohl

bekannteste LBO-Transaktion detailreich erzählt: Burrough, Bryan/ Helyar, John, Barbarians at the Gate, Harper & Row, 1990.

157 McKinsey & Company, Private Markets: A Slower Era, McKinsey Global Private Markets Review 2024, März 2024; McKinsey & Company, Global Private Markets Report 2025: Private Equity Emerging from the Fog, 13. Februar 2025.

158 Kressel, Henry/Lento, Thomas V., Investing in Dynamic Markets: Venture Capital in the Digital Age, Cambridge University Press, 2010, S. 1-95.

159 Mallaby, Sebastian, The Power Law: Venture Capital and the Making of the New Future, Penguin Press, 2022.

160 Mallaby, Sebastian, The Power Law: Venture Capital and the Making of the New Future, Penguin Press, 2022, S. 10.

161 Kirkpatrick, David, The Facebook-Effect, Virgin Books, 2010.

162 Benner, Katie/Colvin, Geoff, „Cerberus: Inside the Wall Street Powerhouse", *Fortune*, 2007, 156 (4), S. 37-42; Fugazy, Danielle, With Chrysler, Cerberus Bit Off More than it Could Chew, High Yield Report, 2009, 20(10), S. 10.

163 Connor, Fergal al./Lucey, Brian M./Batten, Jonathan A./Baur, Dirk G., „The Financial Economics of Gold", *International Review of Financial Analysis*, 41, 2025, S. 186-205.

164 Erb, Claude B./Harvey, Campbell R., „The Golden Constant", *Journal of Investing*, 26 (1), 2017, S. 94-100; Erb, Claude B./Harvey, Campbell R., „The Golden Dilemma", *Financial Analysts Journal*, 69 (4), 2013, S. 10-42.